新时代中国精神价值传承

韩喜平 主编

特区精神

王双印 著

东北大学出版社

© 王双印 2024

图书在版编目（CIP）数据

特区精神 / 王双印著. -- 沈阳：东北大学出版社，
2024.6. --（新时代中国精神价值传承 / 韩喜平主编）.
ISBN 978-7-5517-3606-0

Ⅰ. C955.2-49

中国国家版本馆 CIP 数据核字第 2024QE8371 号

出 版 者：东北大学出版社
　　　　　地址：沈阳市和平区文化路三号巷 11 号
　　　　　邮编：110819
　　　　　电话：024-83683655（总编室）
　　　　　　　　024-83687331（营销部）
　　　　　网址：http://press.neu.edu.cn
印 刷 者：辽宁一诺广告印务有限公司
发 行 者：东北大学出版社
幅面尺寸：170 mm × 240 mm
印　　张：17
字　　数：277 千字
出版时间：2024 年 6 月第 1 版
印刷时间：2024 年 6 月第 1 次印刷
责任编辑：郭爱民
责任校对：米　戎
封面设计：潘正一
责任出版：初　茗

ISBN 978-7-5517-3606-0　　　　　　　　定价：70.00 元

总序
INTRODUCTION

　　人无精神不立，国无精神不强。一个国家要有精神，它是国本；一个民族要有精神，它是脊梁。习近平总书记强调指出："精神是一个民族赖以长久生存的灵魂，唯有精神上达到一定的高度，这个民族才能在历史的洪流中屹立不倒、奋勇向前。"在几千年的历史流变中，中华民族生生不息、绵延发展，饱受挫折又不断浴火重生，其中很重要的一点就是我们的民族积淀了自身最深沉的价值追求和精神烙印。习近平总书记指出，"中华民族在几千年历史中创造和延续的中华优秀传统文化，是中华民族的根和魂"，"中华优秀传统文化是中华民族的精神命脉"。翻开中华民族精神图谱，无数耳熟能详的诗词诠释了中华民族精神脉络的核心内涵，例如："天行健，君子以自强不息"的奋斗精神，"天下兴亡，匹夫有责""先天下之忧而忧，后天下之乐而乐"的爱国情怀，"人生自古谁无死，留取丹心照汗青""为有牺牲多壮志，敢教日月换新天"的牺牲精神，"鞠躬尽瘁，死而后已"的奉献精神，"苔花如米小，也学牡丹开"的自强精神，"革故鼎新""徙木为信"的创新思想，"老吾老以及人之老，幼吾幼以及人之幼""扶危济困"的公德意识，等等。中华民族既坚守本根又不断与时俱进，始终保持着坚定的民族自信和强大的修复能力，培育了共同的情感和价值、共同的理想和精神。这些千百年传承下来的精神理念、精神文化,成为积淀中国精神的价值内核。

中国共产党在领导中国革命、建设、改革开放及新时代的伟大历史进程中,之所以创造了惊天地、泣鬼神的辉煌业绩,就在于坚守初心使命,就在于不畏艰难险阻,就在于有一大批革命先驱、有一大批英雄人物,形成了伟大精神激励与指引,这种逐步积累和形成的思想结晶和精神谱系,是中国共产党人精神境界、精神风貌、精神力量的集中写照,是中国共产党百年历史经验的总结。把马克思主义基本原理同中国具体实际、同中华优秀传统文化相结合是必由之路,谱写了马克思主义中国化时代化的最新篇章。中国精神包含的独一无二的理念、智慧、气度和价值,增添了中国人民内心深处的自信和自豪。这种强大的精神支撑,成为中华民族战胜一切艰难困苦的有力武器和实现中华民族伟大复兴的动力之源。

伟大事业需要伟大精神。在我们全面建成小康社会,向着社会主义现代化强国奋进的新征程中,党的二十大报告要求我们弘扬伟大建党精神,自信自强、守正创新,踔厉奋发、勇毅前行。深入研究和广泛宣传中国精神,传承民族精神、弘扬时代正气、培育时代新人,要求理论工作者把中国精神阐释好。《新时代中国精神价值传承》(以下简称《丛书》)正是这样一套回应时代关切、弘扬中国精神的书籍。《丛书》选取中国共产党带领广大人民进行革命、建设、改革开放及新时代的伟大奋斗历程中凝练形成的井冈山精神、长征精神、延安精神、东北抗联精神、抗美援朝精神、雷锋精神、铁人精神、"两弹一星"精神、特区精神、女排精神、劳模精神、科学家精神等为源,由全国高校十余位知名教授、专家集体撰著,以历史的视角,放置于实现中华民族伟大复兴中国梦的大背景下,阐释中国精神的具体样式,立足近代以来中华民族伟大复兴历程，特别是中国共产党带领中国人民从站起来、富起来到强起来的飞跃发展进程中所展现出来的民族精神与新气象，从党的领导特点和大党风范入手，追溯和解读中华民族悠久的历史传统和中华儿女可歌可泣的历史经历，研究中国精神形成的历史背景、形成过程，挖掘其科学内涵和新时代的重要价值，展现当代中华民族精神的历史穿透力和生命冲击力。《丛书》包括 12 分册，分别是：《井冈山精神》《长征精神》《延安精神》《东北抗联精神》《抗美援朝精神》《雷锋精神》《铁人精神》《"两弹一星"精神》《特区精神》《女排精神》《劳模精神》《科学家精神》。这些共同构成了中国精神的重要内容，是社会主义核心价值观的精髓和具体体现，昭示着中国共产党人的初心和使命，镌刻着中华民族砥砺前行的优秀品格，是迄今为止学术界和出版界反映以爱国主义为核心的民族精神和以改革创新为核心的时代精神的大型学术普及类系列著作，是中国文化软实力的重要显示。

伟大精神铸就伟大梦想。今天，我们比历史上任何时期都更接近中华民族伟大复兴的目标，比历史上任何时期都更有信心有能力实现这个目标。实现中华民族伟大复兴不仅需要强大的物质力量，更需要强大的精神力量。要把这种精神力量汇聚成 14 亿多中华儿女强大的奋进合力，就不能把中国精神存放在"博物馆"内、停留在"象牙塔"中。推出《丛书》，可以推进中国精神时代化、大众化，永续传承，把它变为新时代的实践伟力。站在新时代的历史基点上，立足精神对事件的辐射和普照，阐释一定历史时期的民族精神对重大社会事件、历史发展进程甚至个人事业与生活的重大影响；立足事件对精神的折射和反映，分析历史事件、个人事迹对民族精神的具体呈现，以期在精神与史实的双向观照中，使中国精神触动整个民族情结和个体心理情感，凝聚中华儿女奋斗的精神动力。从普适性来讲，中国精神不仅是中国共产党成就伟事业的宝贵精神财富，也是全体中华儿女在实践中总结、凝练和形成的价值理想。《丛书》定位于普及性学术著作，力求以通俗易懂、生动鲜活地讲述故事的形式呈现，引领新时代精神风尚，激发中华儿女特别是青年一代干事创业的热情。从价值层面看，《丛书》重点挖掘在中国特色社会主义新时代的价值，这对于汇聚中国力量，弘扬中华优秀传统文化，践行社会主义核心价值观，坚守中国共产党人精神谱系，提升中国文化软实力，培养担负民族复兴大任的时代新人具有重大意义。

"求木之长者，必固其根本；欲流之远者，必浚其泉源。"我们坚信，这套极具学术性、知识性、资料性和可读性的《新时代中国精神价值传承》，能够成为铸牢中华民族共同体团结奋斗的精神纽带，为凝聚起中华民族的磅礴力量，建设中华民族现代文明贡献一份力量。

韩喜平

2023 年 6 月

韩喜平，国家级领军人才计划入选者，哲学社会科学领军人才，中央马克思主义理论与建设工程首席专家。

目录
CONTENTS

第四章　特区精神的历史地位

第一章

01

┃ 特区精神的形成 ┃

习近平总书记《在庆祝海南建省办经济特区30周年大会上的讲话》对改革开放以来经济特区建立和发展给予很高的评价，指出："30年来，深圳、珠海、汕头、厦门、海南5个经济特区不辱使命，在建设中国特色社会主义伟大历史进程中谱写了勇立潮头、开拓进取的壮丽篇章，在体制改革中发挥了'试验田'作用，在对外开放中发挥了重要'窗口'作用，为全国改革开放和社会主义现代化建设作出了重大贡献。"他对经济特区寄予厚望，指出："经济特区要勇于扛起历史责任，适应国内外形势新变化，按照国家发展新要求，顺应人民新期待，发扬敢闯敢试、敢为人先、埋头苦干的特区精神，始终站在改革开放最前沿，在各方面体制机制改革方面先行先试、大胆探索，为全国提供更多可复制可推广的经验。"众所周知，特区精神作为中国精神谱系的重要组成部分，勇于开拓、披荆斩棘，在实践中求真知、在探索中找规律，对于中国特色社会主义道路形成，促进马克思主义中国化时代化，加速社会主义现代化进程，起了巨大推动作用。今后，经济特区仍要担当新使命，大力弘扬特区精神，先行先试、敢为人先、大胆探索，不断形成新经验、深化新认识、贡献新方案。那么，特区精神究竟是怎样形成的呢？

一、特区精神形成的历史背景

辩证唯物主义认为，社会存在决定社会意识，社会意识反映社会存在，并对社会存在具有能动的反作用。作为社会意识范畴的特区精神，其产生无不与特定的时代背景、社会历史条件和现实需要紧密相连。特区精神是在特区建立和发展过程中逐渐形成的。要理清特区精神形成的逻辑演进过程，就要准确把握经济特区担当的历史使命和纷繁复杂的国内外形势。

（一）充分认识中国经济与世界经济发展存在的差距

新中国的成立，实现了20世纪中国发展史上一次巨大飞跃，中国人民结束了近代100多年来受西方凌辱的历史，从此站起来了。此后，通过对农业、手工业和资本主义工商业的社会主义改造，使社会主义基本制度得以确立。实现社会主义现代化，把我国建设成为一个伟大的社会主义国家的任务历史地摆在中国人民面前。要加快社会主义现代化建设的步伐，就要在自力更生的基础上努力争取外援，大胆利用国外的资金、技术和先进设备等，加强国际交流与合作，大力发展国民经济。早在1956年，毛泽东主席在《论十大关系》中指出："我们的方针是，一切民族、一切国家的长处都要学，政治、经济、科学、技术、文学、艺术的一切真正好的东西都要学。"[①]当时，中国从苏联获得巨额贷款，引进大量成套设备，打下了新中国工业发展的初步基础。此后，与西方也有一定的经贸往来，开拓了一批新的技术领域。然而，由于帝国主义对新中国实行封锁和禁运，中苏关系破裂，"文化大革命"十年内乱，使我国的经济建设遭受严重破坏，"自力更生"成了万事不求人的同义语，对外经济工作受到很大限制和干扰。

反观世界形势，20世纪60和70年代，各国之间经贸往来频繁，科学技术

---

① 毛泽东：《毛泽东文集》第7卷，人民出版社，1999，第41页。

水平不断提高，国际经济联系日益紧密。一些国家和地区抓住机遇，敞开大门，有效地利用外资和引进技术，实现了经济起飞。韩国、中国台湾、中国香港、新加坡原来经济并不很发达，后成为在亚洲崛起的"四小龙"。而中国大陆（中国内地）错过了难得的发展机遇，与西方国家的差距逐渐拉大。回溯历史，中国一向是对外开放的国家，也是世界上最强大的国家之一；但到了明朝中后期，直到清王朝，由于实行闭关政策，最终导致与西方相比落后了。落后就要挨打，于是就有了近代以来的屈辱历史。历史的教训是沉痛的，中国作为社会主义国家，要赶上并超过发达的资本主义国家，必须实行对外开放。

1978年12月召开的党的十一届三中全会，标志着中国共产党历史上和我国发展史上实现了伟大转折。党的十一届三中全会分析了国内外形势，作出了实行改革开放的伟大决策，加快了我国社会主义现代化建设的步伐。

推行改革开放，大力发展经济，是历史发展的必然趋势。但当时中国仍然实行僵化的高度集中统一的计划经济体制，还处在十分封闭、落后的状态。只有进行改革开放，才可能打破这一局面。推行改革开放，不能一蹴而就，必须采取渐进式的稳步推进策略。中国要实行改革开放，从何入手呢？邓小平认为，"在全国的统一方案拿出来以前，可以先从局部做起，从一个地区、一个行业做起，逐步推开。中央各部门要允许和鼓励它们进行这种试验。试验中间会出现各种矛盾，我们要及时发现和克服这些矛盾。这样我们才能进步得比较快。"①这是中央层面提出建立经济特区的最初构想。

经济特区是一个国家或地区在对外经济活动中，为实行更加开放的政策而划出的一定范围的经济区域。按其实质，经济特区是世界自由港区的主要形式之一。以减免关税等优惠措施为手段，通过创造良好的投资环境，鼓励外商投资，引进先进技术和科学管理方法，以达到促进特区所在国经济技术发展的目的。经济特区实行特殊的经济政策、灵活的经济措施和特殊的经济管理体制，并坚持以外向型经济为发展目标。中国的经济特区，则是在社会主义条件下实行特殊的经济政策、灵活的经济措施和特殊的经济管理体制的行政区域。在经济特区，受旧体制影响小，允许多种经济成分并存，鼓励引进外资、先进技术、先进设备和先进管理经验，鼓励国内外商人兴办企业，并给予各种特殊的

---

① 邓小平：《邓小平文选》第2卷，人民出版社，1994，第150页。

优惠政策。

当今世界是开放的世界，中国的发展离不开世界。当时经济建设还远远落后于世界上发达国家的中国，必须以开放包容的胸怀拥抱世界，大胆吸收和借鉴人类社会所创造的一切优秀文明成果，加强国际交流与合作，将"引进来"与"走出去"紧密结合，不断增强经济实力，加快社会主义现代化进程。邓小平指出："任何一个民族、一个国家，都需要学习别的民族、别的国家的长处，学习人家的先进科学技术。我们不仅因为今天科学技术落后，需要努力向外国学习，即使我们的科学技术赶上了世界先进水平，也还要学习人家的长处。"[①]"资本主义已经有了几百年历史，各国人民在资本主义制度下所发展的科学和技术，所积累的各种有益的知识和经验，都是我们必须继承和学习的。"[②]

从关起门来搞建设到对外开放建特区，这是一个具有划时代意义的事件，是一项重大改革，是顺应时代发展潮流和中国社会主义现代化建设的需要而产生的。

党的十一届三中全会召开后不久，中共广东省委决定先行一步，提出要在广东创办出口加工区的设想，得到邓小平的肯定。邓小平指出，还是办特区好，过去陕甘宁就是特区。中央没有钱，你们自己去搞，杀出一条血路来。这一催人奋进的话语，寄托着邓小平以办好经济特区为突破口，开辟一条建设有中国特色社会主义成功之路的热切期望。据此，党中央审时度势，排除各种非议，开展了特区建设的试验工作，大刀阔斧地推行改革开放政策。

需要强调的是，中国经济特区的创办与发展必须坚持一切从实际出发，把国外的先进经验与中国的具体实际有机地结合起来，力图探索出一条有中国特色的社会主义道路。中国经济特区之"特"，主要是指在社会主义条件下实行特殊的经济政策、灵活的经济措施和特殊的经济管理体制，加速中国社会主义现代化进程。

粉碎"四人帮"后，当中国处于向何处去的十字路口时，邓小平挺身而出，恢复党的思想路线，停止以阶级斗争为纲，把全党的工作重心转移到社会

---

① 邓小平：《邓小平文选》第2卷，人民出版社，1994，第91页。
② 同上书，第167–168页。

主义现代化建设上来，提出改革开放搞活的方针。从此，中国迎来了伟大的转折。以深圳等经济特区的改革开放为突破口，以经济特区特有的精神大力发展社会主义市场经济，开启了中华民族伟大复兴的新征程。

（二）作为探索中国特色社会主义道路的"试验田"

自1840年鸦片战争以来，帝国主义纷至沓来，进行疯狂的侵略和掠夺。中华民族饱经屈辱与苦难，同时先进的仁人志士也警醒起来，奋起抗争，探索挽救民族危亡的道路。从林则徐、魏源放眼世界，提出"师夷长技以制夷"思想，到康有为、梁启超维新派仿效英国、日本维新救国，再到孙中山仿效美国、法国建立民主共和制以振兴中华，尽管对中国发展之路进行了可贵的探索，但最终在中国封建势力和帝国主义的联合绞杀之下都失败了。实践证明，资产阶级不能领导中国革命取得反帝反封建的胜利，没有能力改变中国半殖民地半封建社会的性质。领导中国革命取得胜利的任务历史地落在了无产阶级和中国共产党身上。

俄国十月革命一声炮响，给中国送来了马克思列宁主义，从此中国革命的面貌焕然一新。中国共产党在马克思列宁主义指导下，领导中国人民进行了艰苦卓绝的斗争，终于推翻了帝国主义、封建主义和官僚资本主义的反动统治，建立了中华人民共和国。新中国成立后，迅速恢复国民经济，实行过渡时期总路线，于1956年完成了对农业、手工业和资本主义工商业的社会主义改造，社会主义基本制度在我国确立下来。

社会主义基本制度的确立，是中国历史上最深刻最伟大的社会变革，也是20世纪中国一次划时代的历史巨变。中国从一个半殖民地半封建社会，越过漫长的资本主义发展阶段，进入社会主义社会。把我国建设成为一个伟大的社会主义国家，是当时摆在中国人民面前的重要任务。新中国成立初期，"因为我们没有经验，在经济建设方面，我们只得照抄苏联"，"这在当时是完全必要的，同时又是一个缺点，缺乏创造性，缺乏独立自主的能力。这当然不应当是长久之计。"[1]1956年，在苏共二十大的一次会议上，赫鲁晓夫全盘否定斯大

---

[1]　毛泽东：《毛泽东文集》第8卷，人民出版社，1999，第305页。

林，苏联模式从毋庸置疑的神坛上跌落下来。鉴于此，毛泽东提出了"以苏为鉴"、探索中国自己的社会主义建设道路的命题，其积极的理论成果集中体现在《论十大关系》《关于正确处理人民内部矛盾的问题》及党的八大一次会议决议等文献中。由于过去长期处于战争和激烈的阶级斗争环境中，我们党对于迅速到来的全国规模的社会主义建设事业缺乏充分的思想准备和科学研究，对于社会主义建设的客观规律缺乏深刻认识，因此在社会主义改造基本完成以后，片面强调主观能动性的作用，急于求成，认为很快就能摆脱贫穷落后的面貌。面对社会主义建设中在政治、经济、文化等领域出现的新矛盾、新问题，往往上升到阶级斗争层面，导致党在指导思想上逐渐发生"左"的偏差，对社会主义建设道路的探索逐渐偏离了正确方向，不但没有摆脱苏联模式弊端的影响，而且将其推到了顶峰，发生了反右派斗争扩大化、"大跃进"、人民公社化乃至"文化大革命"的严重错误，给党、国家和人民造成不可估量的损失。党的八大以后社会主义建设20多年的曲折发展也深刻地教育了全党，为我们逐步掌握建设社会主义的规律提供了宝贵的经验教训。正如邓小平同志在1982年党的十二大开幕词中所说："我们的现代化建设，必须从中国的实际出发。无论是革命还是建设，都要注意学习和借鉴外国经验。但是，照抄照搬别国经验、别国模式，从来不能得到成功。这方面我们有过不少教训。把马克思主义的普遍真理同我国的具体实际结合起来，走自己的道路，建设有中国特色的社会主义，这就是我们总结长期历史经验得出的基本结论。"①自此，明确了中国特色社会主义的发展航向和目标，并为建设有中国特色社会主义进行了大胆探索。邓小平指出："我们现在所干的事业是一项新事业，马克思没有讲过，我们的前人没有做过，其他社会主义国家也没有干过，所以，没有现成的经验可学。我们只能在干中学，在实践中摸索。"②

为了大力发展经济，缩小与发达国家之间的差距，加速社会主义现代化建设进程，在邓小平等党和国家领导人的大力支持下，在东南沿海地区设立了深圳、珠海、汕头、厦门等经济特区。1984年初邓小平考察深圳等经济特区后指出："特区是个窗口，是技术的窗口，管理的窗口，知识的窗口，也是对外

---

① 邓小平：《邓小平文选》第3卷，人民出版社，1993，第2-3页。
② 同上书，第258-259页。

政策的窗口。"既然是窗口，就要走出去和引进来，就要进行试验。此后，邓小平多次提到"试验"这个词。例如1985年邓小平指出："深圳经济特区是个试验，路子走得是否对，还要看一看。它是社会主义的新生事物。搞成功是我们的愿望，不成功是一个经验嘛。"①"深圳是个试验，……我们的整个开放政策也是一个试验"②。

经济特区被赋予这种特殊的任务和使命，主要是时代的呼唤。经济特区肇始建设时，适逢我国改革开放刚刚起步，计划经济体制开始松动，但新体制是什么、如何建立尚不明确。经济特区作为改革开放的前沿和先锋，理应承担探索新体制的任务。

以深圳为代表的经济特区在过去的岁月里，始终以大胆试验、改革创新为主要使命，围绕如何建立和完善社会主义市场经济体制目标、如何实现由增长到发展的模式转换、如何实现由模仿借鉴的制度创新向"自主性制度创新"转变等关系中国发展的重大问题进行探索、寻找答案，并取得举世瞩目的成就，成为推动社会主义现代化建设的巨大引擎。经济特区在改革试验中所取得的辉煌业绩，以生动的事实向世人表明，过去中国曾经走过一段弯路，这不是社会主义制度本身造成的，而是在一个时期里由于路线、方针、政策失误，以及一些与此相联系的传统计划经济体制局限所造成的。在经济特区，在同样坚持社会主义制度的前提下，由于贯彻执行党的基本路线，充分发挥改革开放的威力，克服来自右和"左"（主要是"左"）的阻力，因此经济得以迅速发展，人民生活得以明显改善。其中尤以深圳特区的变化令人刮目相看。经济特区还以无可争辩的事实向人们展示，特区作为改革试验区所取得的成就，并不像西方所宣扬的那样应归功于资本主义，更不像有人所担心的那样特区已改变了社会主义方向、走上了资本主义道路。事实上，经济特区的人民在党中央的正确领导下，发扬敢闯敢试、敢为人先、埋头苦干的特区精神，从中国实际出发，学习、借鉴和利用资本主义一切对我们有用的优秀文明成果，锐意改革创新，从实践上开辟了一条中国特色社会主义道路，为世界贡献了中国智慧，提供了中国方案。如今，中国特色社会主义进入新时代，经济特区的试验功能远没有终

---

① 邓小平：《邓小平文选》第3卷，人民出版社，1993，第130页。

② 同上书，第133页。

结，仍然要大胆探索、先行先试，为全面深化改革和扩大开放、坚持和完善中国特色社会主义制度作出新的更大的贡献。

二、特区精神形成的理论渊源

近代以来，先进的中国人为了完成反帝反封建的民族民主革命任务，不断探求救国救民的真理，最终找到了马克思主义，从此使中国革命的面貌焕然一新。中国共产党在马克思主义指导下，领导全国人民推翻了帝国主义、封建主义和官僚资本主义的反动统治，建立了新中国，并在社会主义建设和改革中取得巨大成就。实践证明，中国共产党之所以能够战胜各种困难，无往而不胜，"就在于始终把马克思主义这一科学理论作为自己的行动指南，并坚持在实践中不断丰富和发展马克思主义。"①而特区精神作为时代的产物，是马克思主义及其中国化理论成果与经济特区实践相结合的结晶。

（一）马克思主义是特区精神的理论基石

社会主义国家兴办经济特区，是一件前人未干过的新生事物。创办经济特区有无理论依据？是否"离经叛道"？这是首先要回答的问题。党的十一届三中全会前夕，在"实践是检验真理的唯一标准"的全国性大讨论之后，人们的思想大解放。这一年，我国出现了向外参观考察的热潮。其中，以时任国家计划委员会副主任段云为团长的港澳经济贸易考察团在目睹了港澳地区经济繁荣景象——尤其是香港地区没有耕地和资源，却依靠引进国外先进技术、设备和资金实现经济迅速发展的现实后，考察团成员思想上受到很大触动，于是在1978年5月底向中央提交了《港澳经济考察报告》，建议"把靠近香港、澳门的宝安、珠海划为出口基地，力争三五年内建成具有相当水平的对外生产基

---

① 习近平：《习近平谈治国理政》第2卷，外文出版社，2017，第33页。

地、加工基地和吸引港澳客人的游览区"①。这份报告首次提出了在深圳、珠海设立特殊经济区域的设想，并呼吁把它作为工作重点来抓。我国著名经济学家于光远从马克思的级差地租理论中受到启发，认为深圳特区首先存在一个级差地租的问题。他指出："在马克思主义地租理论中地租分为级差地租和绝对地租，在级差地租中又分为级差地租 I 和级差地租 II 两种形态。级差地租 I 是由土地的质量（对农业土地来说，就是土壤的好坏等影响农业劳动生产率的其他自然条件）或是由土地离市场远近与交通条件等形成的。大家知道香港的地租高昂，如果我们使深圳与香港严格隔绝，那么深圳邻近香港、与香港九龙接壤的地理位置条件就不能在经济上发生作用，由于地理位置与交通条件而决定的级差地租 I，就将由与本国其他地区的关系来确定。如果我们采取某些特殊政策，使深圳与香港之间的来往比较方便，那么深圳与香港毗邻这个特点就使深圳的级差地租大大提高。珠海特区的情况和这类似。"②由此可以看出，在马克思主义经典作家著作中，依稀可以找到创办经济特区的理论依据。

除了马克思、恩格斯关于随着资本主义生产力的发展，社会生产和消费日益国际化的思想外，最引人注目的是列宁在苏联"新经济政策"时期关于"利用资本主义建设社会主义"的思想。列宁一直主张，利用资本主义的一切科学成果来建设社会主义，发展社会主义。列宁指出，在一个小生产者占多数的国家里，实行社会主义革命必须通过一系列的特殊"过渡方法"。这种办法就是应该利用资本主义，特别把它引导到国家资本主义的轨道上来，作为小生产和社会主义之间的中间环节，作为提高生产力的手段、道路、方法和方式……列宁认为，无产阶级应当利用和重视资本主义的一切成就，要把资本主义积累的一切最丰富的文化、技术知识，由资本主义工具变成社会主义的工具。他指出："当我们国家在经济上还极其薄弱的时候，怎样才能加速经济的发展呢？那就是要利用资产阶级的资本。"③实践证明，列宁的这个伟大思想，为我们实行对外开放、创办经济特区提供了强有力的思想理论武器。

社会主义国家试办经济特区是史无前例的伟大创举，在其发展道路上不可

---

① 陶一桃、鲁志国：《中国经济特区史要》，商务印书馆，2010，第31页。

② 于光远：《谈谈对深圳经济特区几个问题的认识》，《经济研究》1983年第2期。

③ 列宁：《列宁全集》第40卷，人民出版社，1986，第42页。

能一帆风顺，必然会遇到各种阻碍。这就需要以正确的理论加以引导，在马克思主义指导下深入研究特区建设实践中出现的新情况、新问题，并认真总结经验，不断提高认识水平。社会主义国家该不该办特区？经济特区是不是"新租界"？在计划经济色彩还十分浓厚的20世纪80年代初，争论还是比较大的。一些在封闭条件下受传统观念影响较深的人认为，"经济特区就是搞资本主义、大批干部烂掉，深圳除了五星红旗还在飘扬之外，遍地都是资本主义"。国内某报公开刊登了《旧中国租界的由来》，接着又以《痛哉！租地章程》为题，影射经济特区是"新时期帝国主义的租界"。还有些人抓住经济特区建设初期出现的问题，认为建设经济特区是失败的。香港有一位年轻的学者，在香港的《广角镜》发表了题为《深圳问题在哪里？》的文章，详细分析了特区建设中的问题，其结论是："与其说经济特区是成功的经验，不如说是失败的教训。"该文的发表引起海内外学者的关注。香港的《广角镜》还开辟了《深圳问题大论战》专栏，学者们从不同的角度出发，各抒己见。针对种种疑虑和错误认识，党中央和理论界顶住了压力，以马克思主义立场、观点和方法论证了在新的历史条件下从中国国情出发试办经济特区的可行性和必要性，对中国经济特区的性质、任务和政策等进行了深入的探讨，并指出，在经济特区内全面行使国家主权，坚持四项基本原则，中国试办的是经济特区而不是政治特区，与新中国成立之前上海旧租界有本质的区别；要充分肯定特区建设取得的成就，坚定办好经济特区的决心和信心。1982年10月，陈云同志在一份文件上作出批示："特区要办，必须不断总结经验，力求把特区办好"。党中央明确了不仅要办特区，而且要力求把经济特区办好。[①]

在经济特区披荆斩棘、不断探索的基础上形成的特区精神，是与马克思主义息息相通的。一方面，马克思主义基本原理是特区精神的灵魂，可以说，没有马克思主义的指导，就没有特区精神的产生；另一方面，特区精神是马克思主义基本原理在精神层面的外在表现，是马克思主义与时俱进的产物。只有领会两者之间的辩证关系，才能深入理解特区精神的马克思主义性质，才能自觉弘扬特区精神，推动特区实践的发展。

---

① 何佳声：《对经济特区的理论研究，要为特区建设服务》，《特区经济》1998年第10期，第26—27页。

1. 特区精神蕴含了人民群众是历史的创造者的基本观点

历史唯物主义认为，人民群众是社会物质财富和精神财富的创造者，是社会变革的决定力量。"人民，只有人民，才是创造世界历史的动力。"[①]我国的社会主义制度为人民群众创造历史的活动提供了极为有利的经济、政治和文化等方面的条件。唯物史观关于人民群众是历史创造者的原理，要求我们坚持马克思主义群众观点，贯彻党的群众路线。马克思主义群众观点的主要内容包括：坚信人民群众自己解放自己的观点，全心全意为人民服务的观点，一切向人民群众负责的观点，虚心向群众学习的观点。群众路线是我们党的生命线和根本工作路线，也是我们党的优良传统。群众路线是群众观点的具体应用，即一切为了群众、一切依靠群众，从群众中来、到群众中去。群众路线的实质就在于，充分相信群众、坚决依靠群众、密切联系群众，全心全意为人民群众服务。在人类社会发展过程中，精神的作用是无穷的。而任何精神的产生都有一个主体，特区精神也不例外。毫无疑问，特区精神的主体是特区人民群众。没有特区人民群众改革开放的实践，就不可能有特区精神产生。在经济特区建设和发展过程中，我们党始终相信人民群众、依靠人民群众，充分发挥人民群众的智慧，大力弘扬特区精神，大胆探索、勇于实践，创造了世界奇迹。习近平总书记指出："我们党来自人民、植根人民、服务人民，党的根基在人民、血脉在人民、力量在人民。失去了人民拥护和支持，党的事业和工作就无从谈起。党要继续经受住执政考验、改革开放考验、市场经济考验、外部环境考验，就必须始终密切联系群众。在任何时候任何情况下，与人民同呼吸共命运的立场不能变，全心全意为人民服务的宗旨不能忘，群众是真正英雄的历史唯物主义观点不能丢，始终坚持立党为公、执政为民。"[②]

2. 特区精神蕴含了社会意识对社会存在具有能动的反作用的基本原理

辩证唯物主义认为，社会存在决定社会意识，社会意识反映社会存在，并

---

① 毛泽东:《毛泽东选集》第3卷，人民出版社，1991，第1031页。
② 习近平:《习近平谈治国理政》第1卷，外文出版社，2018，第367页。

对社会存在具有能动的反作用。任何社会意识都不会凭空出现，只能是适应一定社会物质生活发展的要求而产生的，因而它必然具有满足这些需求的功能和价值，在一定条件下会转化为物质力量，并作用于社会存在，影响历史的发展。先进的社会意识反映了社会发展的趋势和要求，对社会发展起着积极的促进作用；反之，落后的社会意识不符合社会发展的趋势和要求，对社会发展起着消极的阻碍作用。特区精神作为社会意识的范畴是对经济特区伟大实践的反映，又反过来作用于经济特区丰富的实践，转化为强大的物质力量，使经济特区取得了举世瞩目的成就。

3. 敢闯敢试的特区精神体现了马克思主义与时俱进的理论品质

马克思主义认为，世界上任何事物都处于运动、变化、发展过程中，马克思主义亦然。马克思主义具有与时俱进的理论品质，必然要随着实践的发展而发展，这是其保持旺盛生命力的源泉所在。马克思、恩格斯一再强调，他们的理论是发展着的理论，而不是一成不变的僵死的教条。通过弘扬特区精神，解放思想、实事求是，大胆地闯、大胆地试，才能揭示事物的本质和规律，才能推动马克思主义中国化、时代化、大众化，形成马克思主义创新成果，从而更好地指导中国特色社会主义伟大实践。

（二）马克思主义中国化理论成果是特区精神的重要理论来源

马克思主义是发展的理论。把马克思主义基本原理同中国具体实际和时代特征结合起来，在推进马克思主义中国化的历史进程中形成了飞跃发展的重大理论成果，即毛泽东思想、邓小平理论、"三个代表"重要思想、科学发展观和习近平新时代中国特色社会主义思想。这些重大理论成果，也是特区精神的重要理论来源。

马克思主义中国化，"就是坚持把马克思主义基本原理同中国具体实际相结合、同中华优秀传统文化相结合，运用马克思主义的立场、观点、方法研究和解决中国革命、建设、改革中的实际问题；就是总结和提炼中国革命、建设、改革的实践经验，从而认识和掌握客观规律，为马克思主义理论宝库增添新的内容；就是运用中国人民喜闻乐见的民族语言来阐述马克思主义理论，使之成为具有中国特色、中国风格、中国气派的马克思主义"①。

具体来讲，应这样理解马克思主义中国化：

第一，马克思主义中国化就是运用马克思主义来解决中国革命、建设和改革中的问题，强调的是对马克思主义的具体运用。马克思主义为什么要中国化？其一，它是解决中国问题的需要。中国国情的特殊性要求马克思主义在中国发挥指导作用，需要实现其中国化。马克思主义之所以能在中国发挥指导作用，不仅因为它是科学，而且更主要的是因为中国的社会条件有了这种需要，是因为它同中国人民的实践发生了联系，实现了在中国的具体化，从而被中国人民掌握。其二，它也是马克思主义理论的内在要求。马克思主义为我们提供的不是教条，而是进一步研究问题的出发点和供这种研究所使用的方法。马克思主义在各个国家要想发挥其指导作用，必须结合各个国家各个历史时期的具体实际，将其进一步加以民族化、具体化。据此，马克思主义要在中国发挥其指导作用，就必须实现其中国化。只有这样，才能够指导中国革命、建设和改革不断取得成功。

第二，马克思主义中国化就是总结中国革命、建设和改革的实践经验和历史经验，形成中国化的马克思主义理论，强调的是理论上的创新。在运用马克思主义解决中国实际问题的过程中，一定会产生许多具有独创性的实践经验，正是通过对这些经验的总结和提炼，才会创造出新的东西，也就是毛泽东强调的"使中国革命丰富的实际马克思主义化"②，进而形成了中国化的马克思主义理论成果。马克思主义中国化还包括运用马克思主义的世界观和方法论去总结中国的历史经验。中华民族在生生不息、薪火相传的历史进程中积淀着丰富的历史经验，要在马克思主义指导下，把握中国社会特点和发展规律，总结历史经验，传承优秀的历史传统，也为马克思主义发展作出贡献。

第三，马克思主义中国化就是把马克思主义植根于中国的优秀文化之中，强调的是马克思主义中国化过程中的形式问题。毛泽东指出，马克思主义一定要和民族的特点相结合，经过一定的民族形式表现出来。中华民族在繁衍生息

---

① 本书编写组：《毛泽东思想和中国特色社会主义理论体系概论》，高等教育出版社，2021，第2页。

② 毛泽东：《毛泽东文集》第2卷，人民出版社，1993，第374页。

的历史进程中创造了灿烂的中华文化，其中的优秀传统文化，是中华文明的智慧结晶和精华所在，是中华民族的根和魂，已经成为中华民族的基因，植根在中国人的内心，潜移默化影响着中国人的思想方式和行为方式。马克思主义作为一种外来思想文化传入中国，要得到中国人民的认同，并在实践中发挥指导作用，一定要找到一种为中国人民所能理解和接受的民族形式。这就要求用中华优秀文化的表达方式和中国人民喜闻乐见的语言，深入浅出地阐释马克思主义，使其具有鲜明的中国特色、中国风格和中国气派。这样，将马克思主义与中华优秀文化相结合，使马克思主义植根于中国优秀文化的土壤之中而得以生长和繁荣起来，进而迸发出无穷的力量。

马克思主义深刻改变了中国，中国也极大地丰富了马克思主义。回顾中国共产党的历史，就是一部不断推进马克思主义中国化的历史，就是一部不断推进理论创新、进行理论创造的历史。

我们党对"马克思主义中国化"的认识也经历了一个逐步深化的过程。自从马克思主义传入中国后，一些早期共产党人就对马克思主义中国化的问题进行了可贵的探索。

我国最早的马克思主义者李大钊很早就思考马克思主义中国化的问题。1919年，李大钊提出："一个社会主义者，为使他的主义在世界上发生一些影响，必须要研究怎样可以把他的理想尽量应用于环绕着他的实境。"这说明，中国早期马克思主义者已经初步产生马克思主义应当与中国实际相结合的思想。在马克思主义中国化的历史上，他无疑是一个伟大的开拓者和奠基者。

我国早期另一位马克思主义者陈独秀希望青年人"能以马克思实际研究的精神研究社会上各种情形，最重要的是现社会的政治及经济状况，不要单单研究马克思的学理"，主张将马克思主义与当时的中国实际相结合。

1923年5月，李达在《马克思学说与中国》一文中曾经说过，中国无产阶级对于目前的政治运动究竟怎样决定，这一点马克思在《共产党宣言》上并未为中国共产党筹划，而我们根据马克思关于社会革命的一般原理，按照当时中国国情，即当时产业的情况和文化的程度完全可以定出一个政策来。

作为中国共产党的缔造者，毛泽东较早地提出了将马克思主义与中国实际相联系的观点。1930年5月，毛泽东在《反对本本主义》一文中强调："我们说马克思主义是对的，决不是因为马克思这个人是什么'先哲'，而是因为他的理论，在我们的实践中，在我们的斗争中，证明了是对的。我们的斗争需要马克思主义。""马克思主义的'本本'是要学习的，但是必须同我国的实际情况相结合。我们需要'本本'，但是一定要纠正脱离实际情况的本本主义。"此时，毛泽东的一个重大贡献，就是在中国共产党历史上郑重提出了马克思主义同中国实际相结合的原则和命题。①

综上所述可以看出，早期中国共产党人从中国革命实践的需要出发，很早就意识到马克思主义中国化的必要性。不过，应该承认，党在幼年时期，对于马克思主义中国化的问题还没有形成深刻的、完整的和统一的认识。直到1938年毛泽东在党的六届六中全会上首次提出"马克思主义中国化"的命题，标志着我们党对这个问题的认识从感性升华到理性。这是关于马克思主义与中国实际关系认识过程中的一次飞跃，毛泽东无疑功不可没。

1938年，毛泽东在党的六届六中全会上作了《论新阶段》的报告，强调："没有抽象的马克思主义，只有具体的马克思主义。……马克思主义的中国化，使之在其每一表现中带着中国的特性，即是说，按照中国的特点去应用它，成为全党亟待了解并亟须解决的问题。"②这标志着"马克思主义中国化"这一重大命题的正式提出，对此后党的理论发展和事业推进产生了深远影响。

在1945年召开的党的七大上，刘少奇在代表党中央所作的关于修改党章的报告中，对"马克思主义中国化"从理论上作了进一步的阐述，指出"要使马克思主义系统地中国化，要使马克思主义从欧洲形式变为中国形式"③，强调毛泽东思想是"中国化的马克思主义"。党的七大正式将毛泽东思想确立为党的指导思想并写入党章。正是由于毛泽东对推动马克思主义中国化所作出的杰出贡献，故将马克思主义中国化第一次理论飞跃成果定名为毛泽东思想，并在党的七大上将其确定为我们党的指导思想。毛泽东思想活的灵魂是实事求是、群众路线、独立自主，三者相互贯通、有机统一，共同贯穿于毛泽东思想各个组成部分的立场、观点和方法，集中体现了中国共产

---

① 毛泽东：《毛泽东选集》第1卷，人民出版社，1991，第111-112页。

② 《建党以来重要文献选编（1921—1949）》第15册，中央文献出版社，2011，第651页。

③ 刘少奇：《刘少奇选集》上卷，人民出版社，1981，第335页。

党人的特殊品质。

　　毛泽东思想是中国共产党和中国人民最可珍贵的精神财富，为探索中国特色社会主义提供了理论先导，可以说是改革开放以来特区精神的重要理论来源。我国推动经济特区建立和发展的伟大实践以及基于此而形成的特区精神，无不体现毛泽东思想活的灵魂。

　　首先，特区精神体现了实事求是的深刻内涵。实事求是作为毛泽东思想活的灵魂之一，集中体现了辩证唯物主义和历史唯物主义的基本要求，是马克思主义哲学的中国化表述和概括。毛泽东指出："'实事'就是客观存在着的一切事物，'是'就是客观事物的内部联系，即规律性，'求'就是我们去研究。"①毛泽东还把实事求是形象地比喻为"有的放矢"。我们要坚持用马克思主义的"矢"去射中国革命、建设、改革的"的"。新民主主义革命时期，正是由于坚持实事求是，把马克思主义基本原理同中国革命的实际相结合，中国共产党人才领导中国人民开创了一条前人没有走过的中国自己的革命道路，完成了反帝反封建的任务，建立了中华人民共和国。新中国建立后，我们党继续坚持实事求是，又取得了恢复国民经济和过渡时期生产资料私有制社会主义改造的成功，创造性地开辟了一条适合中国国情的社会主义改造道路，建立了社会主义基本制度，为新中国的成长打下了良好的基础。然而，1958年后，由于我们不同程度地偏离了实事求是，因此在社会主义建设的探索过程中出现了坎坷，犯了"大跃进"乃至"文化大革命"的错误，给我国的社会主义事业造成了严重的损失。历史上正反两方面的经验教训证明，任何时候任何情况下，只要坚持实事求是，马克思主义和科学社会主义事业就会顺利发展，否则将陷入艰难曲折的局面。关于建立经济特区的决策，经济特区建立、成长壮大的历程，都体现了解放思想、实事求是的精神。如今，建设粤港澳大湾区，建设中国特色社会主义先行示范区，仍然需要坚持解放思想、实事求是，大力弘扬特区精神，敢闯敢试、敢为人先，全面深化改革开放，开拓创新，将中国特色社会主义伟大事业不断推向前进。

　　其次，特区精神体现了走群众路线的精神。把马克思列宁主义关于人民群众是历史的创造者的原理系统地运用在党的全部活动中，形成党在一切工作中

---

① 毛泽东：《毛泽东选集》第3卷，人民出版社，1991，第801页。

的群众路线。毛泽东反复强调，只要我们依靠人民，相信人民的创造力是无穷无尽的，和人民打成一片，那就任何困难都有可能克服，任何敌人最终都压不倒我们，而只能被我们压倒；离开人民，党的一切斗争和理想不但都会落空，而且都要变得毫无意义。群众路线是毛泽东思想的重要内容，是实现党的思想路线、政治路线和组织路线的根本工作路线，是我们的传家宝。它的理论意义和实践成效，已经为我们党上百年的奋斗历程所充分证实。特别是改革开放以来，社会主义现代化建设进入新的历史时期，我们党作出了建立经济特区的伟大决策。众所周知，经济特区经过数十年的发展，取得了举世瞩目的成就。经济特区取得的巨大成就可以说是群众路线的成功实践。俗话说，"只要力量大，泰山压顶也不怕。""人心齐，泰山移。"经济特区在发展壮大过程中，坚持、丰富和发展群众路线，充分相信群众、坚决依靠群众、密切联系群众，充分发挥人民群众的智慧和创造力，尊重人民群众主体地位，全心全意为人民服务，努力实现人自由而全面的发展，极大地促进生产力的发展，创造了我国社会主义发展史上乃至世界发展史上的奇迹。

如今，中国特色社会主义进入新时代，我们要继续坚持和贯彻群众路线这一优良传统，一切为了群众、一切相信群众，从群众中来、到群众中去，"始终与人民心心相印、与人民同甘共苦、与人民团结奋斗，夙夜在公，勤勉工作，努力向历史、向人民交出一份合格的答卷"[1]，不断开创中国特色社会主义现代化建设新局面。

最后，特区精神体现了独立自主的精神。独立自主是中华民族的优良传统，是我们党从中国实际出发，依靠党和人民的力量进行革命、建设和改革所得出的必然结论。无论是过去、现在还是将来，我们都要把国家和民族发展放在自己力量的基点上，坚持民族自尊心和自信心，坚定不移走自己的路。经济特区的建立是探索中国特色社会主义现代化建设道路的重要标志。经济特区是对外开放的窗口。正是由于实行对外开放政策，大胆吸收并借鉴西方国家的文明成果，坚持"引进来"与"走出去"相结合，才助力经济特区的腾飞。在对外开放过程中，经济特区始终坚持独立自主原则，不迷失方向，坚持社会主义制度，坚持马克思主义指导地位，同时面向世界，大胆改革创新，大力发展社

---

① 习近平：《习近平谈治国理政》第1卷，外文出版社，2018，第5页。

会主义市场经济，呈现出蓬勃生机与活力。习近平总书记在纪念毛泽东同志诞辰120周年座谈会上的讲话中指出，我们党在领导革命、建设、改革长期实践中，历来坚持独立自主开拓前进的道路。这种独立自主的探索和实践精神，这种坚持走自己的路的坚定信心和决心，是我们党全部理论和实践的立足点，也是党和人民的事业不断从胜利走向胜利的根本保证。

众所周知，特区精神是改革开放后逐渐形成的。相应地，改革开放后在马克思主义中国化历史进程中所产生的重大理论成果，是特区精神形成的直接理论来源。

1978年党的十一届三中全会以来，以邓小平、江泽民、胡锦涛、习近平为主要代表的中国共产党人，在马克思主义基本理论指导下，结合中国发展实际情况，对我国社会主义建设过程中面临的重大理论和实践问题进行了深入思考，通过理论创新和实践创新，不断推进马克思主义中国化，指导中国特色社会主义从一个胜利走向另一个胜利。

十一届三中全会在我们党历史上占有重要地位，实现了新中国成立以来具有深远意义的伟大转折，停止使用"以阶级斗争为纲"的口号，开启了改革开放和社会主义现代化建设历史新时期。以邓小平同志为核心的党的第二代中央领导集体，重新确立了实事求是的思想路线，把党和国家的工作重心转移到经济建设上来，实行改革开放，开始了建设社会主义的新探索。1982年，邓小平在党的十二大开幕词中第一次提出了"建设有中国特色的社会主义"这一崭新的命题，他指出："我们的现代化建设，必须从中国的实际出发。无论是革命还是建设，都要注意学习和借鉴外国经验。但是，照抄照搬别国经验、别国模式，从来不能得到成功。这方面我们有过不少教训。把马克思主义的普遍真理同我国的具体实际结合起来，走自己的道路，建设有中国特色的社会主义，这就是我们总结长期历史经验得出的基本结论。"①

众所周知，为了探索中国特色社会主义道路，党中央决定在东南沿海地区建立经济特区，加快改革开放的步伐。1984年邓小平在视察广东、福建、上海等地回京后同中央负责同志谈话时指出："特区是个窗口，是技术的窗口，

---

① 邓小平：《邓小平文选》第3卷，人民出版社，1993，第2-3页。

管理的窗口，知识的窗口，也是对外政策的窗口。"①后来他多次强调，"深圳经济特区是个试验"，要求特区在进行改革试验时，胆子要大、步子要稳。他在1992年的南方谈话中，充分肯定"深圳的重要经验就是敢闯"。他说："改革开放胆子要大一些，敢于试验，不能像小脚女人一样。看准了的，就大胆地试，大胆地闯。……没有一点闯的精神，没有一点'冒'的精神，没有一股气呀、劲呀，就走不出一条好路，走不出一条新路，就干不出新的事业。"②所有这些，都是要求特区走在改革的前列，大胆进行改革试验，勇于冲破束缚生产力发展的旧体制，敢于创新。在邓小平建设有中国特色社会主义理论（从党的十五大起称其为邓小平理论）指引下，特区人民坚持解放思想、实事求是的思想路线，以经济建设为中心，大力发展生产力，发展社会主义市场经济，借鉴别国现代化的经验并服务于我国特区现代化建设的实践，在实践中探索创新，先行先试，走出一条全新的改革开放和现代化建设之路。

党的十三届四中全会以来，以江泽民同志为核心的党的第三代中央领导集体十分关心和支持经济特区建设，为经济特区发展指明了方向，也促进了特区精神的形成。

1992年10月，江泽民同志在党的十四大报告中高度评价说："兴办深圳、珠海、汕头、厦门四个经济特区是对外开放的重大步骤，是利用国外资金、技术、管理经验来发展社会主义经济的崭新试验。"③

1993年4月13日，江泽民同志在海南省建省和兴办经济特区五周年庆祝大会上发表重要讲话，指出："创办经济特区，是小平同志亲自倡导、设计并始终关注和支持的一项崭新事业，是我们党和国家的一个重大决策。经济特区作为对外开放的'窗口'，为全国的改革开放一直发挥着试验、探路和积极推动的作用，并以自己宝贵的经验为丰富建设有中国特色社会主义的理论作出了贡献。在我国现代化建设波澜壮阔的发展过程中，经济特区的'排头兵'作用将会不断地以特有的光芒而闪耀史册。"④"要发扬社会主义现代化建设所必需

---

① 邓小平：《邓小平文选》第3卷，人民出版社，1993，第51-52页。

② 同上书，第372页。

③ 钟坚、郭茂佳、钟若愚：《中国经济特区文献资料》第3辑，社会科学文献出版社，2010，第46页。

④ 同上书，第48-49页。

的以解放思想、实事求是为核心和精髓的创业精神，来支持和鼓舞我们伟大的实践。海南和其他经济特区在这方面也应做出表率，要把这些创业精神真正贯注到广大干部和群众中去，成为促进特区发展的强大精神力量。"①

然而，经济特区的发展并不是一帆风顺的。随着经济特区所面临的内外环境的变化，关于经济特区的前途问题一度出现不少疑问。为此，江泽民同志多次重申，经济特区的基本政策、地位和作用不变，而且要办得更快更好，要发挥新的更大的作用。

1994年6月，江泽民同志代表党中央、国务院郑重宣布："中央对发展经济特区的决心不变；中央对经济特区的基本政策不变；经济特区在全国改革开放和现代化建设中的历史地位和作用不变。要把发展经济特区贯穿于社会主义现代化建设的整个过程，基本实现国家的现代化要搞多久，经济特区就要搞多久。对这一点不能有任何疑问和动摇。就是说，经济特区不仅要继续办下去，还要办得更好；对经济特区实行的基本政策要坚持下去；经济特区不仅要继续发挥'窗口'作用、'试验'作用、'排头兵'作用，而且要发挥得更充分。那种认为在全国形成全方位对外开放格局的新形势下，经济特区的地位和作用可以削弱甚至可以逐步消失的看法，是不对的。"②

2000年11月，江泽民同志在深圳经济特区建立20周年庆祝大会上发表重要讲话，高度评价深圳经济特区所取得的巨大成就，指出："经济特区创立发展的二十年，是沿着有中国特色社会主义道路开拓前进的二十年，是认真贯彻党的十一届三中全会以来的路线方针政策不断发展的二十年，是经济特区广大干部群众解放思想、实事求是、敢于实践、大胆创新的二十年。经济特区的实践，向世界展示了社会主义中国的勃勃生机和光明前景。"同时，对未来经济特区的发展提出新的任务和要求："在新的历史条件下，经济特区要认真总结成功经验，抓紧解决存在的问题，继续'增创新优势，更上一层楼'，努力创造新的业绩，率先基本实现现代化。发展经济特区，是建设有中国特色社会主义事业的重要组成部分，将贯穿我国改革开放和现代化建设的全过程。发展是

① 钟坚、郭茂佳、钟若愚：《中国经济特区文献资料》第3辑，社会科学文献出版社，2010，第50页。
② 同上书，第51页。

硬道理。经济特区要继续当好改革开放和现代化建设的排头兵，继续争当建设有中国特色社会主义的示范区，继续充分发挥技术的窗口、管理的窗口、知识的窗口和对外政策的窗口的作用，努力形成和发展经济特区的中国特色、中国风格、中国气派。这是历史赋予经济特区的光荣使命。"[①]

总而言之，以江泽民同志为核心的党的第三代中央领导集体立足于20世纪90年代经济特区的实际和中国改革开放的进程，面对世界经济政治发展的新形势，在深刻总结经济特区历史经验的基础上，以马克思主义为指导，对经济特区的发展提出新的要求和更高的目标，这无疑是经济特区进一步发展的重要指导思想。经济特区人民在党中央的大力支持和鞭策下，一方面，解放思想，勇于实践，敢闯敢干，先行先试；另一方面，坚持实事求是、与时俱进、脚踏实地，结合各自的特点和优势，创造自己的特色、风格和气派，为探索中国特色社会主义道路作出了重要贡献。

党的十六大以来，以胡锦涛同志为总书记的党中央面向21世纪，一如既往地关心、支持经济特区建设与发展，解放思想、实事求是、大胆探索，继续发挥"试验田"和"示范区"作用，全面建设小康社会，开创中国特色社会主义新局面。

2003年4月，胡锦涛同志到深圳考察工作，对深圳经济特区寄予厚望。他指出："深圳经济特区成立以来，高举邓小平理论伟大旗帜，坚持实践'三个代表'重要思想，取得了很大成就。今后深圳还要加快发展、率先发展、协调发展，继续发挥'试验田'和'示范区'作用，在制度创新和对外开放方面走在前面，为全国提供更多的有益经验。"[②]

2008年4月，胡锦涛同志视察海南经济特区，号召海南人民"全面贯彻党的十七大精神，高举中国特色社会主义伟大旗帜，以邓小平理论和'三个代表'重要思想为指导，深入贯彻落实科学发展观，按照继续解放思想、坚持改革开放、推动科学发展、促进社会和谐的总体要求，从新的历史起点出发，进一步创新思路、凝聚力量、突出特色、增创优势，在全面建设小康社会的征途

上迈出更大步伐、取得更大成绩"①。

2010年9月，胡锦涛同志在深圳经济特区建立30周年庆祝大会上的重要讲话中指出，30年来，在党中央、国务院坚强领导和全国大力支持下，深圳经济特区坚持锐意改革，敢闯敢试、敢为人先，为我国改革开放和社会主义现代化建设作出了重要贡献。同时强调，"在全面建设小康社会、加快推进社会主义现代化的进程中，经济特区不仅应该继续办下去，而且应该办得更好。中央将一如既往支持经济特区大胆探索、先行先试、发挥作用。经济特区要适应国内外形势新变化、按照国家发展新要求、顺应人民新期待，面向现代化、面向世界、面向未来，继续解放思想，坚持改革开放，努力当好推动科学发展、促进社会和谐的排头兵，在改革开放和社会主义现代化建设中取得新进展、实现新突破、迈上新台阶。"②

那时，在以胡锦涛同志为总书记的党中央大力支持和热情关怀下，经济特区不辱使命，坚定不移坚持中国特色社会主义道路，坚定不移坚持中国特色社会主义理论体系，坚定不移贯彻执行党的路线、方针和政策，勇于变革、勇于创新、永不僵化，推动科学发展、促进社会和谐，谱写了中国特色社会主义现代化建设的壮丽篇章。

党的十八大以来，以习近平同志为核心的党中央开启了中国特色社会主义新时代，在建设中国特色社会主义伟大实践中推进马克思主义中国化，形成了习近平新时代中国特色社会主义思想，领导全国人民担负起实现中华民族伟大复兴和建设社会主义现代化强国的历史重任。经济特区被赋予新定位、新使命和新要求。特别是深圳作为中国特色社会主义先行示范区要有新担当、新作为，努力创建社会主义现代化强国的城市范例。习近平总书记不仅深刻揭示了特区精神的丰富内涵，而且将其升华为中国精神的重要内容，为建成富强民主文明和谐美丽的社会主义现代化强国提供强大精神动力和智力支持。

2012年12月，习近平同志担任中共中央总书记后首次离京考察，第一站来到深圳前海。前海石旁，习近平总书记发出了改革开放再出发的号召，向世

---

① 钟坚、郭茂佳、钟若愚：《中国经济特区文献资料》第3辑，社会科学文献出版社，2010，第82页。

② 胡锦涛：《胡锦涛文选》第3卷，人民出版社，2016，第427页。

界宣示中国改革不停顿、开放不止步的信心和决心，并深情寄语前海，"精耕细作，精雕细琢，一年一个样，一张白纸，从零开始，画出最美最好的图画。"此后，习近平总书记多次考察深圳、珠海、海南等经济特区，始终关心经济特区的改革发展，屡次在关键节点作出重要指示批示，从战略和全局高度为经济特区改革发展领航导向。

2018年4月，习近平总书记出席庆祝海南建省办经济特区30周年大会并发表重要讲话，强调指出，在决胜全面建成小康社会、夺取新时代中国特色社会主义伟大胜利的征程上，经济特区不仅要继续办下去，而且要办得更好、办出水平。经济特区要不忘初心、牢记使命，把握好新的战略定位，继续成为改革开放的重要窗口、改革开放的试验平台、改革开放的开拓者、改革开放的实干家。他发出号召："经济特区要勇于扛起历史责任，适应国内外形势新变化，按照国家发展新要求，顺应人民新期待，发扬敢闯敢试、敢为人先、埋头苦干的特区精神，始终站在改革开放最前沿，在各方面体制机制改革方面先行先试、大胆探索，为全国提供更多可复制可推广的经验。"①

在新的更高起点上，习近平总书记亲自谋划、亲自部署、亲自推动粤港澳大湾区、深圳中国特色社会主义先行示范区和海南自由贸易港建设，赋予经济特区新的重大使命，为新时代中国改革开放再出发擘画宏伟蓝图、注入强大动力。

2019年8月通过的《中共中央 国务院关于支持深圳建设中国特色社会主义先行示范区的意见》（以下简称《意见》）指出，当前，中国特色社会主义进入新时代，支持深圳高举新时代改革开放旗帜，建设中国特色社会主义先行示范区。深圳由改革开放初的经济特区到中国特色社会主义先行示范区的转变，是巨大的历史性飞跃，表明党中央对深圳寄予厚望，赋予新的历史使命。兴办经济特区的时候，深圳先行先试，它是一块试验田，当然成功最好，但也允许失败。今天，党中央将深圳经济特区定位为中国特色社会主义先行示范区。"先行"表明"率"字当头，仍然要发扬深圳敢为人先的精神；"示范区"表明，深圳的发展对其他城市和地区的发展具有示范效应，只允许成功，不允许失败。而且深圳"先行示范区"对标的不是具体的经济和贸易制度等变革的功能，而是"中国特色社会主义"这个宏大的框架。对深圳这一新的定位，预

---

① 习近平：《在庆祝海南建省办经济特区30周年大会上的讲话》，新华社2018年4月13日。

示着新一轮在广度和深度上都将超越以往的改革开放浪潮，将在深圳再度掀起。"中国特色社会主义先行示范区"由中央层面首次出现在习近平总书记于2018年底对深圳工作的重要批示中的概念，到如今深圳建设中国特色社会主义先行示范区的方案落地，意味着支持深圳建设中国特色社会主义先行示范区已经成为中央顶层设计框架下的具体部署。《意见》对深圳建设中国特色社会主义先行示范区的发展提出更高战略定位和发展目标，要将深圳建设成为高质量发展高地、法治城市示范、城市文明典范、民生幸福标杆、可持续发展先锋。并指出深圳分"三步走"的发展目标：到2025年，把深圳建成现代化国际化创新型城市；到2035年，深圳高质量发展成为全国典范，成为我国建设社会主义现代化强国的城市范例；到本世纪中叶，把深圳建设成为竞争力、创新力、影响力卓著的全球标杆城市。这对深圳经济特区人民是极大的鼓舞，激励着特区人民不忘初心、牢记使命，锐意改革进取、不断开拓创新，全面扩大对外开放，先行先试，推动深圳中国特色社会主义先行示范区高质量发展，完善中国特色社会主义制度。

2020年10月，习近平总书记在深圳经济特区建立40周年庆祝大会上发表重要讲话。习近平总书记深情回顾40年来深圳经济特区实现的历史性跨越，深刻总结经济特区建立以来取得的显著成就和宝贵经验，其中重要的一条就是"坚持敢闯敢试、敢为人先，以思想破冰引领改革突围"[①]。习近平总书记的重要讲话为深圳作为粤港澳大湾区引擎城市和中国特色社会主义先行示范区进行全面深化改革开放，奋力开启全面建设社会主义现代化国家新征程，指明了前进方向、提供了根本遵循。习近平总书记号召特区人民，"要弘扬以爱国主义为核心的民族精神和以改革创新为核心的时代精神，继续发扬敢闯敢试、敢为人先、埋头苦干的特区精神，激励干部群众勇当新时代的'拓荒牛'"，"努力续写更多'春天的故事'，努力创造让世界刮目相看的新的更大奇迹！"[②]

"大鹏一日同风起，扶摇直上九万里。"我们坚信，在习近平新时代中国特色社会主义思想指导下，在特区人民的共同努力下，继续发扬敢闯敢试、敢为

---

① 习近平：《在深圳经济特区建立40周年庆祝大会上的讲话》，《人民日报》2020年10月15日，第02版。
② 同上。

人先、埋头苦干的特区精神，开拓进取，坚定不移走中国特色社会主义道路，坚定不移推进改革开放，经济特区的明天一定会更加美好，一定会为实现中华民族伟大复兴的中国梦和建设社会主义现代化强国作出新的更大贡献。

三、特区精神形成的动力源泉

恩格斯指出，所谓社会主义，不是一种一成不变的东西，而应当和任何其他社会制度一样，把它看成经常变化和改革的社会。新中国成立后，我国社会主义建设取得很大的成就，但也走过许多弯路。特别是粉碎"四人帮"前后，我国国民经济濒临崩溃的边缘，与世界的差距在拉大。在中国向何处去的关键时刻，党的十一届三中全会毅然决然地作出把全党的工作重点和全国人民的注意力转移到社会主义现代化建设上来的重大决策，确定了改革开放的方针。经济特区就是在这样的历史背景下建立起来的。可以说，没有改革开放，就没有经济特区出现，更没有特区精神形成。改革开放是特区精神形成的动力源泉。

（一）闭关锁国导致贫穷落后

第二次世界大战后，各国都在争相发展国民经济。当今世界，只有依靠经济实力和科学技术才能屹立于世界民族之林。而恰恰在这方面，中国与比较发达国家之间存在着相当大的差距。所以，中国的社会主义建设一开始就有一个如何赶上世界先进水平的问题。为了实现赶超世界先进国家的目标，中国的社会主义建设就要在独立自主、自力更生的原则下，打开国门，利用国外的先进科学技术和资金发展自己。新中国成立之后，毛泽东就提出向外国学习的口号和"要同资本主义国家做生意"的设想，明确指出我们的方针是：一切民族、一切国家的长处都要学，政治、经济、科学、技术、文学、艺术的一切真正好的东西都要学。但是，以美国为首的西方国家对中国的崛起实行政治敌视、军事包围和经济禁运政策，阻塞了中国向西方国家学习和开放的途径。正如毛泽东所指出的，中国在"解放以后本来是开放的，现在却被人用美国的军舰和军舰上所装的大炮，实行了一条很不神圣的原则：门户封锁"①。邓小平也曾指出过，毛泽东同志在世的时候，我们也想扩大中外经济技术交流，包括同一些资本主义国家发展经济贸易关系，甚至引进外资、合资经营等。但是那时候没有条件，人家封锁我们。

在这种形势下，中国不得不在政治上和经济上实行"一边倒"的政策，即只与苏联和东欧一些社会主义国家建立经济贸易关系，对外的国门是半开半闭着的。即使是半开放的政策，对中国社会主义建设的起步也发挥过重大作用，使我国得到了宝贵的国际援助。新中国成立初期，中国从苏联获得了约14亿美元贷款，引进了156个重点建设项目，使饱受战乱影响的国民经济得以迅速发展，并奠定了新中国工业发展的基础，培养了大批科学技术人才，为中国社会主义现代化建设创造了条件。

20世纪50年代末期，中苏两党由于意识形态的分歧发生论战。这种政党之间的思想分歧导致中苏两国关系恶化，直接影响到两国之间的经济贸易。"文化大革命"期间，由于"左"的思想泛滥，中国在经济建设上几乎关闭了对外开放的大门，使社会主义建设被引入闭关锁国的误区。这种与外界隔绝搞建设的状况是被迫形成的，也违背了中国人民的意愿。虽然经过中国人民的艰苦奋斗，社会主义建设仍然取得了很大成就，但在这种不利的经济环境中，势必阻碍中国经济健康发展。更为严重的是，这在客观上助长了国内的一种忽视对外经济技术交流的思想倾向，认为在闭关锁国的条件下照样可以建成社会主义。邓小平总结历史教训时指出："中国长期处于停滞和落后状态的一个重要原因是闭关自守。经验证明，关起门来搞建设是不能成功的，中国的发展离不开世界。当然，像中国这样大的国家搞建设，不靠自己不行，主要靠自己，这叫做自力更生。但是，在坚持自力更生的基础上，还需要对外开放，吸收外国的资金和技术来帮助我们发展。"②

中国社会主义建设被引入误区主要表现在两个方面：一是"以阶级斗争为纲"，堵塞了中国对外开放的大门。从20世纪50年代末期提出"无产阶级和资产阶级的矛盾，社会主义道路和资本主义道路的矛盾，毫无疑问，这是当前我

---

① 毛泽东：《毛泽东选集》第4卷，人民出版社，1991，第1507页。
② 邓小平：《邓小平文选》第3卷，人民出版社，1993，第78-79页。

国社会的主要矛盾"①之后，中国与外国正常的经济贸易往来也被纳入阶级斗争的轨道。"文化大革命"期间，把吸收国外先进科学技术和经济管理方法说成"崇洋媚外"，把引进外资和与外国的正常贸易说成"投降卖国"，把从事外经外贸的干部说成"叛徒、特务和洋奴"。在"宁要社会主义的草，不要资本主义的苗"和"反修防修"呼喊声中，中国的社会主义建设走上了闭关自守、与世隔绝的道路。二是对"自力更生"原则产生了严重误解，将其与对外开放完全对立起来。自力更生是中国共产党人的创业精神，即把革命和建设事业的成功放在自己力量的基点上，以自力更生为主、争取外援为辅。但在"左"倾思想指导下，把自力更生的创业精神绝对化，拒绝学习和利用国外的一切先进科学技术，拒绝接受外国的一切经济援助和贷款，认为自力更生就是完全依靠自己的力量搞建设。这是一种严重的误解。这种误解阻碍了中国社会主义建设的快速发展。我国在20世纪60年代和70年代的一些重点攻关建设项目，实际上是发达国家40年代和50年代的水平；有些工业产品，国外已经更新换代，但我们还在用"蚂蚁啃骨头"的落后生产方式进行生产。这种误解还导致人们思想狭隘、孤陋寡闻，又夜郎自大、故步自封的精神状态。

正当中国关起门来搞建设的时候，世界各国却进入了一个开放和发展的时代，抓住有利时机发展经济。与中国毗邻的日本，之所以能够在较短时间内实现经济腾飞，原因之一就是实行对外开放、引进先进技术，且引进的规模不断扩大。这样不仅节省了大量的科研经费，而且赢得了宝贵的时间。亚洲的"四小龙"也是在经济开放中起飞的。中国的社会主义建设坐失了20世纪60和70年代的发展良机，原因是复杂的，但闭关自守无疑是重要原因之一。

（二）改革开放催生经济特区

党的十一届三中全会决定实行对外开放政策，要求"在自力更生的基础上积极发展同世界各国平等互利的经济合作，努力采用世界先进技术和先进设备"。这是以邓小平同志为核心的党的第二代中央领导集体作出的重大战略决

---

① 李慎明：《正确认识中国特色社会主义新时代社会主要矛盾》，《红旗文稿》2018年第5期，第9页。

策。但对外开放从何处启动，是一个非常关键的问题。选择得好，将顺利地打开国门，把人们引向前进，加快我国社会主义建设步伐；选择得不好，将会引起人们对开放政策的疑虑，直接影响我国对外开放的战略部署。因此，中国对外开放的决策者邓小平十分慎重地考虑这个突破口问题。1979年4月，在中央经济工作会议上，他提出对沿海一些地区应当实行较为特殊的开放政策的建议。经过认真的调查研究，同年7月，中共中央、国务院决定把开放的突破口放在广东和福建两省。刚开始时，只是给他们一些"特殊政策和灵活措施"，并设置出口特区。直到1980年5月，才决定在深圳、珠海、汕头和厦门试办4个经济特区。在经济特区直接引进外资，同时引进先进的科学技术和先进的科学管理方法；对外商实行优惠政策，兴办合资经营、合作经营和独资经营的"三资"企业。

创办经济特区，是以邓小平同志为核心的党的第二代中央领导集体把马克思主义基本原理和中国建设实践结合起来，借鉴国际经验，符合中国国情的一项重大决策。在当时的国际环境中，是为中国特色社会主义建设走出的一步妙棋。一方面，我国的社会主义还处在初级阶段，人口多、底子薄，人均国民生产总值很低。落后的生产力发展水平，决定了商品经济和国内市场还很不发达，生产社会化程度还很低，人民生活还很贫穷。在此基础上搞社会主义建设，不可能全面铺开，经济振兴要找到突破口。为此，邓小平指出："一部分地区有条件先发展起来，一部分地区发展慢点，先发展起来的地区带动后发展的地区，最终达到共同富裕。"①创办经济特区正是先发展地区的突破口，完全符合中国社会主义社会的国情。另一方面，中国的经济特区实行特殊的经济政策和经济管理体制，但它并非政治特区，也不是祖国统一后的那种特别行政区。它是在中国共产党领导下由中国政府完全行使主权的行政区域。所有经济特区内办企业和从事各种经济活动的外国人，必须遵守我国宪法、法律和政策；经济特区开展对外贸易和经济技术交流，一定要维护国家的主权和尊严；经济特区也同样坚持四项基本原则，建设社会主义精神文明。正如邓小平所指出的，"特区姓'社'不姓'资'"②。

---

① 邓小平：《邓小平文选》第3卷，人民出版社，1993，第374页。

② 同上书，第372页。

中国社会主义经济建设在对外开放中走出了创办经济特区的妙棋之后，立即产生了良好的效益和影响。特区经济发展迅速，建设成就举世瞩目。截至1987年6月，起步较早的深圳、珠海、汕头、厦门4个经济特区与世界上20多个国家和港澳台地区的客商签订的合同或协议，投资额达64.6亿美元，其中投入使用额达21.2亿美元，约占全国外商直接投资总额的四分之一。4个经济特区与外商签约兴建的"三资"企业共3000多家，已建成投产的工业企业有1700多家。1988年，深圳经济特区外商投资企业的工业产值已占该经济特区工业总产值的63%，珠海占35%，汕头占59%，厦门占41%。这些外商投资的生产型企业，大部分属于"两头在外"的企业①。1988年4月，海南经济特区被批准创建之后，借助于得天独厚的自然资源、地理环境和更加开放的政策，中国的经济特区建设上了一个新台阶。1991年，我国5个经济特区的产值突破500亿元，比1990年增长56%；进出口贸易总额为196.7亿美元（1992年为243亿美元），占全国进出口贸易总额的14.5%。5个经济特区中的"三资"企业，已成为促进特区经济繁荣和发展的骨干企业，对于引进先进技术和管理、扩大出口、增加外汇收入、安排就业发挥了积极作用。

经济特区自创建时起就得到了党和国家领导人的关怀和支持。1980年以来，中共中央和国务院每年都召开专门会议，研究和解决特区建设中的问题，并制定相应的方针和政策，以促进经济特区快速和健康发展。为加强对特区工作的领导和协调，还成立了国务院特区领导小组和国务院特区办公室。陈云特别强调总结经济特区的经验，1981年底至1982年初，他两次指出："广东、福建两省的特区及各省的对外业务，要总结经验。"他还在文件上批示："特区要办，必须不断总结经验，力求使特区办好。"②邓小平也在1980年12月中共中央工作会议上指出："在广东、福建两省设置几个特区的决定，要继续实行下去。"③1984年初，邓小平实地考察了深圳、珠海、厦门3个经济特区，听取了汇报，翻阅了材料，参观了特区经济。他对经济特区取得的成就表示满意，并

---

① "两头在外"的企业，是指把生产经营过程的两头（即原材料和销售市场）放到国际市场的企业。

② 王洪模等：《改革开放的历程》，河南人民出版社，1989，第461页。

③ 同上书，第436页。

为这3个经济特区分别题词。为深圳的题词是"深圳的发展和经验证明，我们建立经济特区的政策是正确的"，为珠海的题词是"珠海经济特区好"，为厦门的题词是"把经济特区办得更快些更好些"。回到北京后，邓小平于2月24日同中央有关领导就对外开放和特区工作问题进行了谈话，强调指出："我们建立经济特区，实行开放政策，有个指导思想要明确，就是不是收，而是放。"邓小平还提出了要加快海南经济特区建设的建议，他说："如果能把海南岛的经济迅速发展起来，那就是很大的胜利。"①1992年初，在中国社会主义建设和改革开放深入发展的关键时刻，邓小平去南方视察时再次到达深圳、珠海，他总结创办经济特区的经验时说："改革开放胆子要大一些，敢于试验，不能像小脚女人一样。看准了的，就大胆地试，大胆地闯。深圳的重要经验就是敢闯。没有一点闯的精神，没有一点'冒'的精神，没有一股气呀、劲呀，就走不出一条好路，走不出一条新路，就干不出新的事业。"②

创建经济特区这步妙棋，之所以越走越有生命力，越发展前景越广阔，一是因为特区建设中日新月异的发展速度，敢为人先的创业精神，以及出类拔萃的建设成就，生动地证明了"建立经济特区的政策是正确的"。特区开放政策的实施，进一步使中国人民解放了思想，开阔了视野，它以极大的吸引力把人们的注意力凝聚到社会主义改革开放上来，支持了特区的经济建设。同时，特区政策的开放、稳定和优惠，也吸引着国外的客商，纷纷到特区来考察、投资和办企业，促进了特区经济的繁荣。国际舆论热情赞誉经济特区是中国改革开放政策催生的"伟大圣婴"。二是因为党和国家领导人对经济特区的支持。在特区建设过程中，每当特区的发展遇到这样那样的麻烦和困难，尤其是来自"左"的思想干扰时，邓小平总是坚定地满怀信心地给予支持。他反复强调，改革开放的政策不变，经济特区的政策不变，鼓励特区建设思想要解放，胆子要大，"深圳的重要经验就是敢闯"。可以说，经济特区的创办和发展，每前进一步都离不开邓小平与党和国家其他领导人的支持。中国对外开放的实践证明，创建经济特区是改革开放总设计师邓小平设计的一步妙棋，这反映了他高瞻远瞩的战略眼光和实事求是、抓住机遇的创业精神。

---

① 邓小平：《邓小平文选》第3卷，人民出版社，1993，第52页。

② 同上书，第372页。

（三）经济特区是改革开放的"窗口"

在中国对外开放的战略格局中，经济特区既是开放的前哨阵地，又是外引内联的重要枢纽。邓小平在总结经济特区所起的作用时指出："特区是个窗口，是技术的窗口，管理的窗口，知识的窗口，也是对外政策的窗口。从特区可以引进技术，获得知识，学到管理，管理也是知识。特区成为开放的基地，不仅在经济方面、培养人才方面使我们得到好处，而且会扩大我国的对外影响。"[①]

随着中国改革开放形势的发展，经济特区在社会主义现代化建设中的"窗口"作用越来越重要。特区的"窗口"作用主要表现在四个方面：

第一，通过吸引外资发展外向型经济，促进了特区经济的繁荣，增强了特区自身的经济实力。创办特区以来，通过对外开放吸引外商投资，利用大量外资创建的"三资"企业有数千家，并且吸收外资数额一年比一年增多，规模也一年比一年扩大。西方国家一批实力雄厚的跨国公司也到中国经济特区考察和投资，建立了一批技术先进和原材料与销售市场在外的企业。每个经济特区都形成了有自己特点的以"三资"企业为主体的出口行业和产品，进入了国际市场。1987年，深圳、珠海、汕头、厦门4个经济特区，工业总产值已达112亿元，是创办经济特区之前1979年的12倍。1988年的工业总产值达157亿元，比1979年增长了约16倍。

第二，通过内联外辐扩大了特区的影响和枢纽作用，特区成为我国对外开放的前哨阵地。特区在利用外资、引进先进技术过程中，可以更好地观察、了解世界经济动态和科技信息，随时掌握科技市场的行情变化，及时组织产品生产和出口，增强了我国对外经济活动的主动权，提高了参与国际生产和国际竞争的能力。在国内，许多重大的改革措施也是先在经济特区出台，取得经验后在全国逐步推广的。例如，在劳动人事制度方面的劳动用工合同制、工资浮动制、干部招聘制；在基建方面的投资由国家拨款改为银行贷款，基建工程招标、投标、承包责任制；在金融体制方面的业务交叉和信贷、利率改革，成立

---

① 邓小平：《邓小平文选》第3卷，人民出版社，1993，第51–52页。

外汇调剂中心，逐步放开外汇市场；在企业管理体制方面的承包、租赁经营、股份制试点，组建投资管理公司；在国有土地方面实行有偿使用、土地批租，设立房地产公司；等等。这都给全国的改革和开放以巨大的影响和推动。

第三，特区在引进世界各国先进的科学技术和管理机制的同时，也带来了新的效率和现代化的观念，促进了人们进一步解放思想。在经济特区，同样规模的企业，采用科学的管理方法，既提高了产量和质量，又节省了资金和劳动力，创造出高水平的经济效益和市场竞争力。邓小平称赞道："他们的口号是'时间就是金钱，效率就是生命'。"[1]这就增强了人们对改革开放的紧迫感和责任感。这对于消除人们对改革开放政策的疑虑，摒除各种陈旧观念，接受市场经济条件下的各种现代化新观念，都有着直接的教育作用。经济特区以特有的魅力吸引了国内的大批创业人才，他们到特区经过一番闯荡后又回到内地，成为改革开放的带头人。经济特区像一所新式学校一样，为内地培养了大批勇于开拓创新的人才。

第四，创办经济特区有利于港澳台同胞、海外侨胞和外国人士更好地了解我国的改革开放政策，促进祖国统一大业与世界和平事业的发展。经济特区是我国港澳同胞了解内地政策、台湾同胞观察大陆政策的"晴雨表"。当时，香港地区的一些报纸评论说："深圳经济特区的形象，已成为香港资本家心目中最新的信心标志。"香港地区一些人士认为，"深圳允许资本主义企业存在，香港就不用担心了。"经济特区创办后，逐渐形成了"台湾看香港，香港看深圳"的定势，这对于稳定香港、澳门地区的人心，保持香港、澳门地区繁荣，促进台湾与祖国大陆统一，都具有重大的作用。

经济特区建立后最初10多年的实践证明，"建立经济特区的决定不仅是正确的，而且是成功的。"[2]邓小平以特有的坚定和谨慎的态度说："现在我要肯定两句话：第一句话是，建立经济特区的政策是正确的；第二句话是，经济特区还是一个试验。这两句话不矛盾。我们的整个开放政策也是一个试验，从世界的角度来讲，也是一个大试验。总之，中国的对外开放政策是坚定不移的，但在开放过程中要小心谨慎。我们取得了一些成绩，但一定要保持谦逊态

---

① 邓小平：《邓小平文选》第3卷，人民出版社，1993，第51页。
② 同上书，第239页。

度。"^①当然，作为社会主义国家中"一个完全新的事物不允许犯错误是不行的"。改革开放过程中也曾经出现过这样那样的问题，如对外开放后，西方社会的一些丑恶现象也传了进来，污染着经济特区的社会风气；但中共中央、国务院一经发现，便立即采取有力措施，加强社会主义精神文明建设和法制建设，使问题及时得到解决，以保证特区经济、文化事业健康发展。至今，5个经济特区都在发展中取得了举世公认的成就，形成了各具特色的发展模式，对内对外发挥着"窗口"作用。

深圳经济特区是在一个极其落后的边陲小镇的基础上开发起来的。特区建立设市之初，深圳市政府制定了经济社会发展规划，确定了"规划一片，开放一片，收益一片"的建设方针。第一步，重点进行了交通、水电、通信、码头、机场等基础建设，为特区发展创造了良好的投资环境。第二步，吸引外资加速建设步伐，陆续建起了罗湖商业城，以及蛇口、上步、八卦岭、南头、沙头角、华侨城、南油、水贝等8个工业区和1个深圳科学工业园。经过最初10多年的建设和发展，深圳的产业结构已形成了两个特点：一是第三产业迅速发展；二是电子工业成为主导行业，占全国电子产品出口额的三分之一左右。深圳已成为全国最大的电子产品出口基地，成为以电子工业为主导、以第三产业为支柱的国际化城市。深圳经济特区的繁荣景象和创业精神，不仅推动了广东省改革开放事业的发展，而且影响到全国对外开放和经济建设的进程。随着深入改革和扩大开放，深圳经济特区的影响越来越大，"窗口"作用越来越明显，展现了社会主义中国改革开放的新形象。当时香港地区的人说："深圳的发展节奏比香港还快！"欧洲人称深圳是"一个伟大的国家出现的令人感兴趣的新事物！"美国人惊叹："一夜崛起之城！"

在广东省，除深圳之外还有珠海和汕头两个经济特区，它们也各有自己的特点。珠海是以优美的自然风光和丰富的旅游资源为优势，建成了环境优美、设备先进、管理完善、服务优良的旅游体系和外贸商业体系。汕头是全国著名的侨乡，华侨遍及世界各地。汕头经济特区利用侨资和外资创办各项事业，主要是结合潮汕地区传统农业优势，发展创汇农业，建成了农工商一体化的综合性外向型经济特区。

---

① 邓小平：《邓小平文选》第3卷，人民出版社，1993，第133页。

厦门经济特区也是著名的侨乡，华侨、华裔在世界分布很广。厦门与台湾一衣带水，相距仅100多海里，是台商到大陆的集散地。厦门经济特区条件优越，有优良的港口、国际机场、鹰厦铁路和四通八达的公路，水陆空交通方便；有比较发达的科学文化教育事业，能提供充足的人才和智力资源。厦门经济特区建设起点高，以外向型经济为主。外商、侨商、台商投资的项目，其技术和产品多数达到当时国内外先进水平，产品大部分或全部出口。厦门经济特区积极开展了以工业为主的对内横向经济技术合作，实现了邓小平提出的"把周围地区带动起来，使整个福建省的经济活跃起来"①的要求，也增强了厦门经济特区这个"窗口"的吸引力。

海南是我国最大的经济特区，虽然起步较迟，但政策更加开放。一是特区经济全部推向市场，在开放型的市场体系中实行企业自主经营、自负盈亏；二是建立多元化经济所有制结构，允许多种经济成分并存并相互竞争；三是设立特别海关区，海关逐步放开，使境外人员进出自由、资金进出自由、货物进出基本自由，使整个海南逐步成为"自由岛"。海南经济特区建设是以工业为主导、工农贸旅并举、三大产业协调发展的综合性外向型经济。海南经济特区建立之后，全国各地大批人才跨海而至，海外投资者也纷纷到海南洽谈、考察。随着中国改革开放形势的深入发展，海南经济特区的优势将充分发挥出来，"窗口"功能更加明显，对中国改革开放的影响将更为深远。随着改革开放的深入和社会主义市场经济向纵深发展，海南经济特区对全国的先行示范作用日益凸显出来。

总之，经济特区因改革开放而生，因改革开放而兴。改革开放是特区精神产生的动力源泉。正如习近平总书记所说，改革开放是决定当代中国命运的关键一招，也是决定实现"两个一百年"奋斗目标、实现中华民族伟大复兴的关键一招。随着中国特色社会主义进入新时代，经济特区在全面深化改革、扩大对外开放、加快社会主义现代化进程中将作出巨大的贡献。

---

① 邓小平：《邓小平文选》第3卷，人民出版社，1993，第52页。

四、特区精神形成的实践基础

马克思说，哲学家们只是用不同的方法解释世界，而问题的关键在于改变世界。"文化大革命"结束后，面对行将崩溃的国民经济，如何摆脱贫穷落后的面貌，如何进行社会主义现代化建设，历史地摆在人们的面前。经济特区的酝酿与建立就是对当时如何建设社会主义进行时代回应的产物。经济特区作为改革开放的前沿，肩负着先行先试的历史重任。诚然，在由计划经济向市场经济转轨过程中，经济特区的发展遇到了很多阻力，产生很大争论；但经济特区勇担历史使命，在党的领导下排除各种争议和阻力，奋然前行。特区精神就是在经济特区伟大实践的基础上产生的。

（一）东方破晓，经济特区横空出世

1978年12月召开的党的十一届三中全会，是一次具有划时代意义的重要会议。当时，"文化大革命"结束不久，百废待兴。在这个历史转折关头，中国共产党人及时调整大政方针，把全党工作重点转移到社会主义现代化建设上来。在没有任何模式可循却又存在很多旧的僵化思想的种种束缚下，中国共产党人以大胆改革、坚决开放的气魄，以广东、福建沿海地区的4个经济特区为突破口，闯出了一条具有中国特色的社会主义康庄大道。

在这伟大的历史进程中，深圳等经济特区的创立、发展和辉煌，全面展现了特区人民在中国共产党领导下敢想敢干、敢闯敢试、敢为人先的精神风貌；展露了只有改革开放，才能改变国家和人民贫穷落后面貌的真知灼见；展示出了只有不断创新，才能迈进世界民族先进行列的进取精神。

1979年1月，广东省革委会、交通部联合向国务院呈递报告，拟在宝安蛇口建立招商局的工业区，以贯彻执行"立足港澳、依靠国内、面向海外、多种经营、工商结合、买卖结合"的方针。这份报告引起了党中央的高度重视，时任中共中央副主席李先念批示同意办理。蛇口工业区的建立，可以说是深圳经济特区建立的一个前奏。

为了推进改革开放，1979年2月，时任广东省委书记吴南生在考察、分析了汕头地区经济发展的有利条件后，曾向省委提议在汕头办一个出口加工区。在省委常委会会议上，吴南生的意见得到了大家的一致赞同。省委领导认为，广东不仅应在汕头办出口加工区，而且应在深圳、珠海办。会议认为，广东省有两大优势：一是毗邻港澳；二是华侨众多。只要中央在对外经济活动中给予广东充分的自主权，采取灵活措施、实行特殊政策，就完全可以发挥这两大优势，加快经济发展步伐。广东省委决定，向党中央呈递报告，充分利用国内外有利形势和广东优势，让广东在改革中先行一步。

1979年4月，在中央工作会议期间，时任广东省委第一书记习仲勋汇报了广东的这个设想，得到了中央领导人的赞同。邓小平同志指出："可以划出一块地方叫做特区。陕甘宁就是特区嘛。中央没有钱，要你们自己搞，杀出一条'血路'。"①中央工作会议指出，为了调动爱国华侨、港澳同胞参加社会主义建设的积极性，更有效地利用他们的资金、技术和设备发展我国出口商品生产，要在沿海少数有条件的省市划出一定地区单独进行管理，作为华侨、港澳商人的投资场所。中央工作会议确定，在对外经济活动中授权广东实行特殊政策、灵活措施，并在深圳、珠海、汕头试办特区。

7月，中央颁发了《中共中央 国务院批转广东省委、福建省委关于对外经济活动实行特殊政策和灵活措施的两个报告》（中发〔1979〕50号）。主要内容是，"广东、福建两省靠近港澳，华侨多，资源比较丰富，具有加快经济发展的许多有利条件。中央确定，对两省对外经济活动实行特殊政策和灵活措施，给地方以更多的主动权，使之发挥优越条件，抓紧当前有利的国际形势，先走一步，把经济尽快搞上去。"②"关于出口特区，可先在深圳、珠海两市试办，待取得经验后，再考虑在汕头、厦门设置的问题。"③这是一份历史性的文件，表明了中央坚定不移进行改革开放的决心，为创办经济特区拉开了序幕，

---

① 中共深圳市委宣传部：《1992年邓小平与深圳》，海天出版社，1992，第18页。
② 钟坚、郭茂佳、钟若愚：《中国经济特区文献资料》第1辑，社会科学文献出版社，2010，第18页。
③ 同上书，第19页。

对于加速我国四个现代化建设具有重要的意义。

1979年12月，时任国务院副总理谷牧代表中共中央、国务院在京西宾馆主持召开广东、福建两省会议。广东省委书记吴南生在发言中提出，将"出口特区"改用"经济特区"的名称较好。因为特区作为改革开放的产物，并不仅仅是一般的出口加工区。它是中国在经济领域进行多方面改革试验的区域，在对外经济活动中可以实行特殊的经济政策、特殊的经济管理体制和灵活的经济措施，中国将利用经济特区这个"窗口"加强与世界各地的经济合作与技术交流，为全国提供可资借鉴的有益经验。另外，经济特区是吸引海外资金、技术、管理经验为社会主义所用的经济领域，有别于将来回归祖国的香港、澳门特别行政区和与大陆统一后的台湾，它的社会主义基本性质不能也不会改变。广东省委的提议，得到了与会同志的一致赞成。

1980年春，谷牧与时任国家进出口委员会副主任江泽民南下广州，主持召开广东、福建两省会议，进一步研究落实两省如何实行特殊政策和灵活措施，办好四个经济特区。会议确定把"出口特区"改名为具有更丰富内涵的"经济特区"。会议精神以中共中央、国务院的文件下达。

1980年8月26日，第五届全国人大第十五次会议审议批准建立深圳、珠海、汕头、厦门4个经济特区，并批准公布实施《广东省经济特区条例》（以下简称《条例》）。《条例》规定："为发展对外经济合作和技术交流，促进社会主义现代化建设，在广东省深圳、珠海、汕头三市分别划出一定区域，设置经济特区。特区鼓励外国公民、华侨、港澳同胞及其公司、企业投资设厂或者与我方合资设厂，兴办企业和其他事业，并依法保护其资产、应得利润和其他合法收益。"这是特区建设的纲领性文件。所以将1980年8月26日定为深圳经济特区正式成立的日子。

经济特区的建立具有重大历史意义，是"国际共产主义运动史上的伟大创举"[①]，标志着在世界东方大国徐徐拉开改革开放的大幕。深受僵化思想禁锢的中国人民开始解放思想、实事求是，冲破各种禁区，敢闯敢试、敢为人先，埋头苦干，开启了探索中国特色社会主义道路的伟大航程。经济特区作为中国

---

① 政协广东省委员会办公厅、广东省政协学习和文史资料委员会：《广东经济特区的创立和发展》，中共党史出版社，2007，第23页。

社会主义改革的"试验场"和对外开放的"窗口"，在全国范围内起到先行先试、示范和引领作用，为全国改革开放和现代化建设积累了宝贵经验，为探索中国特色社会主义道路作出了重要贡献。经济特区不仅为全国经济体制改革探索了道路、提供了经验，输出技术、资金、人才和管理经验，成为内地许多省份走向国际经济舞台的"桥头堡"，而且成为国际资本、技术、信息走向内地的桥梁，直接带动了内地经济的发展。正如习近平总书记在深圳经济特区建立40周年庆祝大会上的重要讲话中指出："兴办经济特区，是党和国家为推进改革开放和社会主义现代化建设进行的伟大创举"；"长期以来，在党中央坚强领导和全国大力支持下，各经济特区解放思想、改革创新，勇担使命、砥砺奋进，在建设中国特色社会主义伟大进程中谱写了勇立潮头、开拓进取的壮丽篇章，为全国改革开放和社会主义现代化建设作出了重大贡献。"[①]

（二）披荆斩棘，勇于实践探索

在中国这样的泱泱大国推进社会主义改革开放，是一项具有开创意义的伟大事业，不可能一帆风顺，其发展历程一定布满荆棘。兴办主要与资本主义国家发展经贸往来的经济特区就更是如此。能否兴办特区、怎样兴办特区、兴办怎样的特区，不仅在马克思主义经典著作中没有讲过，就是其他社会主义国家也没有试过，一切都要靠自己探索和创造。因此，一开始就有人对此心存疑虑，非议之声不断。

作为深圳经济特区的重要领导人，吴南生心里很清楚，要搞好巨大的改革开放工程，除了在实际工作中要有勇气，在理论思想上也要有勇气。为此，吴南生专门邀请广东的理论工作者和各方面学者在理论工作上作了许多研究。1980年4月，吴南生在向广东省人大常委会作《关于我省设置特区和制定特区条例的问题》的报告中指出，社会主义经济应是在资本主义经济充分发展的基础上建立起来的，批判资本主义的不合理的因素，同时继承它的合理因素，并利用资本主义所创造的物质财富来建设和发展社会主义经济。列宁讲过，要

---

① 习近平：《在深圳经济特区建立40周年庆祝大会上的讲话》，《人民日报》2020年10月15日，第02版。

"乐于吸取外国的好东西：苏维埃政权+普鲁士的铁路管理制度+美国的技术和托拉斯组织＋美国的国民教育等等等等++=总和=社会主义。"[①]有了理论上的依据，吴南生当然有勇气面对一些人的挑战。对于那些质疑的声音，吴南生说，"不去跟他们一般见识！"

1980年，经济特区条例经全国人大常委会批准公布后，吴南生明确提出，特区要以引进外资为主，以实行市场经济为主。吴南生和他的同事们有过"约法三章"：只做不说、多做少说、做了再说。他满怀豪情地说："要趁那些反对办特区的人糊里糊涂弄不清楚看不明白的时候把经济搞上去再说。"

深圳经济特区建立后，在党中央的大力支持下，开始了开创性的改革与探索。改革的总体思路是："跳出计划经济体制之外，以市场为主导同时允许多种经济成分存在，积极吸引外资，引进先进技术，扩大对外开放。主要特点是以基建体制中的价格体制为突破口，大胆地对传统的计划经济体制进行局部的改革。"[②]

深圳经济特区在开发建设过程中以市场为取向的改革的重大举措是价格体制改革，灵活运用"调"与"放"，在艰难起步中进退往复，迂缓前进，逐步形成由市场决定价格的机制。

在劳动工资制度改革方面，打破劳动用工的"统包统配"和"铁饭碗"，企业职工实行合同制，企业有权自行招聘、试用、解聘员工。逐步改变低工资、多补贴的办法，突破统一工资标准和统一调资制度。职工工资可以分为基本工资和浮动工资两部分，并由特区统筹建立职工年老退休和社会保险制度。

在土地使用上，开始实行以土地入股，合作营建、利润分成，收取土地使用费的制度，以地生财。

在国有企业改革方面，发行股票，成立股份公司，推行承包责任制，采取公开方式从全国各地招聘优秀高级管理人才。

此外，深圳经济特区还在金融保险市场改革、经济管理体制改革、住房制度改革等方面进行了大胆的尝试。

深圳经济特区上述改革大多具有"摸着石头过河"、先行先试的意味，为

---

① 列宁：《列宁文稿》第3卷，人民出版社，1978，第94页。

② 陶一桃、鲁志国：《中国经济特区史要》，商务印书馆，2010，第49页。

此后进一步深化改革奠定了基础，创造了条件。

正是由于特区人民敢于打破旧有的条条框框，锐意改革创新、大胆实践，才使小渔村获得了飞速发展。从1979年蛇口炸响了中国改革开放的第一声开山炮，到1985年创下三天建筑一层楼的"深圳速度"，再到1987年敲响土地拍卖第一槌，等等，深圳经济特区创造了我国改革开放史上无数个"第一"，乃至出现"一夜崛起之城"的奇迹。但是，深圳经济特区在探索中国特色社会主义道路的伟大实践中并不是一帆风顺的，而是布满荆棘、困难重重，特别是来自思想上的阻力更大。可以说，深圳经济特区在充满争议中奋然而前行。

深圳的改革令人耳目一新，但也引起了一些思想保守者的不安。有人指出，深圳是在向"资本主义"改革。这种指责是有历史渊源的。新中国成立以来，由于受"左"的思想影响，人们似乎养成了一种思维定式：对任何事物都要去"定性"或"贴标签"。当深圳作为全国第一个经济特区诞生时，"贴标签"的争论又自然而然地产生了。而在深圳经济特区创立之初，从中央到地方，从理论界到普通百姓，关于经济特区的性质也都有不同的观点，迟迟未能达成共识，从而造成了姓"资"姓"社"之争持久不休的局面。20世纪80年代初，一方面深圳人在热火朝天地创业，另一方面"左"的思想还时不时地发难。有人指责经济特区是资本主义复辟、帝国主义入侵。而特区的支持者也往往认为，特区虽然姓"资"，但它只是社会主义国家内部微不足道的一小部分资本主义成分，不会改变国家性质。[1]

面对种种非议，特区人民顶住压力，披荆斩棘、勇于开拓，推动改革开放事业向前发展。就罗湖开发而言，曾一度引起不小的风波。深圳经济特区开发建设伊始，吴南生考虑，深圳应该先开发罗湖。这样，既能改变国门的面貌，解决年年为害的水患，又能吸引毗邻的香港投资者，可以节约开发资金。但是，开发罗湖需要巨额资金。吴南生为钱而发愁，深感巧妇难为无米之炊，于是找到谷牧，提出没有酵母做不成面包，请求给点国家贷款作为"酵母"。谷牧认为吴南生提出的这一做法切实可行，答应给予一定的贷款资助。吴南生喜出望外。他认为，有了"酵母"，特区建设可以不用国家的投资了。

然而，出人意料的是，正当大家都为有了贷款而高兴的时候，却因为讨论

---

[1]　陶一桃、鲁志国：《中国经济特区史要》，商务印书馆，2010，第50页。

开发罗湖小区而引发了"罗湖风波"。赞成者认为，罗湖毗邻香港，可先开发作为商业性用地，引进外资，开发房地产及商业，用来还贷付息，积累特区资金，并可改变国门面貌；但反对者认为，罗湖地势低洼，年年发大水，开发罗湖，无疑等于"抛钱落水"。

就在双方相持不下的时候，刚从辽宁调任广东省委第一书记的任仲夷，赞成搬掉罗湖山这一特区大工程。在中央的大力支持下，广东省委对于建设深圳特区，首先搬掉罗湖山，填高罗湖区达成共识。那些曾一度极力反对者，最后也接受了现实。至此，"罗湖风波"平息下来了。搬掉罗湖山，建成罗湖小区，是深圳经济特区建设的重大举措。从一定意义上讲，没有这一举措就没有今天的深圳。不花国家的投资建设一个现代化城市的伟大实践，是对中国改革开放的一大贡献。

广东、福建实行特殊政策、灵活措施和试办经济特区后不久，就出现了严重的走私贩私问题。个别干部甚至领导干部不同程度地卷入走私贩私、贪污受贿等严重的违法犯罪活动，严重地干扰了经济秩序，败坏了党风。1982年1月，根据邓小平、陈云的建议，中央决定严厉打击经济领域的违法犯罪活动，下发了《紧急通知》，并派习仲勋、余秋里、彭冲、王鹤寿等立即前往广东、福建、浙江、云南等走私贩私最严重的省份，传达中央指示，采取紧急措施。这一通知显然不是仅仅针对广东、福建的经济特区的；但是，有些人则把走私贩私问题归咎于对外开放，给广东、福建和深圳经济特区扣上各种"帽子"，说什么"资本主义又一次向我们的猖狂进攻"，甚至说"广东这样搞下去，不出三个月就得垮台"，并提出收回已经下放的这样那样的权利，规定这样那样的限制措施，甚至要求中央取消"特殊政策、灵活措施"，停办特区。

面对各种质疑和议论，党中央的态度是什么，直接关乎经济特区的前途和命运。可喜的是，党中央力排各种非议，对经济特区的发展给予充分肯定，有力地推动了经济特区的改革开放大业。

（三）经济特区的建立与发展得到党中央的充分肯定

针对经济特区的各种争议尤其是广东、福建等沿海地区走私活动猖獗的问题，邓小平发表讲话，表明了态度。邓小平明确指出，不能因为开展反走私、反腐蚀的斗争而动摇对外开放政策的贯彻执行，强调要正确实行对外开放和对内搞活经济的政策，进一步办好特区。

1982年4月13日下发的《中共中央 国务院关于打击经济领域中严重犯罪活动的决定》中指出："坚持党的对外实行开放和对内搞活经济的政策，同坚决打击经济领域中的严重犯罪活动是并行不悖的。对外实行开放，对内搞活经济，是我们党根据社会主义现代化建设需要所采取的从实际出发的坚定不移的政策，这一政策决不会由于打击严重破坏经济的罪犯而发生改变和动摇。"

同年12月，中央纪律检查委员会原副书记、中央顾问委员会委员章蕴致信胡耀邦、邓小平，对广东和特区的工作基本肯定，提出要继续清除"左"的影响，对行之有效的政策要保持稳定性。当邓小平听说深圳蛇口工业区拟聘请外籍人士当企业经理而遭到一些人的责难时，立即拍板道："可以聘请外国人当经理，这不是卖国。"他指出，特区要坚决办下去。这为特区发展指明了方向。

就这样，在邓小平的直接关怀和指导下，我国的经济特区从无到有，从一片空白到粗具规模，再到走向繁荣，为中国经济腾飞杀出了一条"血路"。

特区究竟怎么样？中国亿万双眼睛在注视着它，特区人民更是关注着特区的命运。历史的车轮驶向了1984年，邓小平倡导建立的经济特区在议论纷纷中已经走过了五个年头。经济特区作为一项体制改革创新的试验，中央政府作为政策的提供者，责无旁贷地成为最终裁判，判定经济特区建设成功不成功，对特区的种种指责、怀疑对不对。1984年，邓小平考察经济特区，亲自了解经济特区的建设与发展情况。他说："经济特区是我提议的，中央决定的。五年了，到底怎么样，我要来看看。"他先后视察了深圳经济特区、珠海经济特区和厦门经济特区。特区的经济发展成效得到了邓小平的认可。邓小平为深圳经济特区题词"深圳的发展和经验证明，我们建立经济特区的政策是正确的"；为珠海经济特区的题词是"珠海经济特区好"；为厦门经济特区的题词是"把经济特区办得更快些更好些"。这次视察中，邓小平虽然没有给经济特区姓"社"还是姓"资"问题下一定论，但是有力地回答了当时社会上特别是党内外一些人对经济特区的指责和非议，为有关特区的争论基本画上了句号。1985年底，国务院在深圳召开"全国特区工作会议"。会议认为，虽然当时在特区建设上还存在问题和困难，但是过去五年特区的成绩显著，在中国对外开放和经济体制改革中开始发挥作用。

在深圳、珠海、汕头、厦门四个经济特区在改革开放中取得很大成效的基础上，党中央决定建立更大的经济特区，即海南经济特区。1987年6月12日，邓小平在会见南斯拉夫代表团时说："我们正在搞一个更大的特区，这就是海南岛经济特区。"他说："海南岛和台湾的面积差不多，那里有许多资源，有富铁矿，有石油天然气，还有橡胶和别的热带亚热带作物。海南岛好好发展起来，是很了不起的。"①在中央领导同志对海南建省开发建设的可行性进行充分论证的基础上，9月5日，第六届全国人大常委会第二十二次会议通过决定，授权国务院成立海南建省筹备组，开展筹备工作。1988年3月，第六届全国人大常委会第二十五次会议审议了国务院关于建立海南经济特区的议案。4月13日，第七届全国人大第一次会议通过了关于设立海南省的决定和关于建立海南经济特区的决议。国务院下发的通知指出，在海南岛实行特殊政策，建立经济管理新体制，把海南岛建设成为全国最大的经济特区，是贯彻沿海经济发展战略，进一步扩大对外开放的重要措施，具有深远的意义。尽管此后海南经济特区的发展遭到一定的非议，但在风雨中前行，也取得了很大的成绩，有力地把改革开放伟业引向深入。

中央批准在深圳等地兴办经济特区，是一件开天辟地的大事。但是，怎样才能使中央的决定付诸实施，充分发挥其"试验田"和"窗口"作用，把特区建设搞好，不辜负全国人民的希望，这就要求特区人发扬独特的精神，即特区精神。

唯物辩证法认为，"认识是思维对客体的永远的、没有止境的接近。"客观世界在人的思想中的反映，"是处在运动的永恒过程中，处在矛盾的发生和解决的永恒过程中"②。特区精神作为社会意识，不是凭空想出来的，而是对社会存在的反映。换句话说，它是在特区建设实践中提炼和概括出来的。就深圳经济特区来说，特区早期的建设者们在一个偏僻、落后的边陲小镇风餐露宿、废寝忘食，大胆探索、艰苦创业，这种建设热情和精神被喻为拓荒牛精神。在特区建设过程中，拓荒牛精神逐步获得了丰富的内涵，逐渐形成了敢闯敢试、

---

① 邓小平：《邓小平文选》第3卷，人民出版社，1993，第239页。

② 列宁：《列宁全集》第55卷，人民出版社，1990，第165页。

敢为人先、埋头苦干的特区精神。深圳特区的建设史，即是深圳人民大力发扬特区精神的历史。

在很长一个时期内，人们对于如何建设社会主义是从理论和概念出发的。这种僵化的思维程式，极大地限制了人们的行为选择。

对于兴办经济特区，一开始就有不同意见，有人担心搞的是资本主义。邓小平强调特区的试验性质，主张不搞无谓的概念争论，因为一争论就把问题搞复杂了，就会把时间都争没了。特区人民敢于解放思想，坚持实事求是，发扬敢闯、敢试、敢探索的精神，紧紧围绕发展社会生产力这个中心，以市场为导向，进行了一系列大胆而有效的配套改革，在全国率先初步形成了社会主义市场经济体制的基本框架，不仅促进了特区经济和社会的迅速发展，而且为深化全国经济体制改革提供了有价值的借鉴。实践证明，只有立足于敢闯敢试、敢为人先、埋头苦干、大胆探索、勇于创新，社会主义事业才能永葆生机与活力。经济特区为探索中国特色社会主义道路作出了重要贡献。

五、特区精神形成的文化基因

文化是一个内涵十分丰富的范畴。一般来说，广义的文化，是指人类在改造自然和改造社会过程中所创造的物质财富和精神财富的总和。狭义的文化，是指作为观念形态的，与经济、政治并列的，有关人类社会生活的思想理论、道德风尚、文学艺术、教育和科学等精神方面的内容。先进文化是符合人类社会发展方向、体现先进生产力发展要求、代表最广大人民根本利益、反映时代进步潮流的文化。它最基本、最直接的价值取向是崇尚和追求先进性。人类文明进步的历史充分表明，没有先进文化的积极引领，没有人民精神世界的极大丰富，没有全民族创造精神的充分发挥，一个国家、一个民族不可能屹立于世界先进民族之林。综上可以看出，狭义的文化是指精神层面的内容。在某种意义上说，文化是内在的、更为本质的东西，而精神是文化外在的表现形式。在中华民族数千年繁衍生息过程中，中华文化不同区域的差异性十分明显。就中国的经济特区而言，主要分布在广东、福建和海南三地。优秀传统文化基因对于特区精神形成产生了很大的影响。

（一）广东省经济特区和海南经济特区的岭南文化底蕴

岭南文化是中华文化的重要组成部分。岭南文化具有独特的环境和历史条件。岭南，"是一个地理学概念，指五岭（大庾岭、骑田岭、萌渚岭、都庞岭、越城岭）以南的广大地区。历史上所讲的岭南，包括今天的广东、海南、香港、澳门四地全部，以及广西大部和越南北部；今天所讲的岭南，则指广东、广西、海南、香港、澳门五地。五岭既是中国境内一条重要的自然地理分界线，也是一条重要的人文地理分界线。五岭以南是南亚热带，以北是中亚热带；以南是岭南文化区，以北是荆楚文化区。'岭南'一名始于唐代。贞观年间，唐王朝在五岭以南置岭南道，后来又置岭南节度使。'岭南'一名由此而来。"[1]岭南文化"是岭南人民在长期的社会实践中创造的物质文化和精神文化的总和"[2]，"是在岭南这个特殊的地理环境中生长出来的一种地域文化。岭南文化原是先来'百越'文化的一个分支，秦汉以后，岭南文化一方面受到了中原农耕文化的影响，另一方面又受到了海外工商文化的影响，因此到了明清时期就很成熟了，成了一种融合南北、折中东西的非常具有包容性、开放性与创新性的文化。……岭南文化有三个来源，即岭南土著文化、中原文化和海外文化。"[3]"岭南区域文化的构成在历史上有多次变化。秦代及其以前的岭南文化系指古百越族中的南越、骆越、西瓯三大族群的文化；秦统一岭南及赵佗建立南越国后，岭南文化地域大致包括秦置南海郡、桂林郡和象郡所在范围；发展到近代前后，以方言区和民系文化特质划分，岭南文化主要包括广府文化、潮汕文化、客家文化、桂系文化和海南文化。"[4]

岭南文化在中华传统文化中扮演重要角色。毫无疑问，它不愧为祖国文化

---

① 曾大兴：《岭南文化的真相——岭南文化与文学地理之考察》，社会科学文献出版社，2017，第3页。

② 李权时等：《岭南文化》（修订本），广东人民出版社，2010，第14页。

③ 曾大兴：《岭南文化的真相——岭南文化与文学地理之考察》，社会科学文献出版社，2017，第148页。

④ 李权时等：《岭南文化》（修订本），广东人民出版社，2010，第72页。

百花园中一枝具有独特色彩的奇葩。岭南文化因所处的地理方位、语言民俗、自然环境等因素而有别于其他区域文化，在漫长的历史发展过程中慢慢形成了自身的基本特征。

1. 岭南文化的重商性

在漫长的中国封建社会，小农经济占有统治地位。因此，一向以正统自居的中原地区经济一直以自给自足、单一化生产的农业经济为主。反映在思想文化领域，就是历来存在"重农抑商""重义轻利"的价值观念。而在这一点上，岭南文化与中原传统文化存在巨大的差异。追溯历史，岭南地区特别是珠江三角洲一带商业比较发达，"崇利"的商品价值观念遍及社会各个角落。广东，尤其是广州、潮州等地，上至士大夫，下至黎民百姓，经商逐利活动十分普遍。广州是我国历史上较早且规模较大的对外贸易重要港口，逐渐形成了中国历史上著名的粤商。粤商富有海洋文化的特质，崇商重利，冒险进取，内外开拓。自汉代以来，广州就已是中国海上丝绸之路的起点，到唐代已成为世界著名商埠，有"广州通海夷道"之称。宋代、元代时，广州与世界上许多国家建立了商贸联系。明清时岭南商品经济迅猛发展，当时浙商、徽商、晋商、闽商争相"走广"，广州城南成为"天下富商聚焉"的闹市区。珠江三角洲在明代就成为商品性农业区，农业生产结构发生了很大变化，人口骤增，人们纷纷离开土地走向商业贸易与手工业，把经济作物和其他产品转到国外市场。与之相适应，岭南社会的经济结构也朝着多元化、商品化方向发展。清代，广州十三行成为中国对外贸易的唯一窗口，十三行商人从垄断外贸特权中崛起，经济实力雄厚。十三行商人与两淮盐商、山陕商人一同被称为清代中国的三大商人集团，是近代以前中国最富有的商人群体，而广州十三行更被誉为"金山珠海，天子南库"。近代，广东出现了一批对中国近代工商业发展举足轻重的民族企业家先驱，岭南商业文化是近代中国商业文化的主要源泉之一。历史延续到今天，岭南地区特别是珠江三角洲一带已成为我国市场经济最为发达的地区之一。岭南这种商业性的社会环境，深深影响和制约着岭南文化的发展。岭南文化上的商业精神不仅弥漫于市民日常生活中，而且往往制约着人们的价值取向和行为目标。岭南地区这种重商崇利的传统文化特性，为广东省经济特区和海南经济特区开山辟路，大力发展商品经济和市场经济提供了重要支撑。

2. 岭南文化的务实性

岭南文化作为中华文化体系中的一种地域性文化，具有强大的以现世人生为基础、关注日常生活伦理的务实性品格，比较重实际、重实利、重实惠。岭南文化这种较强的现实取向和唯实精神是由其地理环境和人文环境决定的。由于岭南地处边缘，纬度低，气候炎热多雨，多密林水泽，台风时常肆虐，猛兽病毒多，生存环境比较恶劣，因此人们的第一要务就是学会顽强生存的本领。这种生存环境孕育出现实取向的思维方式和务实的人文精神。一些学者提倡经世致用，反对脱离实际，"明理以处事"，"不为无用之空谈高论"。因此，以现世人生为基础、执着于实际和实效的价值取向，变成了岭南文化的一个显著特点。改革开放以来，岭南文化的这种务实精神又有了新的发展。

3. 岭南文化的开放性

岭南地处我国南疆边陲，位于南海之滨。得天独厚的地理环境和自然环境，有利于商品经济、外向型经济发展。在此基础上形成的岭南文化，必然是"窗棂之下，易感风霜"，免不了要与其他外来文化发生碰撞、冲突和融合，进而形成一种开放包容的文化心态，不僵化保守、不故步自封，不断自我更新、自我完善，并适时转换、与时俱进。通过这种转换带来新的生机和活力，辐射内地乃至海外，结出重要的物质文化和精神文化成果。俗话说，"靠山吃山，靠水吃水。"岭南人由于近海，习于水性，因此他们经常从事海上贸易，甚至远渡重洋。到了清代，粤人更是遍及世界各地，日本、朝鲜、马来西亚、澳大利亚、英国、美国等国家都有他们的足迹。同时，由于我国一度是开放程度很高的国家，因此有大量的外国人居住在东南沿海地区尤其是广州市（广州是外国人居住和出入最多的城市之一）。人口如此大规模流动与融合，使岭南呈现出一种开放的文化态势，为西方思想文化和科学知识传播打开了大门。尤其是到了近代，中西方文化交流更为普遍和频繁。面对民族危机，康有为、梁启超、孙中山等仁人志士引进并介绍西方社会的政治学说，宣传资产阶级社会改良和社会革命思想，开通中国近代资产阶级民主革命风气。新中国成立后，特别是改革开放以来，岭南地区尤其是珠江三角洲成为对外开放的"窗口"，其文化的开放性愈加彰显出来。至于中国香港和澳门地区，一向是沟通中西方的桥梁和纽带，其文化的开放性更是不言自明了。

总之，拥有开放的意识和视野，保持开放的姿态和品格，具有开放的能力和勇气，是岭南文化的突出特征，也是岭南文化永葆生机和活力的精神源泉。

4. 岭南文化的创新性

岭南处于中国大陆最南端，距离中国传统文化的核心区域相当遥远。于是，岭南文化自古以来就呈现出边缘性、非主流性、非主导性的姿态，逐渐形成了一种与中央集权的统一制度体系相对疏远、保持一定距离的态度和传统，从而使岭南文化在许多时候处于地位不高、价值不显、关注无多的状态下，养成了一种"天高皇帝远"的心理习惯和文化品格。另一方面，这种边缘状态也使岭南文化获得了更加自由广阔的生存和发展空间，在某些历史阶段产生了一种基于自我认同、自我满足的自我中心观念，在传统社会形态下保留了更多的文化个性，并由此获得更多更大的发展创新可能。可以说，岭南文化在保持兼容气度、接受认同主流价值观的同时，仍然能够坚持个性价值、保留自我中心的偏远心态，使其敢于超越传统、超越常规、超越现实。尤其是在社会转型期，它常常以远离甚至背离传统和现实的定势去吸收其他文化的精华，创造新的文化。这种进取、创新意识在自然物质文化、社会生活文化和精神文化各个层面都体现出来。岭南的水稻种植、水果栽培及"粤绣"等都有许多发明和创造，饮食、服饰、建筑、粤剧等闻名遐迩，科技、文学、艺术、民俗等领域亦有诸多创新之处。惠能创立并弘化禅宗，对中国佛教和中国文化产生了深远的影响；朱次琦等经世致用、资治明道思想，开创了岭南一代新学风。特别是到了近代，在"西学东渐"浪潮中，岭南开风气之先，成为中西文化交流的重要桥梁，多种文化思潮交错汇通于此，进而形成绚烂多彩的岭南文化立体画面。岭南文化在近代中国起到了启发民智和引领革命的作用。从洪秀全金田起义、康梁变法到孙中山领导的民主革命，无不显现岭南文化的基因。党的十一届三中全会以来，随着改革开放大潮的兴起及全党工作重心向社会主义现代化建设转移，岭南人再次引领时代发展潮头，继续发扬敢为人先的精神，改革和开放始终在全国先行一步。

5. 岭南文化的多元性

岭南文化的多元性，是指多种性质、多种类型、多种层次文化并存。从古至今，岭南文化的多元性一直存在。从文化性质上划分，现代岭南文化受到多重文化因素的影响，包括以马克思主义为指导的社会主义新文化、中国封建传统文化、外来资本主义文化等（其中社会主义新文化是当今岭南文化的主体）；从文化类型上划分，岭南文化有传统文化、现代文化；从地理和自然环境上划分，岭南文化有山区文化、平原文化和海洋文化；从民系上划分，岭南文化有广府文化、客家文化、潮汕文化等；从层次上划分，岭南文化既有高精尖的"阳春白雪"，也有为市民喜闻乐见的"下里巴人"，还有适合不同层次需要的文化。岭南文化的多元性特征，使岭南文化显得多姿多彩、生动活泼、富有活力。

此外，岭南文化还有直观性、远儒性、平民性、非规范性等特点，不一而足。岭南文化的上述基本特征是相互联系的，它们是一个有机的整体。只有把它们有机地结合起来，才能科学地把握岭南文化的本质和特色，掌握其发展规律。

（二）以爱拼敢赢为主要特征的闽南文化

"福建简称为闽。如今闽南即指福建的南部，从地理上可以说，厦门、泉州、漳州、莆田四个地区均可称为闽南。"[①]闽南文化是中华文化在历史发展过程中的延伸，它"是以闽南方言为外在特征的世界各地闽南人，在传承中华文化的基础上发展形成的、具有共同的思维意识、共同的风俗习惯和共同的生活方式的区域性文化。它属于族群文化，因此它跟随族群获得对外传播；它又属于地域文化，因此它具有典型的地方特色"[②]。闽南文化的传播及其影响远远超过其地理范围，"闽南文化发源于泉州地区，逐步向漳州地区、海南地区、雷州半岛、潮汕地区、台湾地区扩展，并且随着闽南人的足迹，沿着江河海岸

---

① 福建省炎黄文化研究会、世界闽南文化交流协会：《闽南文化的当代性和世界性论文集》，海峡文艺出版社，2015，第54页。

② 林华东：《闽南文化——闽南族群的精神家园》，厦门大学出版社，2013，第2页。

延伸至广西柳州地区、浙江平阳地区，港澳地区，以及内陆的江西上饶周边地区、江苏宜兴以及本省的闽北、闽东和闽中个别地方"①。闽南文化作为源远流长、博大精深的中华文化的一个支系，具有如下特征。

1. 冒险拼搏的进取精神

中国创造了灿烂的农业文明，而农业社会的一个基本特点就是固守家园，与土地紧密相连。但闽南地区自古是北方汉人移民入住的地方。从北方南迁到闽南的移民，除了政治原因的战争移民外，大多是以拓展生存空间为目的而从事土地垦殖的经济性移民。其移民类型是从国内开发较早的先进地区向开发迟缓的后进地区的迁徙。相较移出地，移入地大都处于未臻开发的蛮荒状态，如此恶劣环境迫使移民必须具有坚韧不拔、勇于开拓的冒险拼搏精神才能立足。久而久之，这一精神被世代传承下来。

福建人多地少，素有"三山六海一分田"之说。随着人口增长，在福建本地的生产、生活空间相对日益狭窄的情况下，福建居民便毅然远离家乡，前往新的地域谋求更为广阔的生产空间和生活空间。而闽南区域则有面临大海的便利，居民向外搬迁移民的情景更为频繁，闽南人扩迁的足迹遍及国内外许多区域，其中尤以纬度较低的中国南部及东南亚地区为主要流向。得天独厚的地理位置，使闽南人很早就形成了海外通商贸易的传统。宋代的泉州一度成为世界第一大港口，大量商品被运往国外；同时，大量的外国人尤其是阿拉伯人来闽经商，在加强中外交流过程中也塑造了闽南文化，使闽南区域文化中增添了诸如注重公平、讲究效率等因素。

到了明代，一度实行海禁政策。这一政策损害了一向善于经商和海外贸易的闽南人的利益。为此，闽南人以固有的冒险拼搏精神而走上"亦商亦盗"的道路。他们既是做买卖的商人，又是杀人越货的强盗。当海禁较为松弛或开放海禁之时，他们纵横驰骋于大洋和沿海地带，主要从事商业贸易活动，是商人的身份；一旦实行严厉的海禁，有的人就不得不转变商人身份为海盗。这种状况直到近代仍时有出现。激烈的海盗行动，无疑对正常的社会经济秩序造成一定的冲击；但是在当时的社会政治环境里，这种过激的行为对于冲破传统政治

---

① 林华东：《闽南文化——闽南族群的精神家园》，厦门大学出版社，2013，第66页。

的束缚在客观上也起到了一定的积极作用。

即便在清代实行闭关锁国政策时，福建海商也没有消沉，而是努力在逆境中寻求新的机遇。"文化大革命"期间，在全国各地大割"资本主义尾巴"时，晋江石狮人仍敢于冒天下之大不韪，开设"地下工厂"，"投机倒把做生意"。改革开放之初，漳泉人率先与台湾开展贸易，体现了闽南人"铤而走险"精神。今天，"爱拼才会赢"成为闽南人公认的精神气质，"三分天注定、七分靠打拼""靠自己的骨头长肉"在闽南文化圈被广泛认同，这在某种程度上反映了闽南人勇于冒险进取的心态。如今，闽南文化在经历了千年历史变迁和近现代种种磨难之后，将世代传承的这一精神流传下来。改革开放以来，闽南人继续发扬冒险开拓的精神，"大胆尝试"。厦门人创办经济特区，把一个边防海岛变成现代都市；晋江人更是体现敢为人先的胆识和气魄，闯出了"晋江模式"，把闽南文化中最值得弘扬的冒险开拓的拼搏精神发挥得淋漓尽致，在改革开放大潮中发挥着越来越重要的影响力。

正因为福建人普遍具有某种冒险开拓的人文性格，所以到了现代，福建籍华侨华人已经遍布世界各地，尤其侨居于东南亚国家。从中可以看出闽南人勇于背井离乡、开拓异邦的冒险进取精神和漂泊坚忍的苦难历程。

2. 重义求利的价值观

尊崇儒学，是闽南文化的重要传统。儒家思想的影响遍及各领域，泽被于各业，成为闽南的一种社会风气。朱熹曾说泉州"满街都是圣人"，指的正是当时儒学教化兴盛的景况。闽南人以肝胆尚义、诚实守信、慷慨乐施、好打不平为特征的儒家君子之风与侠义精神闻名遐迩。闽南人有社会担当和责任意识，乐于奉献。例如，修桥铺路，造福一方；修建学堂，重视教化；扶危济困，崇尚慈善；修宫建庙，普度众生。泉州历史上著名的洛阳桥、安平桥，其建设经费均来自商人和民众的募捐。上千年来，闽南人乐于行善之举始终如一，闻名遐迩、历久不衰。在尊崇儒家信条的同时，闽南人也更加务实，功利心态十分明显。众所周知，闽南人擅长经商，具有"爱拼敢赢"的不服输精神。他们敢为人先，以自强不息、冒险拼搏闻名于世。这种观念已经深深根植于闽南人的头脑中。闽南人很好地处理了义与利的关系，使闽南商风也深受儒学教化的影响。南宋诗人刘克庄有诗记载："闽人务本亦知书，若不耕樵便读书；唯有刺桐南廓外，朝为原宪暮陶朱。"（"刺桐"即泉州；原宪为孔子的弟子；陶朱即陶朱公，为商人始祖范蠡的别称）这生动地描绘了闽南人亦商亦儒的风气。闽南人深受儒学影响的为商之道，以诚实守信为本，重道思义，同时务实逐利。因此，在先进的经营理念指导下，闽南富商巨贾很多，遍及世界各地。更难能可贵的是，闽南人在获取利润之后，以感恩之心通过乐善好施回报社会。这一优良传统时至今日历久弥新，这是对闽南商儒文化可以大加赞赏的一面。在现实中，有大量海内外商人支援家乡建设、改变家乡面貌。杰出的爱国华侨领袖陈嘉庚倾囊兴学，其无私奉献精神被传为佳话。汶川大地震发生后，台湾地区"塑胶大王"王永庆一次捐款1亿元人民币，数额之大令人惊叹。类似的感人事迹不胜枚举。闽南人的义利观令人赞叹。

3. 闽南文化的兼容性

闽南文化主要由闽越土著文化与中原儒家文化融合而成，但也深受外来文化的影响。闽南地处东南沿海，而且多优良港口，有利于发展海外贸易，易于接触外来文化。多种文化的碰撞、融合，使闽南人民具备兼容并蓄、善于学习的开放心态。

闽南的濒海环境，培育了闽南人的开放意识和向外发展意识，使闽南文化与外来异质文化不断交汇和碰撞。早在南朝时期，就有印度僧人经扶南（今柬埔寨）前往南安郡（今泉州南安丰州）的寺院翻译佛经。至唐、五代、宋元，以泉州刺桐港、漳州月港等为代表的闽南地区天然良港为开展对外贸易交往提供了交通便利。不同时期的外来文化为闽南文化增添了内涵丰富、形态各异的色彩，扩展了闽南文化的丰富性和开放性。外来文化的输入主要来自三个方面：一是外国商人的输入，尤以宋元时代为典型。随着对外贸易的扩大，大批外国人来到闽南地区定居，带来他们的语言、风俗习惯、宗教信仰等，丰富了闽南文化的内涵。如今，作为海上丝绸之路起点的古迹在泉州随处可寻，东西方文化在泉州得以交汇。泉州因此被誉为世界宗教博物馆，还被联合国授予"世界多元文化展示中心"称号。二是远渡重洋的闽南人在与故人的不断交往中，也带回了异彩纷呈的外国文化。三是明清以来东西方殖民者凭借强大的政治、军事、经济实力而进行的文化强行输入。闽南文化在与上述外来文化碰撞中，逐渐吸收其合理的文化基因，最终走向融合。因此，闽南文化具有兼容性的特质。需要强调的是，尽管外来文化通过各种方式和渠道输入闽南，但闽南地区中华文化的根基没有被动摇，外来文化优秀的文明成果根据需要被借鉴和吸收过来，进而成为闽南文化的特色，使闽南文化更具有兼容性和开放性的特点，同时成就了闽南人较强的适应性。林则徐成为近代中国开眼看世界的第一人，严复成为近代中国最伟大的启蒙思想家，这与其闽籍出身都有内在联系。福建自20世纪80年代开始的经济腾飞，也与其善于吸收外域文明的开放兼容心态有密切关系。在当今日益全球化的时代背景下，闽南文化在与世界其他文化交流中日显成熟，爱拼敢赢、和谐相融、坚韧务实的精神，对于促进中华文化繁荣发展和走向世界具有重要的积极意义和推动作用。总之，闽南文化在长期的对外交往中，既有碰撞冲突的一面，又有交汇融合的一面，进而形成闽南兼收并蓄地吸收外来多元文化的特质。

此外，闽南文化还有拓展性、漂泊性、重乡崇祖性等特征。这些特征紧密相连、相互作用、相互影响，共同构成了闽南文化独特的品质。

需要指出的是，虽然岭南文化和闽南文化属于不同的地域文化，但它们也有共性，只是表现程度不同而已。上述地域文化特征（如重商务实、冒险拼搏、开拓创新、包容多元等）相互交织，并随着经济特区的实践而与时俱进，深深根植于特区文化之中，进而形成了敢闯敢试、敢为人先、埋头苦干的特区精神。可以说，岭南文化、闽南文化的优秀文化传统为特区精神的产生提供了肥沃的土壤，是特区精神形成的重要文化支撑。

第二章 02

| 特区精神的思想内涵 |

　　1978 年 12 月，党的十一届三中全会确定了改革开放的方针。1980 年 5 月，中央决定在深圳、珠海、汕头、厦门各划出一定的区域试办经济特区。1988 年 4 月，中央决定设立海南经济特区。随着经济特区的发展，各个经济特区都在深入挖掘支撑特区持久发展的精神动力——特区精神。1980 年 8 月深圳经济特区建立后，深圳人民即对特区精神的深邃内涵进行了可贵的探索。1987 年 6 月下旬至 8 月上旬，中共深圳市委召开思想政治工作会议，"通过了市委思想政治工作会议纪要，提出了'开拓、创新、献身'的特区精神"[①]。2000 年 11 月，在庆祝深圳经济特区成立 20 周年之际，深圳人总结出了特区"十大精神"：敢闯、敢冒、敢试、敢为天下先的改革精神，奋发有为、只争朝夕的创业精神，自立、自强、自信的拼搏精神，团结友爱、扶贫济困的互助精神，诚实守信、廉洁奉公的奉献精神，爱岗敬业、健康文明的人文精神，公正严明、规范有序的法治精神，崇尚知识、完善自我的学习精神，公开透明的民主

---

① 深圳经济特区年鉴编辑委员会编辑：《深圳经济特区年鉴》（1988 年刊），广东人民出版社，1988，第 453 页。

精神，面向世界的开放精神。2010年5月，深圳市第五次党代会报告将特区精神归纳为7个方面：

——敢闯敢试、敢为天下先的改革精神；

——海纳百川、兼容并蓄的开放精神；

——追求卓越、崇尚成功、宽容失败的创新精神；

——"时间就是金钱，效率就是生命""空谈误国，实干兴邦"的创业精神；

——不畏艰险、敢于牺牲的拼搏精神；

——团结互助、扶贫济困的关爱精神；

——顾全大局、对国家和人民高度负责的奉献精神。

珠海、汕头、厦门和海南经济特区在创新发展过程中，分别对其特区精神进行了可贵的探索，并形成各具特色的特区精神。各经济特区的特区精神虽然各有千秋，但有其共同本质的东西，需要对其进行高度凝练，以上升到国家宏观层面指引中国特色社会主义现代化建设。正如习近平总书记《在庆祝海南建省办经济特区30周年大会上的讲话》中指出："经济特区要勇于扛起历史责任，适应国内外形势新变化，按照国家发展新要求，顺应人民新期待，发扬敢闯敢试、敢为人先、埋头苦干的特区精神，始终站在改革开放最前沿，在各方面体制机制改革方面先行先试、大胆探索，为全国提供更多可复制可推广的经验。"①将特区精神的定位上升到国家层面，在特区发展史上，在我国历史发展进程中都是第一次。特区精神是中国精神的重要组成部分，我们要结合经济特区发展实际和历史脉络，给特区精神以原生态的解读，以便在新时代新起点上继续把全面深化改革和扩大对外开放推向前进，为实现中华民族伟大复兴的中国梦提供强大的动力。

①　习近平：《在庆祝海南建省办经济特区30周年大会上的讲话》，新华社2018年4月13日。

一、敢闯敢试

改革开放40多年来，经济特区从无到有、发展壮大的历程，就是解放思想、向旧体制和习惯势力开战，大胆地试、大胆地闯的过程。经济特区取得的成就有目共睹，成为推动中国特色社会主义伟大事业的巨大引擎。进入新时代后，经济特区担当继续深化改革、扩大开放的任务。为此，要大力弘扬敢闯敢试的开拓精神，为建设社会主义现代化强国和实现中华民族伟大复兴的中国梦再立新功。正如习近平总书记《在深圳经济特区建立40周年庆祝大会上的讲话》中指出，在新起点上，经济特区要"永葆'闯'的精神、'创'的劲头、'干'的作风，努力续写更多'春天的故事'，努力创造让世界刮目相看的新的更大奇迹！"①

（一）敢闯敢试是经济特区披荆斩棘发展壮大的不二法门

邓小平曾两次视察深圳，对深圳的发展给予充分肯定。他明确指出："深圳的重要经验就是敢闯"，"看准了的，就大胆地试，大胆地闯"，"没有一点闯的精神，没有一点'冒'的精神，没有一股气呀、劲呀，就走不出一条好路，走不出一条新路，就干不出新的事业。"②深圳取得巨大成就的一条重要经验就是敢闯敢试敢探索，创下了许多全国"第一"，为建设中国特色社会主义"杀出了一条血路"。早在1981年，深圳人就率先在建筑行业实行基建工程招标投标改革；1983年，深圳在全国率先实行劳动用工制度改革；1984年，深圳人在全国率先实行物价改革；1985年，深圳建立了全国第一个外汇调剂中心；1986年，深圳率先推行股份制改革；1987年，在深圳会堂举办了新中国成立

---

① 习近平：《在深圳经济特区建立40周年庆祝大会上的讲话》，《人民日报》2020年10月15日，第02版。

② 邓小平：《邓小平文选》第3卷，人民出版社，1993，第372页。

以来第一次土地使用权公开拍卖会。此外，深圳还引入第一家外资企业，设立了第一家由企业集团创办的银行，成立了第一家股份制保险公司，等等。20世纪90年代，因敢闯敢试敢探索，深圳又取得了一系列"全国率先"的成果：率先建立了保税区、保税生产资料市场，率先进行了社会保险制度改革，率先让外商进入零售商业领域，率先开办全国首家产权交易所，率先冲破"禁区"进行了企业破产改革，率先以政府名义赴美国招聘中国留学生，率先实行全员劳动合同制，率先进行专业银行商业化改革，率先进行"依法治市"试点改革，率先实行企业无行政主管部门改革，率先向国有企业颁发国有资产授权占用证书，率先进行国有资产管理体制改革，率先在建立现代企业制度和构建社会主义市场经济体制等方面迈出了关键性的步伐，实现了从计划经济体制向社会主义市场经济体制的转变，经济增长方式由粗放型向集约型转变……这些"率先"，大大促进了深圳经济和社会发展，也使全国人民对深圳寄予了更高更大的期望。如果说20世纪80年代的"第一"很大程度上得力于当时的优惠政策，还未真正形成永葆生机和活力的体制机制，还是初步的、表层的、很不规范的，那么90年代特别是邓小平同志视察南方后的深圳的"率先"，则已开始向纵深化发展，难度和考验更大。有不少"率先"，如社会保险制度改革、企业破产改革等，则是多年来"想改而一直没有改"的难度较大、层次较深的改革。特别是围绕建立现代企业制度、搞活国有经济的"率先"，越来越强调制度创新，强调如何按国际惯例办事。这种改革，志在改出体制上的优势、机制上的活力，改出不靠任何特殊政策而能跻身于市场之林的能力。这是深圳未来真正希望之所在。然而，实施这样的"率先"绝非易事，它涉及方方面面的问题，要求打破原有的利益格局，因而困难和阻力颇大。对此，既要坚决、果断，又要缜密、科学，没有一点闯的精神，没有一点"冒"的精神，是万万不行的。正是有了这种精神，让深圳在经济运行体制上做出了一系列探索和创新，闯出了无数项全国"第一"。正像邓小平所强调的那样，"改革开放胆子要大一些，敢于试验，不能像小脚女人一样。看准了的，就大胆地试，大胆地闯。"①40多年过去了，曾经的南粤渔村如今已成为拥有千万人口的国际化创新型城市，深圳的沧桑巨变展现出改革开放的磅礴伟力，显现出敢闯敢试的宝贵

---

① 邓小平：《邓小平文选》第3卷，人民出版社，1993，第372页。

价值。敢闯敢试敢探索，是特区精神的真实写照。

实践已证明并将进一步证明，只有敢闯敢试敢探索，深圳经济特区的改革开放才能继续领先全国、先行试验，经济特区的发展也才能永葆生机活力，再领风骚、再创辉煌。

这种特区精神，是邓小平从特区建设一开始就倡导的，并且随着特区的发展，他又不断给予总结、提炼并加以提倡和推广。

当邓小平同志和党中央作出创办经济特区的决定时，他所讲的那句分量极重、含意很深的话"杀出一条血路"，不是已经深含着我国经济特区创建应该和必然具有的一种精神吗？而当他在1992年初视察南方时，就对这种特区精神进行了概括和总结，他说："深圳的重要经验就是敢闯。没有一点闯的精神，没有一点'冒'的精神，没有一股气呀、劲呀，就走不出一条好路，走不出一条新路，就干不出新的事业。"①

可以看出，邓小平提出并总结的特区精神，首先就是这种"敢闯"的精神，就是"大胆地闯""大胆地试"的精神。建设经济特区，进行改革开放，建设中国特色社会主义，是一项开创性的伟大事业，无现成的路可走。如果没有革命胆略，不敢大胆地闯，不进行大胆的试验，是不可能有所作为的。因此，具有"敢闯"的革命胆略和精神，是取得成功和成就的首要精神条件和精神动力。

经济特区"大胆地闯，大胆地试"的胆略和精神，是与"实干精神"结合在一起的，是建立在实事求是思想路线上的，是严格依据"实践是检验真理的唯一标准"这一行动准则的。因此，这种"大胆地闯，大胆地试"绝不是毫无依据的瞎闯、蛮干，而是严格依据实践检验的一种不断探索和创造的过程，也是一个从实践到认识、再由认识到实践的循环往复、不断深化的过程。邓小平指出，进行大胆地试和闯的前提条件，是应该"看准了的"。这种"看准了的"认识，就是根据以往的实践经验，经过认真科学的总结，得出来的对以后实践的基本方向的把握。认识不可能是一下子完成的，虽然行动的大体方向搞清楚了，但是一些具体问题还要在实践中摸索，同时在新的实践中还会发现许多新的问题，需要不断总结和认识。因此，就是对"看准了的"东西，在进行

---

① 邓小平：《邓小平文选》第3卷，人民出版社，1993，第372页。

实践的时候，也还是有一定风险的。就是说，仍然存在着由于认识的具体化程度不够而发生失误的可能。因此，在对"看准了的"事情进行具体实践时，也还是要有点勇气，要敢于冒点风险。邓小平就明确指出了这一点，他说："不冒点风险，办什么事情都有百分之百的把握，万无一失，谁敢说这样的话？一开始就自以为是，认为百分之百正确，没那么回事，我就从来没有那么认为。"①因此，邓小平提出，在进行这种大胆试验、大胆创造时，一定要遵循"胆子要大，步子要稳"的行动准则。就是要在这种大胆试验的过程中不断总结，不断接受和归纳实践的检验，要"走一步，回头看一下"。他提出："每年领导层都要总结经验，对的就坚持，不对的赶快改，新问题出来抓紧解决。恐怕再有三十年的时间，我们才会在各方面形成一整套更加成熟、更加定型的制度。在这个制度下的方针、政策，也将更加定型化。"②在1993年除夕之夜，他又对前来看望他的上海市领导同志指出："上海人民在1992年做出了别人不能做到的事情。当然，走一步，回头看一下是必要的。要注意稳妥，避免损失，特别要避免大的损失。有一点小的损失不要紧。回头总结经验，改正缺点就是了。你们上海去年努力了一年，今年再努力一年，乘风破浪，脚步扎实，克服困难，更上一层楼。"③

因此，特区精神就是一种具有科学性的革命精神，是带有浓厚的实践品格的革命胆略，与过去曾经存在的那种"人有多大胆，地有多高产"的唯意志论的做法有着本质的区别。经济特区这种"大胆试验"和"敢闯"的精神，是建立在对实践经验不断总结基础上的，是有着通过对以往实践总结而得出了一些"看准了的"认识前提的。同时，在已经有了"看准了的"认识的基础上，仍然强调要有不怕"冒点风险"的精神，就是因为已经"看准了的"认识仍然是需要不断接受实践检验的相对真理，仍然是在实践中可能发生某种程度失误的并不完备的认识，仍然是需要在实践中进一步丰富和发展的一种认识。因此，邓小平提倡的这种"大胆地试""大胆地闯"的特区精神是和"走一步，回头看一下"的行动策略结合在一起的，是统一在"实干"的基础上的。这就要求

① 邓小平：《邓小平文选》第3卷，人民出版社，1993，第372页。

② 同上。

③ 中共中央文献研究室编《回忆邓小平》下，中央文献出版社，1998，第136页。

人们既要大胆地实践，又要老老实实地接受实践的检验。这样就能既发挥大胆试验的创造精神，能够有所作为，有更大的创造性，做出新的东西，又能避免大的失误和损失。

（二）新时代更需要敢闯敢试的开拓精神

实践是发展的，思想也要与时俱进，不断超越自我、完善自我。而实现超越自我、完善自我的一个重要手段，就是敢闯敢试、开拓创新。改革开放40多年来，经济特区冲破传统观念和习惯势力的束缚，先行先试、敢闯敢试，逢山开道、遇水架桥，勇于实践，为建设中国特色社会主义探索道路。如今，中国特色社会主义已进入新时代，新时代更需要深入理解特区精神的基本内涵和时代价值，继续将特区精神发扬光大，推动改革不停顿、开放不止步，为新时代改革开放再出发和中国经济社会再创辉煌提供强大的精神动力。

大力弘扬敢闯敢试的开拓精神，有助于凝聚实现中国梦的磅礴力量。时代需要精神，精神映照时代。敢闯敢试的开拓精神，是在伟大的改革开放实践中形成的，洋溢着特区建设者破除积弊、主动改革的胆识和大胆探索的斗志，体现了义无反顾、一往无前的奋斗精神，富含正能量。将其归结起来，就是对使命的高度自觉，对责任的坚定担当，对奉献的执着追求。人无精神不立，国无精神不强。新时代，要继续发扬敢闯敢试的开拓精神，使其成为引领时代、国家强盛、社会发展的支撑力量，上下同心、群策群力，撸起袖子加油干，谱写中华民族伟大复兴中国梦的新篇章。

大力弘扬敢闯敢试的开拓精神，有助于新时代牢记初心使命、坚定理想信念。1984年，邓小平指出："特区是个窗口，是技术的窗口，管理的窗口，知识的窗口，也是对外政策的窗口。"[①]因此，创办经济特区的"初心"，就是要发挥特区的"试验田"和"窗口"作用，为走中国特色社会主义道路积累成功的经验；还体现在敢闯敢试的开拓精神是新时代人们坚定理想信念的精神支柱。特区决策者和领导者坚持发展是第一要务，坚持以人为本，坚持为全国探索经验的定位，坚持市场改革取向等初心与实践，体现了他们的家国情怀、人

---

① 邓小平：《邓小平文选》第3卷，人民出版社，1993，第51-52页。

民情怀和改革情怀，体现了中国共产党人的崇高人生境界。敢闯敢试的开拓精神中所蕴含的改革、创新、开放等元素以及特区精神背后一系列生动感人的故事，与今天改革开放的时代主题高度契合，是新时代开展思想政治教育和意识形态工作的重要素材。如今，教育引导广大干部群众不忘初心、牢记使命，坚定理想信念，离不开敢闯敢试的开拓精神的滋养和引领，需要以其为广大党员干部和群众强筋壮骨、铸造灵魂。

大力弘扬敢闯敢试的开拓精神，能够助力我们更好地传承红色基因，推动新时代改革开放再出发。敢闯敢试的开拓精神是一种重要而又有特色的红色基因。40多年来，经济特区通过试验，闯出了一条改革发展的新路子，在实践中获得了一系列深刻启示：建设和发展中国特色社会主义，必须解放思想、大胆实践，必须不断完善社会主义市场经济体制，必须坚持自主创新，必须坚持以人民为中心，必须坚持改革开放与党的建设有机结合，必须强化法治引领，等等。这些经验是特区基因的重要组成部分，敢闯敢试的开拓精神内在地包含了这些经验。如今，全面深化改革进入攻坚期和深水区，要啃的都是硬骨头，要涉的都是险滩，新情况新矛盾新问题层出不穷，特区精神中蕴含的应对千难万险的历史智慧和胆识，势必能够提高党的执政能力和领导水平，势必能够增强人民群众投身改革开放伟业的干劲与热情，势必为粤港澳大湾区建设、深圳先行示范区建设和实现中华民族伟大复兴提供重要精神支撑。

改革不停顿，开放不止步。进入新时代，面对"中华民族伟大复兴的战略全局"和"世界百年未有之大变局"①，深圳再一次被赋予先行示范、破冰探路的重任。中国特色社会主义先行示范区建设、粤港澳大湾区建设没有经验可循，要"从我国进入新发展阶段大局出发，落实新发展理念，紧扣推动高质量发展、构建新发展格局，以一往无前的奋斗姿态、风雨无阻的精神状态"，大胆闯、大胆试，"在更高起点上推进改革开放"，"努力续写更多'春天的故事'"②，为全国提供更多可复制可推广的经验。

---

① 习近平：《习近平谈治国理政》第3卷，外文出版社，2020，第77页。
② 习近平：《在深圳经济特区建立40周年庆祝大会上的讲话》，《人民日报》2020年10月15日，第02版。

（三）不争论，争取时间干

在社会主义国家建立经济特区是前所未有的创举，没有成例可以借鉴，因此，自建立以来就存在各种争议是可以理解的。可以说，经济特区的发展史，就是在争议中不断前进的历史。必要的有益的争论，有利于经济特区发展壮大；不必要的如姓"资"姓"社"的抽象争论会束缚手脚，把时间都争没了，贻误发展时机。经济特区能够取得今天的成就，就在于特区人在大胆试、大胆闯的过程中摒弃了不必要的争论，争分夺秒撸起袖子加油干。

1. 经济特区设立对错之争

1978年底党的十一届三中全会召开后，党和国家的工作重心转移到以经济建设为中心的轨道上来，全国各地形成了一种齐心协力搞经济建设的合力。为了加快经济建设步伐，各地都结合自身实际想方设法探索加快发展的有效办法。在这样的背景下，党中央和邓小平作出了建立经济特区的决定。这是一项重要而影响深远的决策，但在当时，这又是一项非常艰难的决策。办经济特区在中国乃至其他社会主义国家都没有先例，没有经验可循，只能"摸着石头过河"，通过大胆地闯，发扬"拓荒牛"精神，敢于"试验"，才能开辟出一条中国特色社会主义道路。

经济特区的诞生是第一次思想解放的产物。经过1978年关于真理标准问题的讨论，我们党冲破了"两个凡是"的束缚，重新确立了解放思想、实事求是的思想路线，为改革开放扫清了思想障碍。对于如何进行改革开放，中央的想法是先试验，而地方的同志经过思想解放以后则纷纷跃跃欲试，想大干一场。具有优越地理位置的广东省和福建省更是如此。1980年8月，第五届全国人大常委会第十五次会议批准建立深圳、珠海、汕头、厦门四个经济特区，批准并公布了《广东省经济特区条例》，标志着经济特区正式诞生。可以毫不夸张地说，如果没有思想解放，要想在当时的计划经济体制下划出地方来进行以市场为导向的改革试验，简直是不敢设想的。

经济特区是在争论中建立起来的。"建设经济特区，在经济上、意识形态上存在着尖锐的斗争"。为此，中央在确定建立经济特区时，要求"确定经济特区与内地的分界线，添置必要的隔离设施，严格管理"。经济特区建立后，围绕着"要不要创办经济特区""经济特区到底是社会主义的还是资本主义的"等问题，国内外思想理论界展开了激烈的争论。不少人仍然把经济特区看作"异端"，有的人甚至把特区比作"旧租界的复活"或"资本主义的复活"。

在国外，不少人也对经济特区这个新生事物有不同的理解，评头论足，在报刊上大量刊登文章，曲解和攻击中国的经济特区。据了解，当时的苏联官方对我国创办经济特区是持怀疑态度的。时任苏联部长会议第一副主席阿尔希波夫曾认为，搞经济特区是卖国，走修正主义。也有的国家党政代表团公然提出，你们搞经济特区，在马列经典著作中有什么依据？如此等等。但也有一些社会主义国家的领导人或没有执政的无产阶级政党领导人曾经提出，取得社会主义革命胜利的都不是发达国家，而是经济较落后的国家。你们用经济特区的形式和政策把西方的资金、技术、管理引进来，发展社会主义国家的生产力，与列宁当年提出的租让制思想是一致的，如果成功会为马克思列宁主义思想宝库增添新的内容。

当时的确没有料到，中国的经济特区竟然在国内外、党内外产生了强烈反响和不同认识。为了正确地宣传中央对经济特区的决策，对一些不正确的理解、非议和攻击作出必要的回应，以解除投资者的顾虑，使他们放心到特区来投资，1983年，中共深圳市委决定建立发言人制度，由邹尔康担任首席发言人。从此，香港新闻界、学术界一年数次应邀来深圳，使世界各国和国内各阶层更加准确地认识、了解深圳经济特区[1]。

办经济特区究竟是对是错？经济特区究竟办得怎样？中央领导同志脑子里一直装着这个大问号。这促使他们南下广东看一看。

1984年1月24日，邓小平在中央政治局委员王震、杨尚昆和广东省省长梁灵光等同志陪同下视察深圳，受到特区建设者的热烈欢迎。邓小平说，办经济特区是我提倡的，中央定的，是不是能够成功，我要来看一看。他目睹了特区"一片兴旺发达"的景象，对特区建设与发展成就十分满意，并亲笔题词"深圳的发展和经验证明，我们建立经济特区的政策是正确的"。

邓小平的题词在海内外产生了强烈的反响。他不仅充分肯定了经济特区的

---

① 参见邹尔康：《深圳经济特区初期的两次大争论》，《百年潮》2007年第5期，第48页。

建设成就和发展方向，而且为有关经济特区的争论作了权威性的总结，从而使围绕着要不要办经济特区、办经济特区是对是错这个长达四年的是非之争有了旗帜鲜明的结论。

此后，关于深圳发展道路的争论逐渐沉寂下来。从此，国内外对深圳经济特区有了较正确、清晰的认识，前来投资的人也大大增加。深圳经济特区迎来了快速发展的春天。

2. 海南洋浦风波

洋浦，位于海南岛西北部，是一个濒临北部湾的半岛。这里土地非常贫瘠，十种九不收，素有"三多三少"之说，即荒地多、石头多、仙人掌多，水少、树少、村庄少。尽管洋浦不适宜农业开发，但发展工业和转口贸易却有着得天独厚的条件。这里海岸线曲折，港湾深阔，是"中国少有，世界难得"的天然良港。洋浦港地理位置优越，近连中国香港、中国台湾和东南亚诸国，远接日本、朝鲜半岛，处在亚太经济圈的重要位置。洋浦附近资源丰富，蕴藏大量的石油、天然气、油页岩、石灰石等，具有发展工业的良好条件。早在清代，时任两广总督张之洞在视察琼岛后，就曾提出过建设洋浦港的设想。

1988年4月，海南独立建省，创办全国最大的经济特区。建省初始，百废待兴。中共海南省委、海南省政府根据本省的实际情况，借鉴国际经验，提出了引进外资、由外商成片开发、设立洋浦经济开发区的大胆设想。5月，由海南省驻香港机构香港华海公司牵线，海南省委书记许士杰、省长梁湘率团访问中国香港，同熊谷组（香港）有限公司副董事长兼总经理于元平会面，洽谈开发洋浦事宜，谈判进展顺利。6月，熊谷组（香港）有限公司与海南省政府达成初步协议，即海南在洋浦半岛上划出30平方公里土地作为开发区，其土地使用权一次性出让给熊谷组（香港）有限公司，期限为70年，区内一切基础设施建设及招商全部由外商负责。双方达成的协议被称为"洋浦模式"，即在维护国家主权的前提下，让外商成片承包、综合开发，在土地使用上以项目带土地，按建设项目的需要，有偿给予相应的土地使用权，同时实行低地价政策，以低地价赢得高投资、高效益，实现"综合补偿"。

8月19日，海南省省长梁湘宣布，海南将成立一个不同于现有国内经济特区的开发区——洋浦开发区，对它实行"一线放开，二线隔离"的管理，由海关实施封闭式监管。省政府将建立统一、精干、高效、权威的政府机构，负责开发区行政管理；外商在开发区内开发经营的土地，在合同规定的有效期内，可以转让、出租、抵押、继承；开发区内需要进口的有关商品可以自行进口，不受国内配额和许可证管理的限制，免征进出口关税。这一消息在《人民日报》及其海外版披露后，立刻引起国内外舆论的广泛传播，被看成是中国政府在改革开放政策上的重大突破。①

洋浦开发区是参照国际惯例来设计和运作的；但是，在20世纪80年代后期，这种做法却不能为国人所接受。这种模式遭到了一些人的公开指责，不少人将"土地大面积承包给外商"与殖民时代丧权辱国的"租界"联系起来，甚至将两者画上等号，以致酿成"洋浦风波"。

1989年3月，全国政协七届二次会议在北京召开，有的委员对"洋浦模式"表示了极大的不满。

不久，"洋浦风波"迅速波及全国，并在日本、美国等国家和中国香港、中国澳门等地区引起强烈反响。上海《解放日报》率先对此做详尽报道，围绕着出租给外商土地70年、由其成片开发的"洋浦模式"是否"卖国行为"、是否吃亏等展开激烈的争论。

在海南干部群众困惑为难、国内外舆论沸沸扬扬、外商望而却步之际，党中央和邓小平等领导同志明确支持洋浦开发。针对1989年3月发生的"洋浦风波"，邓小平同志明确批示："海南省委的决策是正确的，机会难得，不宜拖延。"在随后的两年间，党和国家领导人多次到洋浦视察，并一再声明党中央、国务院支持海南引进外资开发洋浦。江泽民同志在视察时明确指出，引进外资成片开发，纯属商业行为，不存在损害中国主权问题。这场风波最终在党中央及邓小平等领导同志的干预下得以平息。②

"洋浦风波"确实平息下来了，但耽误了洋浦开发时间。最终打破这一僵局的，还是在邓小平发表南方谈话之后。1992年3月9日，国务院正式批准海南省吸收外商投资开发洋浦地区30平方公里土地建设洋浦经济开发区。自

---

① 钟坚：《大实验——中国经济特区创办始末》，商务印书馆，2010，第357页。

② 《设立经济特区始末：从"租界"之嫌到"洋浦风波"之争》，http://www.reformdata.org/2009/0302/9237.shtml。

此，洋浦经济开发区以及备受争议的"洋浦模式"才得以确立，并进入开发建设新阶段。

3."不搞争论，是我的一个发明"

新中国成立后，通过完成对农业、手工业和资本主义工商业实行社会主义改造，我国基本确立了社会主义制度，走上了社会主义道路；但不时地认为有资本主义复辟的危险，以至于在政治经济领域轰轰烈烈的公开讨论与争鸣连续不断。特别是"大鸣、大放、大辩论、大字报"作为"大民主"极为社会所推崇。而每一次涉及意识形态与思想路线的争论，几乎都必然引起大的政治运动。事实上，争论并未带来思想统一，对实际工作也无帮助；相反，却白白浪费了宝贵的时间，错过发展时机，甚至给党、国家和人民造成无法挽回的损失。粉碎"四人帮"之后，我国处在向何处去的十字路口，国家发展也面临前所未有的困境，中央和地方一些人无休止地争论改革政策姓"社"姓"资"，弄得人心惶惶，严重阻碍了改革开放事业发展。用邓小平的话说，"改革开放迈不开步子，不敢闯，说来说去就是怕资本主义的东西多了，走了资本主义道路。要害是姓'资'还是姓'社'的问题。"①改革的步伐遇到了前所未有的挑战。在此背景下，"不争论"应运而生。

早在改革开放之初的1979年6月，时任中共安徽省委第一书记兼安徽省军区第一政委万里在出席第五届全国人大二次会议期间，就土地改革问题请示邓小平同志。邓小平说："不要争论，你就这么干下去就行了，就实事求是干下去。"②后来，邓小平把这概括为"允许试，允许看，不强迫"。本着这个方针，1980年9月，中共中央召集各省（自治区、直辖市）党委第一书记开会，决定由各省（自治区、直辖市）根据本地具体情况自己拿主意，叫"你走你的阳关道，我走我的独木桥"。

1991年1月28日至2月18日，邓小平在视察上海时的谈话中指出："改革开放还要讲，我们的党还要讲几十年。会有不同意见，但那也是出于好意，一是不习

---

① 邓小平：《邓小平文选》第3卷，人民出版社，1993，第372页。
② 程铭、张凌豪：《学习"不争论"的智慧》，《解放军报》2018年12月20日，第02版。

惯，二是怕，怕出问题。"①就是在这种争论中，邓小平将"不争论"政策化了。1992年邓小平发表南方谈话时说："对改革开放，一开始就有不同意见，这是正常的。""不搞争论，是我的一个发明。不争论，是为了争取时间干。一争论就复杂了，把时间都争掉了，什么也干不成。不争论，大胆地试，大胆地闯。"②走出一条加速发展的新路子，我们的事业才有希望。有的人利用"争论"给别人"扣帽子"，把别人压倒，束缚别人的思想和行动，实际上是一种阶级斗争思维模式的延续。既影响团结，又影响发展，与中央加快发展的要求极不相称。

"不争论"蕴含着邓小平高超的政治智慧。20世纪70年代和80年代，中共党内党外"左"的势力猖獗，部分人不顾中国现实与时代的变化，加上对马克思列宁主义一知半解，喜欢生搬硬套，又自认为站得高，动辄就在争论中"打棍子""扣帽子"。邓小平的多项正确主张与政策建议，都在这些高调的争论中被否定甚至被批判。直到开展"实践是检验真理的唯一标准"大讨论之后，才实现了正本清源、拨乱反正，从此确立了以实践检验作为判断意识形态与各种理论争论的唯一标准。

20世纪90年代初，中国在诸多方面尤其是在经济领域处于相当落后的阶段，如果不"大胆地试、大胆地闯"，就根本没有"杀出一条血路"的可能。当时的国际环境也对中国非常不利。冷战结束后，西方国家试图寻找新的"敌人"，"和平演变"中国之声不停，各种小动作频繁。在当时的国际国内环境下，没有底子也没有底气的中国，避免争论、韬光养晦，搞好自己的事尤其是经济发展自然成为当务之急。

就是在这种国际国内环境下，邓小平呼吁"不争论"，从而奠定了此后数十年中国经济的繁荣昌盛，也让我们看到了一位伟大政治家的思想、魄力与智慧。

"不争论"的实质是着眼发展、反对空谈，尊重事实、提倡实干。在40多年改革开放过程中，在一系列重大问题上，全党多数逐步达成一致，表明了这个"不争论"的方针是成功的。这一论断结束了我国由经济领域延伸开的轰轰烈烈的大讨论，结束了意识形态领域怕走资本主义道路的混乱局面，解放了人

① 邓小平：《邓小平文选》第3卷，人民出版社，1993，第367页。
② 同上书，第374页。

们的思想，为我国经济建设发展抓住机遇期争取了宝贵时间，为建设中国特色社会主义指明了方向，开创了我国改革开放伟大实践的新局面，极大地推进了我国的社会进步和经济发展。

需要指出的是，不要片面地、绝对化地理解邓小平提出的"不争论"思想。有人根据邓小平曾经说过"不搞争论，是我的一个发明"，提出"只管改革开放，一切不用争论"的观点。这就完全误解和违背了邓小平的本意。实际上，"不搞争论"是指在不涉及改革方向和根本原则的具体措施上不搞无谓的争论，以争取时间，避免贻误改革时机。这绝不是主张任何问题都"不搞争论"。相反，在涉及改革方向和重大原则问题上，邓小平历来主张通过争论来明辨是非。例如，面对实际存在的两种改革观，邓小平说："某些人所谓的改革，应该换个名字，叫做自由化，即资本主义化。他们'改革'的中心是资本主义化。我们讲的改革与他们不同，这个问题还要继续争论的。"①总之，必须充分认识到不搞争论是相对的，而不是绝对的。不搞争论是指不搞无谓的抽象争论，并不是反对必要的争论。邓小平既是不搞争论的发明者，又是必要争论的坚持者，是争论与不搞争论的辩证统一论者。争论是为了辨明是非、批驳谬误、统一思想。争论的结果最终是为了不搞争论。争论和不搞争论是同一过程的两个不同方面，两者统一于中国特色社会主义现代化建设的实践中。

二、敢为人先

新中国成立后，国民经济逐渐得到恢复，贯彻执行"一化三改"的过渡时期总路线，完成了社会主义改造，基本确立了社会主义制度，实现了我国发展史上一次质的飞跃，从此开启了社会主义现代化建设的伟大征程。但此后，由于国际局势及内在的种种原因，中国社会主义现代化建设在封闭和半封闭状态中缓慢发展。邓小平认为，这种封闭的发展模式不利于中国现代化建设。1978年12月，党的十一届三中全会召开，决定把全党工作的重心转移到社会主义

---

① 邓小平：《邓小平文选》第3卷，人民出版社，1993，第297页。

现代化建设上来。然而，要彻底解放生产力，必须撬动并推开旧体制这块磐石，改革需要一个突破口。1979年4月，中央召开工作会议，时任广东省委第一书记习仲勋代表广东省委向中央正式提出创办贸易合作区的建议，汇报了利用广东自身的优势先走一步，在沿海划出一些地方，单独进行管理，设置类似海外的出口加工区和贸易合作区，以吸引外商前来投资办企业的想法。习仲勋提出，"希望中央给点权，让广东先走一步，放手干。"邓小平十分赞同广东省这一富有新意的设想，在会议间歇接见习仲勋时说："你们上午的那个汇报不错嘛，在你们广东划出一块地方来，也搞一个特区。过去陕甘宁边区就是特区。"谈到配套资金，邓小平说出了那句后来广为人知的话："中央没有钱，你们自己搞，要杀出一条血路来。"同年7月，全国人大常委会批准广东深圳、珠海、汕头和福建厦门试办出口特区。1980年5月，中共中央、国务院决定将上述四个出口特区改称经济特区。1980年8月26日，经第五届全国人大常委会第十五次会议批准，继我国第一个经济特区——深圳经济特区——建立后，珠海、汕头、厦门经济特区不久也建立起来。1988年4月，第七届全国人大一次会议批准海南为经济特区。

当时，创立经济特区的目的是"在改革开放中先行一步"，为社会主义借鉴并汲取资本主义发展经济的先进经验，吸收市场经济的有益成分，发挥"特殊"的"窗口"和"试验田"作用。事实证明，经济特区的实践取得了巨大的成功，不仅创造了我国改革开放和现代化建设的巨大成就，而且形成了难能可贵的特区精神。

南海之滨风生水起，改革创新春潮涌动。经济特区的出现如同一道划破长空的闪电，捅破了许多人心中的壁垒，燃起了特区人胸中的熊熊烈火。特区人心怀梦想，靠着敢为人先的精神，创造了许许多多惊人的奇迹，为建设中国特色社会主义带了头、探了路，翻开了中国共产党人探索中国特色社会主义道路的新篇章，为实现中华民族伟大复兴中国梦作出了重要贡献。

（一）筚路蓝缕，以启山林

经济特区的建立具有重要意义，拉开了改革开放的大幕。经济特区在艰难中起步，逢山开路、遇水架桥，排除千难万险，大胆探索，成绩斐然，为推动全国改革开放大业向纵深发展作出了重要贡献。

深圳经济特区是我国建立的第一个经济特区。深圳经济特区建立伊始，特区人就以时不我待、只争朝夕的精神投入特区建设之中，担当起探索中国特色社会主义道路的重任。

其实，在深圳经济特区成立之前，蛇口工业区已先行迈出了第一步。1979年1月，中共中央、国务院批准了广东省和交通部的联合报告，决定在蛇口创办中国第一个出口加工区，实行特殊的政策。

提起蛇口工业区，不能不提及被誉为"蛇口之父"、改革先锋的袁庚。在那个激情燃烧的年代，他提出的"时间就是金钱，效率就是生命"等口号，如春雷般滚过中国大地，振聋发聩，至今仍是特区精神有影响力的观念。

1979年7月，蛇口工业区基础工程正式破土动工。轰隆隆的开山炮炸醒了沉睡的蛇口，宣告一个崭新的外向型工业区在改革开放的前沿阵地深圳诞生了。让袁庚想不到的是，蛇口这一声炮响，后来被誉为中国改革开放的第一声

图2-1　改革先锋袁庚

"开山炮"。从此，蛇口和一个时代紧紧联系在一起，作为改革开放的排头兵，为中国改革开放探索并提供了宝贵经验。

袁庚在蛇口工业区"敢冒天下之大不韪"，实行的第一项改革就是制定定额超产奖励制度。这一制度拉开了蛇口全面改革特别是分配制度改革的序幕。

蛇口工业区的首个项目蛇口港建设起初进展缓慢，工人每人每天工作8小时只运泥20～30车。为提高效率，1979年10月，蛇口工业区指挥部对四航局在码头工程中率先实行定额超产奖励制度。按照定额超产奖励制度，规定每人每个工作日劳动定额为运泥40车，完成这一定额者每车奖励2分钱，超过定额则每超一车奖励4分钱。由于工人的劳动积极性被调动起来，加班加点，码头施工开始提速，原计划于1980年3月底完工的工程，整整提前一个月，为国家多创产值130万元，工人的奖金只占他们多创产值的2%[1]。但不久，因有人质疑

---

[1]　涂俏:《袁庚传——改革现场》，海天出版社，2016，第102页。

这是滥发奖金，超额奖励被叫停了，重新吃起了"大锅饭"，工程建设速度又降了下来。

时间观念差，不讲经济效益，生产效率低，吃"大锅饭"，这是计划经济体制带来的弊端。冲在改革最前沿的蛇口是继续吃"大锅饭"，还是按劳分配多劳多得，袁庚把这4分钱的"官司"从蛇口打到了中央。"4分钱"惊动了中南海。在当时中央领导支持下，蛇口获准继续实行超产奖励办法。

从1979年到1984年，袁庚主政下的蛇口以实行定额超产奖励制度为发端，破天荒地推出各项改革措施，如以工程招标的方式管理工程、职工住宅商品化、面向全国招聘人才、率先实行全员合同制等，创造了24项全国"第一"。而这些"第一"也多数沉淀成为以后中国市场经济的常态。

袁庚在开发建设蛇口过程中，提出"时间就是金钱，效率就是生命"的口号，成为一个时代的文化坐标，被誉为"冲破思想禁锢的第一声春雷"。这句今天耳熟能详的口号，在那时却一度成了姓"社"姓"资"争论的焦点。袁庚曾说："写这标语时，我是准备'戴帽子'的。"在当时计划经济的思想观念还根深蒂固的背景下，袁庚将资本主义社会的效率观引入社会主义建设，无疑是需要胆识和勇气的。

8年之后，当"空谈误国，实干兴邦"的标语牌在昔日蛇口工业区的土地上立起来时，也同样显示了社会变革的强大冲击力。

作为社会主义市场经济的成功践行者，袁庚在蛇口工业区敢闯、敢试、敢为天下先的努力探索，对于我国全面推进改革开放和社会主义现代化建设事业产生了深远的影响。

时光飞逝，如今40多年过去了，深圳成为许多知名企业的出发地，走出了平安保险、招商银行、中集集团、万科、华为、腾讯等响当当的企业。深圳用飞快发展的速度演绎着改革开放的广东奇迹。

马化腾创办的腾讯QQ，是深圳的一张"名片"，其发展历程反映了马化腾及其团队成员明知不可为而为之的拼劲和闯劲。起初，腾讯就诞生在华强北一个简陋、杂乱的楼房里，举步维艰；但他们凭着不服输的拼劲，把腾讯企业不断做大做强。如今，腾讯已经成为享誉海内外的知名企业。马化腾深有感慨，腾讯企业不断成长壮大的历程，与整个深圳的环境和精神是完全分不开的。袁老赋予深圳的"敢试敢闯，不言放弃"精神，给了他和同一批创业者更多的憧憬和能量。

深圳的发展得到了邓小平的充分肯定。1984年初，邓小平视察深圳，并亲笔题词"深圳的发展和经验证明，我们建立经济特区的政策是正确的"。这既是对深圳经济特区人民的勉励，也预示着经济特区未来光明的发展前景。

珠海经济特区也大胆探索，走在时代的前列。改革开放初期，第一家外资企业香洲毛纺厂诞生在珠海，成为我国改革开放的一个样板。当时，在各级政府的大力支持下，香洲毛纺厂这家外资企业从酝酿、审批、签订合同到动土建厂，一路顺风，效率极高。1978年8月签订合作办厂协议，11月破土动工。翌年11月正式投产。香洲毛纺厂落户珠海，在国内外引起了强烈的反响。人们把毛纺厂的建成誉为中国开放政策的率先项目，中国试办经济特区"最早的花朵"。但是，由于经营管理问题和澳门原材料供应问题，以及执行合同负担很重等原因，毛纺厂投产后逐渐暴露出不少矛盾，甚至引起《人民日报》的报道和对外经济贸易部的追究。毕竟这是我国改革开放的一个初步尝试。不过，在停产整顿和改革经济管理机制后，香洲毛纺厂又大有发展。这类外资企业的出现，是我国大胆突破传统的计划经济的局部尝试，经济上开始了微观放开，对于解放思想和后来的市场经济发展意义重大①。

1984年1月29日，邓小平在时任中共珠海市委书记吴健民陪同下视察珠海，并挥毫题词"珠海经济特区好！"这是邓小平对珠海经济特区的首肯和第一次公开评价，对于珠海经济特区和我国的改革开放都意义重大。一个"好"字，概括了邓小平对经济特区的充分肯定和支持。

汕头经济特区、厦门经济特区和海南经济特区也勇立时代潮头，大胆地闯、大胆地试，具体表现在：创新融资制度，改变原来体制的投资管制，引入竞争机制，改革外汇管理体制，突破原来的土地管理和经营模式，允许和建立劳动力市场，政企分开，改革和建立新的行政官员治理，有地方的立法权，改变计划经济的工资和福利分配机制，改变商品的计划定价体制，引进新的激励模式，等等。经济特区在上述方面对于新体制的试验、对于中国其他地区经济体制改革和开放进程都具有重要的参考价值，有力地推动了中国特色社会主义事业的发展。

---

① 参见陶一桃、鲁志国：《中国经济特区史要》，商务印书馆，2010，第182页。

（二）勇于担当，砥砺前行

"文化大革命"结束后，中国处于向何处去的十字路口。在社会转折时期，往往期待有人挺身而出，担当引领时代发展潮流的大任。邓小平就是这样勇于担当的伟大人物。在中国向何处去的紧要关头，以邓小平为代表的老一辈无产阶级革命家，以巨大的理论勇气和责任担当，重新确立了马克思主义实事求是的思想路线，果断停止使用"以阶级斗争为纲"的口号，把全党工作重心转移到社会主义现代化建设上来，并作出了实行改革开放的伟大决策，开启了党和国家历史的新篇章，实现了新中国成立以来中国共产党历史上具有深远意义的伟大转折。如何实行改革开放？怎样打开改革开放局面？这些问题历史地摆在了人们面前。中国共产党人突破教条主义的束缚，坚持马克思主义的立场、观点和方法，借鉴国外设立出口加工区等经验，决定利用广东、福建沿海某些地方濒临港澳台、便于发展外向型经济的优势建立经济特区。在社会主义国家设立经济特区，这在马克思主义科学社会主义理论中是没有的，是新鲜事物，是一大创举。其建立的过程布满荆棘，曾一度引发很大的争论；但是，在邓小平的支持下，以吴南生、袁庚等为代表的一大批改革推动者力排各种干扰和阻力，以时不我待的责任感与历史担当，为建立经济特区、探索中国特色社会主义道路作出了重要贡献。特区人民踏着他们的足迹，勇挑重担、敢为人先，充分发挥经济特区"试验田"和"窗口"作用，推动改革开放伟业向纵深发展。

关于建立经济特区，当时主政广东省的习仲勋功不可没。1978年4月，老一辈无产阶级革命家习仲勋被中央派往广东省主持省委工作。虽然他主政广东仅有两年多，但贡献卓著、影响深远。他力推广东改革开放，先行先试、勇于探索，成效显著。尤其是他建言中央创建深圳、珠海、汕头三个经济特区，是其重要的功绩。

1979年4月中央工作会议期间，时任广东省委第一书记习仲勋在会议之初即主动向中央建言，强调广东省应充分利用其地理优势，在全国先行一步。他说："广东邻近港澳，华侨众多，应充分利用这个有利条件，积极开展对外经济技术交流。这方面，希望中央给点权，让广东先走一步，放手干。"①

4月17日，习仲勋在中央工作会议上郑重提出："广东打算仿效外国加工区的形式，进行观察、学习、试验，运用国际惯例，在毗邻港澳的深圳市、珠海市和重要侨乡汕头市划出一块地方，单独进行管理，作为华侨、港澳同胞和外商的投资场所，按照国际市场的需要组织生产，初步定名为'贸易合作区'。"②这是建立经济特区的第一声响亮的呐喊。邓小平非常赞同广东富有新意的设想。当得知大家在对拟实行特殊政策的地方称谓上意见不一致时，邓小平说："还是叫特区好，可以划出一块地方，叫做特区。陕甘宁开始就叫特区嘛!"他鼓励广东先行一步，杀出一条"血路"。

众所周知，抗战时期，陕甘宁地区是中国共产党的革命根据地，实行不同于其他地方的特殊政策。邓小平用陕甘宁特区来类比深圳特区，实际上是寄予了极大的期望。邓小平的话语形象生动，蕴含着深圳等特区要利用中央赋予的特殊政策，冲破各种阻力，勇往直前，开辟出一条新道路的深刻含义。"杀出一条血路，意味着观念的突破和体制的变革，必须要有大无畏的英雄气概，必须要有一往无前的开拓勇气，必须要有公而忘私的担当精神。"③

同年7月15日，中共中央、国务院批转广东省委、福建省委两个报告，即《中共中央 国务院批转广东省委、福建省委关于对外经济活动实行特殊政策和灵活措施的两个报告》（中发〔1979〕50号）。中央指出："对两省对外经济活动实行特殊政策和灵活措施，给地方以更多的主动权，使之发挥优越条件，抓住当前有利的国际形势，先走一步，把经济尽快搞上去。"中央对广东实行特殊政策和灵活措施，主要内容是：外汇收入和财政实行定额包干，一定五年不变的办法，每年财政上缴12亿元；在国家计划指导下，物资、商业实行新的经济体制，适当利用市场调节；在计划、物价、劳动工资、企业管理和对外经济活动等方面，扩大地方管理权限；试办深圳、珠海、汕头三个出口特区，积极吸收侨资、外资，引进国外先进技术和管理经验。这一历史性的文件，拉开了广东改革开放和经济特区建设的序幕，吹响了广东"先行一步"的进军号

---

① 习仲勋：《习仲勋文集》上卷，中共党史出版社，2013，第509页。
② 《习仲勋传》编委会编《习仲勋传》下卷，中央文献出版社，2013，第453页。
③ 夏蒙、王小强：《习仲勋画传》，人民出版社，2014，第288页。

角①。

当习仲勋得知党中央批准了广东省委关于在改革经济管理体制中让广东先走一步的要求时，惊喜交加地说："这个问题对我们广东来说，是关系重大的事。我的心情是一喜一惧。喜的是我们在中央的统一领导和大力支持下，能充分利用我省有利条件，加速'四化'建设的步伐，在体制改革上为全国摸索一点经验。困难不少，怎样搞好，能否搞好，我是有些担心的。但是，党中央这样关心和支持我们，只要我们团结一致，兢兢业业，埋头苦干，千方百计把事情办好，就一定能够为国家作出更多的贡献。"他后来还说，"广东这事，今天不提明天要提，明天不提后天要提。中国社会发展到现在，总得变。你不提，中央也会提。拼老命我们也要干。"②

当时与习仲勋搭班子的王全国回忆道，当年习仲勋同志对体制改革的迫切心情和破釜沉舟的决心，在大会小会上甚至私底下都表露无遗。我最有印象的就是他当时的"三要"和"三不要"：第一，要有决心有信心，不要打退堂鼓。第二，要有胆识，勇挑重担，不要怕犯错误，怕担风险。第三，要有务实精神，谦虚谨慎，不要冒失，不要出风头，不要怕否定自己。特别是我们各级领导干部，拼老命也要把广东这个体制改革的试点搞好。要下这样一个决心，即使是可能犯错误，也要干……一方面，要有闯劲，要当孙悟空，解放思想、敢于创新、敢于改革，只要不背离四项基本原则，就可以大胆试验，不要等。当我们开步走的时候，困难会很多，阻力会很大，甚至还可能挨一点骂，要有这个精神准备。现在重要的问题是要迅速行动起来，要抢时间，时间就是速度③。

正是在这种对党和人民高度负责的担当精神驱使下，习仲勋等改革者突破思想禁锢，向中共中央建言献策，开启了广东经济建设和改革开放的崭新局面，对于全国改革开放和现代化建设起到了示范和引领作用。

经济特区在充满争议中建立起来，从当时僵化封闭的思想桎梏中解放出

---

① 中共广东省委党史研究室：《习仲勋主政广东忆述录》，中共党史出版社，2013，第67页。
② 同上书，第68页。
③ 中共广东省委党史研究室：《习仲勋主政广东忆述录》，中共党史出版社，2013，第70—71页。

来，在传统的计划经济中引入市场经济，最终确立社会主义市场经济的改革取向，确实非常艰难。但特区人民顶住各种压力，利用中央给予的"尚方宝剑"，冲破重重枷锁和束缚，担当推动改革开放的排头兵和时代先锋，勇于探索，不畏艰险、百折不挠、奋发有为，闯出了一条由贫穷落后走向繁荣昌盛的中国特色社会主义道路，为广大发展中国家走向现代化提供了借鉴，贡献了中国方案。

深圳等经济特区建立以来，作为改革的"试验田"和对外开放的"窗口"，为中国特色社会主义现代化建设探索了一条新的道路，彰显了中国特色社会主义制度的优越性，得到国际人士的广泛认同和普遍赞誉。回顾经济特区的发展历程，我们认识到，唯有担当，方能成就经济特区的今天；唯有担当，方能成就经济特区的未来。在改革开放再出发的今天，仍然要保持敢为人先、勇于探索的创新精神，再度激发社会的创新动力，续写更多"春天的故事"，为实现中华民族伟大复兴而勇立潮头。改革开放是一代代人的接力跑，永远需要开拓进取、勇于担当的引领者。习近平总书记在深圳经济特区建立40周年庆祝大会上的讲话中对经济特区寄予厚望，他指出："新形势需要新担当、呼唤新作为。新时代经济特区建设要高举中国特色社会主义伟大旗帜，统筹推进'五位一体'总体布局，协调推进'四个全面'战略布局，从我国进入新发展阶段大局出发，落实新发展理念，紧扣推动高质量发展、构建新发展格局，以一往无前的奋斗姿态、风雨无阻的精神状态，改革不停顿，开放不止步，在更高起点上推进改革开放，推动经济特区工作开创新局面，为全面建设社会主义现代化国家、实现第二个百年奋斗目标作出新的更大的贡献。"[1]

（三）改革创新，勇立潮头

人总是要有一点精神的。精神不是万能的，但没有精神是万万不能的。一百多年来，中国共产党人高歌猛进，克服重重困难，从一个胜利走向另一个胜利，就在于坚定理想信念、勇立时代潮头，一直保持着锐意改革创新的精神状

---

[1] 习近平：《在深圳经济特区建立40周年庆祝大会上的讲话》，《人民日报》2020年10月15日，第02版。

态。精神是动力，是魂魄。良好的精神状态是做好一切工作的重要前提。辩证唯物主义认识论认为，理论一经掌握群众，就会变成物质力量。以科学理论作为支撑的锐意进取精神，可以转化为推动事业蓬勃发展的强大力量。经济特区自建立以来，披荆斩棘、敢为人先，大胆改革创新、勇于探索，始终保持自新向上的精神状态。

1. 改革创新是经济特区的灵魂

经济特区不断发展壮大的过程，就是敢为人先、不断改革创新的过程。改革创新就是突破陈规、大胆探索、勇于创造、锐意进取，是党和国家发展进步的动力源泉。从经济特区的发展历程来看，改革创新是经济特区的灵魂和生命力所在，也是特区精神的内核。习近平总书记高度评价了经济特区的改革创新精神。以深圳经济特区为例，习近平总书记指出："深圳是改革开放后党和人民一手缔造的崭新城市，是中国特色社会主义在一张白纸上的精彩演绎。"①40多年来，深圳通过不断改革创新，已构建起具有国际竞争力的现代产业体系，成为国家创新型城市、全球知名创新之都，创造了世界工业化、城市化、现代化发展史上的奇迹，为建设中国特色社会主义提供了鲜活的城市范例。

在我国试办社会主义经济特区，是一个新鲜事物，并无现成的经验可以借鉴，在发展中必然会遇到许多困难。特别是在深圳经济特区初创阶段，工作和生活条件都比较艰苦，困难很多、阻力很大，特区人民在党的领导下艰苦创业、开拓进取，在实践中形成了改革创新精神。改革创新至今已成为时代精神的核心内容。正是靠着这种精神，才产生了深圳特有的"深圳效益""深圳速度"，才使深圳从以往一个落后的边远小镇发展成为面向世界的现代化城市。没有深圳人的艰苦奋斗，就没有深圳的今天。

深圳市原副市长张思平说："深圳这座城市因改革而生、因创新而强，以先行先试为己任，以改革创新作为立市之本、发展之机、活力之源。"②经济特区创办本身就是党的一项伟大创新，因而创新是特区与生俱来的特质和禀赋。

---

① 习近平：《在深圳经济特区建立40周年庆祝大会上的讲话》，《人民日报》2020年10月15日，第02版。

② 孙天明等：《"改革闯将"留给深圳什么?》，《南方都市报》2014年11月24日。

特区的移民文化也为创新提供了温床，移民来到特区就是为了寻求满足和"告别传统"。在这些因素的助推下，经济特区形成了"敢于冒险、崇尚创新、追求成功、宽容失败"的文化氛围，并逐步进行了观念创新、制度创新、科技创新等众多尝试，成功地扮演了中央赋予的"试验田""窗口""排头兵"的角色。其一，在观念层面上，特区提出了"时间就是金钱，效率就是生命""追求卓越、崇尚成功""一天等于一年"等新理念。其二，在制度层面上，特区率先将社会主义制度与市场经济有机结合起来，创造了一个个举世震惊的"第一"：深圳率先敲响了土地使用权拍卖的第一锤；率先建立了全国首家股票市场；率先建立了全国第一家企业自办股份制商业银行；率先打破了旧的价格管理体制等；最终率先建立起以"十大体系"为标志的社会主义市场经济体制基本框架。汕头经济特区创造了干部"任期制"、二十四小时审批答复制度、全国首部独资企业法规等多项宝贵经验，为创新做出了最好的注脚。珠海诸多第一个"吃螃蟹"之举至今为人所铭记：1992年开创科技重奖先河，率先实现十二年免费教育，出台全国首部社保法规，等等。其三，在技术层面上，特区通过引进吸收创新、继承创新及原始创新等方式，不断提升科技竞争力。"高交会"已经成为深圳的一张名片，是深圳经济增长的强劲支柱。华为打破西方垄断，率先突破5G技术；柔宇科技研发出0.01毫米全球最薄彩色柔性显示屏；2015年，深圳PCT国际专利申请量连续12年居全国首位；2014年、2015年，深圳全社会研发投入经费占本市生产总值的比重分别为4.02%和4.05%，在全国各大城市位居前列[①]。4G技术、3D显示、新能源汽车、无人机等领域创新能力跻身世界前列，华为、腾讯、华星光电等企业在重大产业领域赢得全球话语权、议价权。其四，在营造创新环境层面上，特区遵循"试错"思维，倡导"大胆创新、不怕失败"的文化。一部经济特区的历史，就是一部不断"试错"的历史。深圳早在2006年便在国内首次提出了"容错机制"，出台了《深圳经济特区改革创新促进条例》，有针对性地提出了一些"免责条款"[②]，等

---

① 何泳、李明：《深圳专利申请量首次突破10万》，深圳市投资推广署，2016年4月26日，https://commerce.sz.gov.cn/xxgk/qt/swzx/content/post_1966303.html。

② 陈雷刚：《深入理解特区精神的基本内涵与时代价值》[EB/OL]. http://：sp.ycwb.com/2020-08/31/content_1110861.htm。

等。总之，经济特区勇于探索、敢于创新，始终站在改革开放的前沿，引领着改革开放的时代潮流，成功地扮演了中央赋予的"窗口""排头兵"的角色，为中国特色社会主义发挥了先行示范作用。

2. 在改革创新新征程上再立新功

2014年8月20日，习近平总书记在纪念邓小平同志诞辰110周年座谈会上的讲话中指出："开拓创新，是邓小平同志一生最鲜明的领导风范，也永远是中国共产党人应该具有的历史担当。"[①]"今天，历史的接力棒传到了我们手里，责任重于泰山。全党一定要紧密团结起来，敢于担当、埋头苦干，团结带领全国各族人民，以与时俱进、时不我待的精神不断夺取新胜利，不断完善和发展中国特色社会主义，不断为人类和平与发展的崇高事业作出新的更大的贡献。"[②]经济特区因改革而生、因改革而兴，我们要弘扬开拓创新精神，在新时代继续全面深化改革、全面扩大开放，大胆创新、先行示范，让经济特区在实现中华民族伟大复兴的新征程上再立新功。

当今世界，政治多极化、经济全球化和科学技术迅猛发展，为我们实现跨越式发展提供了难得的机遇，也使我们面临着巨大的挑战。面向21世纪，面对中华民族伟大复兴的战略全局和世界百年未有之大变局，经济特区要在我国实现现代化进程中继续发挥"排头兵"的作用，增创新优势，更上一层楼。因此，就必须在推进理论创新、体制创新和科技创新方面继续先行先试，进行创造性的实践，在全国起到示范和引领作用。

在理论创新方面，进一步解放思想、更新观念，继续推进马克思主义创新发展。改革发展没有尽头，解放思想永无止境。要在实践中坚持和发展马克思主义，推进马克思主义中国化历史进程。这是特区人民庄严的历史责任。中国特色社会主义进入新时代，经济特区要在习近平新时代中国特色社会主义思想指导下，进一步增强理论创新的意识和观念，继续发扬敢闯敢试精神，解放思想、更新观念，大胆探索、勇于创新，认真总结过去40多年的实践经验，放眼世界、放眼未来，及时把握时代的趋势和方向，以新的实践，创造性地贯

---

③　习近平:《习近平谈治国理政》第2卷，外文出版社，2017，第7页。

④　同上书，第14页。

彻党的基本理论、基本路线，积极探索和解决实现现代化过程中面临的理论和实践问题，为我们党推进理论创新、丰富和发展中国特色社会主义理论体系作出新的贡献。

在体制创新方面，全面完善社会主义市场经济体制，加快与国际惯例接轨。经济特区数十年来的体制创新，基本上完成了从计划经济体制向市场经济体制的过渡，但离完善的社会主义市场经济体制还有较大的差距。面对经济全球化和知识经济蓬勃兴起的形势，我们要把改革的侧重点转移到适应经济全球化和知识经济发展的新要求上来，在体制创新进程中密切关注全球资源配置机制的更新和演变，研究知识经济发展提出的新要求，适应WTO框架下多边贸易体制的新规则，与国际惯例全面接轨。同时，大力实施"走出去"战略，开拓国际市场，提高对外开放水平。

在科技创新方面，跟踪世界高科技发展前沿，着力增强核心技术和重要应用技术创新能力。进一步加强以企业为主体的技术创新体系建设，实现科技与经济更紧密的结合，吸引和强化知识、信息、资源、技术和人才在经济特区的聚集和组合，努力形成和完善能够优化配置国内外科技资源的技术开发机制，抢占高新技术及其产业化的制高点，把经济特区建设成为重要的高新技术研究开发基地、成果转化基地、产品出口基地和成果交易中心。

改革创新是经济特区发展的不竭动力，多年来培育形成的改革创新精神是经济特区的宝贵财富。经济特区要保持朝气蓬勃的旺盛生命力，在新时代开启中国特色社会主义现代化建设新征程上，仍然要敢为人先、开拓创新，继续深化改革开放，永葆"闯"的精神、"创"的劲头、"干"的作风，努力续写更多"春天的故事"，为实现中华民族伟大复兴创造新的更大奇迹。

三、埋头苦干

经济特区是中国改革开放的产儿。每个经济特区的发展史，都是一部奋斗的历史、探索的历史、创新的历史，蕴含着百折不回、永不停滞的试验精神、埋头苦干精神。这正是实现中华民族伟大复兴的宝贵精神财富和强劲动力。经济特区的思想解放程度在全国领先，但关键在于实干。所谓埋头苦干精神，实际上就是一种真抓实干、排除万难的精神。这种精神蕴含着一种价值追求，反映了奋发向上的精神状态，体现着在科学理论指导下进行大胆实践的干劲。习近平总书记充分肯定了经济特区的埋头苦干精神，他指出："深圳广大干部群众披荆斩棘、埋头苦干，用40年时间走过了国外一些国际化大都市上百年走完的历程。这是中国人民创造的世界发展史上的一个奇迹。"①

（一）锐意进取的危机意识

特区是在我国实行改革开放政策和推进现代化建设的历史大背景下，作为改革开放的"窗口"和"试验田"而创立和发展的。经济特区的发展史，实际上是一部改革开放史。经过40多年改革开放，经济特区取得了辉煌的成就，但同时我们面对的重大问题也在不断发生变化。在新的机遇与挑战面前，保持锐意进取、永不懈怠的危机意识，是我们党不断从胜利走向新的胜利的重要法宝。回顾历史，革命、建设、改革事业从来不是一帆风顺的，每个时期都面临各种各样的风险和挑战，不能因一时的成绩而迷失方向。

居安思危方能行稳致远。习近平总书记强调指出："我们要坚持用时代发展要求审视自己，以强烈忧患意识警醒自己，以改革创新精神加强和完善自己，在应对风险挑战中锻炼提高。"②"明者远见于未萌，而智者避危于未形。"③及时洞察、准确把握、有效应对各种风险挑战，是保持经济社会持续健康发展和社会大局稳定的必然要求。经济特区作为党中央对社会主义事业探索的先锋队，要想完成党中央和人民赋予的使命，首要的就是探索新的发展模式，保持锐意进取的精神状态，增强危机意识和忧患意识；否则，就会转型失败，逐渐失去城市竞争力。就拿深圳经济特区来说，2002年深圳许多企业外迁，产值超过100多亿元的外资企业希捷科技迁往无锡。同时，传闻在深圳本土发

---

① 习近平：《在深圳经济特区建立40周年庆祝大会上的讲话》，《人民日报》2020年10月15日，第02版。

② 习近平：《习近平谈治国理政》第3卷，外文出版社，2020，第188页。

③ 张大可：《史记全本新注》第4卷，三秦出版社，1992，第1960页。

展了十几年的平安保险、招商银行总部要迁往上海，华为、中兴也要离开。深圳过剩的房地产发展，基础设施成本的不断增加，城市空间的限制，这些都是企业要考虑的问题，仅仅凭借特区政策优势和沿海地缘优势，根本不可能取得更好更繁荣的长久发展。"从更广阔的视角来看，深圳金融业的尴尬实际上折射出深圳经济的尴尬，即地缘经济的局限性——夹在香港和广州之间，香港是中国面向世界的窗口，广州则是华南的门户、'珠三角'的枢纽，而深圳呢？因此，尽管特区光环笼罩下的深圳踌躇满志，但拔剑四顾却一脸茫然：何去何从？"①

　　深圳市原副市长唐杰强调，深圳应该增强危机意识，"我们这些年谈危机越来越少了，谁要谈危机就会说'你唱衰'，这是要警惕的。我们取得了很大成就，但是向前走还有很遥远的距离，保持危机意识是重要的。"②危机意识始终伴随着深圳这个年轻的城市成长。从某种程度上说，危机意识缺失比危机本身更可怕，并且危机意识不应仅仅属于深圳。随着改革开放的不断发展，社会转型进入深水区。在经济转型过程中，"抢商大战"正在升级，每个地方都在"抢"人、"抢"钱、"抢"资产。一时"创造条件"把人才、企业引进来，并不意味着能够留得住。特区不能仅仅依靠一个"特"字，否则迟早会变成"困难区"；因为就企业而言，它会选择低成本的地方，高成本最终将摧毁竞争力。企业所关注的成本不仅涵盖生产资料方面，而且包括软环境所呈现出的"获取服务的价格"。危机意识时时提醒我们，要变滞后补救为超前服务，要时刻保持锐意进取的姿态面对城市发展过程中的困境。

　　特区很多创新经验、做法都已被推广至全国，这是特区的历史作用和意义。特区的功能是创新，是先行先试，要一直坚持下去。仅仅自满于眼前的成绩，缺少危机意识的城市和国家都很难有更高质量的发展，保持危机意识就是特区生存和发展尤为重要的推动力。深圳作为一座移民城市，高度流动的人群和相对较为薄弱的城市文化底蕴，是一座基本上没有资源禀赋的城市。流动中的移民人口构成了这座城市的禀赋，构成了特有的社会文化学特征。其中最为鲜明的可能是，从流动人口到移民，对所选择的迁徙城市未来的前景会很敏

---

① 南竹：《深圳的尴尬　尴尬的深圳》上，《中国改革》2003年第1期，第39页。

② 李荣华：《特区如何"特"下去？》，《南方报业传媒集团南方+客户端》2020年8月18日。

感，对城市的认同和发展前景时刻保持警惕感，这就构成了深圳所特有的渗透到骨子里的危机意识。深圳必须不断向前发展，不断提升城市竞争力。从改革开放到20世纪90年代初，以"三来一补"为代表的工业化发展，主要借助吸引外商和生产加工为主的劳动密集型产业模式的初步探索；以1992年邓小平发表南方谈话为开端，深圳经济从加工贸易转向模仿性创新时代，凭借模仿形成大规模生产能力初级工业化过程，逐步走向模仿性创新的生产制造；2008年全球金融危机爆发后，国外许多企业取消了中国订单，导致企业不得不考虑转型升级。如今，不断加快城市创新转型，以信息技术和数字经济为主而致力于走在全球创新前列，深圳的危机意识促使这座城市永远在寻找新契机、抓住新机遇。所以，深圳的优势不在于大家津津乐道的增长速度，不在于深圳的经济总量和排名，而在于这座城市与生俱来的、血脉里生生不息流淌着的追求创新的能量和动力。这种动力来自时刻鞭策这座城市成长的危机意识。

（二）空谈误国，实干兴邦

新时代是奋斗者的时代，唯有"干"才能使梦想成真。而这个"干"是苦干精神与实干作风的高度统一。习近平总书记反复强调，要脚踏实地、真抓实干，敢于担当责任、勇于直面矛盾、善于解决问题，努力创造经得起实践、人民和历史检验的实绩。深圳不仅是我国经济社会建设的典范，更肩负着社会主义事业探索与实践的重任。只有始终保持艰苦奋斗、攻坚克难的实干精神，秉持脚踏实地、不务空名的实干作风，做实做细做好各项城市建设工作，每个怀揣希望的"深圳人"未来的蓝图和梦想才能变成现实；否则，再漂亮的口号也是空中楼阁，再宏伟的蓝图也难以落地生根。中国共产党成立100多年来，团结带领全国各族人民在攻坚克难中不断从胜利走向胜利，创造了一个又一个彪炳史册的人间奇迹，靠的就是埋头实干。延安时期，毛泽东为延长石油厂题词"埋头苦干"，为党的七大纪念册题词"实事求是、力戒空谈"，激励了全党和边区人民克服困难、艰苦创业、夺取胜利。正是由于中国人民勤劳勇敢、苦干实干，下大力气做打基础、利长远的工作，将规划和蓝图落地落细落实，中国才不断发展壮大起来。伟大梦想不是喊出来的，而是拼出来、干出来的。通过实干，中国共产党人一路"大步流星""风雨兼程"，中华民族终于迎来了从站起来、富起来到强起来的伟大飞跃。

"空谈误国，实干兴邦"。这个在全国引起巨大共鸣的口号，是邓小平同志在1992年南方谈话中提出来的。在1992年南方谈话中，邓小平特别强调，不争论是为了争取时间干，一争论就复杂了，把时间都争掉了，什么也干不成。说起这个口号，媒体披露了一件趣事。当年蛇口工业区的负责人袁庚，在外界对特区姓"资"姓"社"争议不断的背景下，以其高度的政治敏锐性，深入领会邓小平南方谈话精神实质，果断地在蛇口工业大道上竖起了"空谈误国，实干兴邦"的标语牌，不仅鼓舞了深圳人建设特区、奋力改革的决心和斗志，而且很快成为全国的流行语。2012年12月，习近平总书记考察广东时动情地说："我要再一次强调'空谈误国，实干兴邦'这个口号。"以实干践行初心、以实干铸就辉煌，深圳经济特区不辱使命、勇立潮头，用40多年的力行实干谱写了一曲砥砺奋进的壮丽史诗。深圳的实践就是对"空谈误国，实干兴邦"的最佳诠释。

40多年来，深圳经济特区一直秉持着"空谈误国，实干兴邦"的理念，勇于拼搏、埋头苦干。如今，深圳已发展成为一座充满魅力、动力、活力和创新力的国际化创新型城市，为中国特色社会主义理论形成和发展提供了精彩实践和鲜活经验。站在"四十不惑"的关键年头，深圳将继续秉持这一实干理念，在迈向现代化国际化都市的进程中，用实干托举起中国梦。回顾深圳发展的历史，从建设特区第一座商业楼宇国商大厦，借鉴中国香港地区经验推行基建工程招标制，创造"深圳速度"，到"中国土地拍卖第一槌"突破土地使用权有偿流转这一法律禁区，促成宪法修改；从发行股票、取消票证，到率先实施"文化立市"战略，这一个个"率先"与"第一"将改革开放推向深入。经过40多年的艰苦奋斗，深圳从一个边陲小镇发展成为一座国际化现代化都市，城市所展现的综合实力入选全球最有竞争力十大城市，创造了世界工业化、现代化、城市化发展史上的伟大奇迹，成为探索和实践中国特色社会主义道路的示范城市。"空谈误国，实干兴邦"成为深圳埋头苦干的生动写照。

深圳是一座崇尚实干的城市，它的实干体现在为在这里埋头苦干的"深圳人"提供了实现梦想的舞台。1987年，任正非用2万元启动资金在深圳创业，如今华为已是世界上最大的电信设备供应商。1995年，比亚迪从一个破旧的车间起步，业务由电池生产拓展到汽车制造，并逐步发展成为龙头企业；2020年疫情肆虐时，比亚迪生动地诠释了中国汽车行业的担当和责任，"人民需要什么，比亚迪就能造什么"，开始生产防疫物资，因为人民需要！1998年，"小企鹅"在深圳破壳而出，如今腾讯已成为全球最有价值的互联网企业之一……还有许许多多为梦想而在深圳这个充满生机和活力的城市努力拼搏的普通深圳人，他们都在实干中实现了价值，汇聚成为深圳这座城市耀眼的辉煌。

托之空言，不如见之实行。"崇尚实干并不意味着可以不择手段，更不意味着盲目冒进或顾此失彼，而要有统筹兼顾的智慧和可持续发展的眼光。"①深圳经历了40多年的探索和实践始终选择实干，就等于选择了责任和担当。但是，深圳的实干并非不讲效率的傻干，而是根据时代发展和世界浪潮的变化，抓住主要矛盾和矛盾的主要方面，分清轻重缓急、突出工作重点、明确主攻方向，既"打得准"又"拿得下"；及时促进深圳发展的转型升级，紧跟时代埋头实干。深圳的实干也不是不求方法的蛮干，而是摸准"天气"、吃透精神，做好与工作实际结合的大文章，始终坚持中国共产党的领导，贯彻党中央的各项指示精神，结合国家发展战略目标，以人民为中心，努力在深圳发展和建设中找规律、谋思路、讲统筹、出成效。总之，对人而言，实干是一种工作态度和人生哲学，是一门必须认真对待的"必修课"；对一座城市的发展更是如此，修好了才能干出成绩、干出未来，把中国特色社会主义事业的成就写在脚下这片辽阔的土地上。正如习近平总书记在2012年11月参观《复兴之路》展览时所说，实现中华民族伟大复兴是一项光荣而艰巨的事业，需要一代又一代中国人共同为之努力。空谈误国，实干兴邦。我们这一代中国共产党人一定要承前启后、继往开来，把我们的党建设好，团结全体中华儿女把我们国家建设好，把我们民族发展好，继续朝着中华民族伟大复兴的目标奋勇前进。

（三）用实干行动肩负起民族复兴的历史使命

兴办经济特区，是我们党和国家为推进改革开放和社会主义现代化建设作

---

① 亦菲：《"空谈误国 实干兴邦"为改革创造良好氛围》，《人民之声》2013年第1期，第4页。

出的重大决策。数十载砥砺奋进，深圳、珠海、汕头、厦门、海南5个经济特区不辱使命，在体制改革中发挥了"试验田"作用，在对外开放中发挥了重要"窗口"作用，为中国特色社会主义理论形成和发展提供了丰富素材和鲜活经验，为全国改革开放和社会主义现代化建设作出了重大贡献。经济特区的蓬勃发展，成为中国改革开放的重要历史见证。

从我国建立的第一个经济特区，到建设中国特色社会主义先行示范区、创建社会主义现代化强国的城市范例，深圳秉持着"敢闯敢试、敢为人先、埋头苦干"的特区精神，将党中央的一系列重要指示批示精神转化为一个个切实可行的方案，确保总书记殷殷重托在深圳落地落实，确保人民对深圳的殷切期望不落空。2020年，时任中共广东省委副书记、深圳市委书记王伟中等出席皇岗口岸重建"三开"活动时强调，要坚定信心、下定决心，高质量完成各项工作任务，以实干实绩庆祝深圳经济特区建立40周年，向人民交出满意的答卷。

深圳是一座充满生命力、为梦想而生的城市，承载着无数努力奋斗的深圳人的梦想与期盼，承载着为中华民族伟大复兴探索的历史使命，它与中国梦有着密切关联：从国家层面看，深圳是见证"中国之治"奇迹和世界观察中国的最大"窗口"，聚集的是中国力量和中国梦想，中国在思考什么，深圳就在思考什么；从道路层面看，深圳率先探索中国实行改革开放的发展道路，是中国特色社会主义事业伟大实践的重要篇章，为实现中国梦先行先试、提供经验；从精神层面看，深圳不仅创造了辉煌卓越的物质成就，而且创生了浓缩改革创新精神的先进观念，用观念照亮了"窗口"，彰显了实现中国梦的时代精神；从力量层面看，深圳多民族齐聚和开放包容的城市品格，为中国梦在深圳的落地生根聚合了力量。深圳是一座移民之城，更是一座寻梦筑梦的梦想之城；因为每一名深圳人都是怀揣梦想来到这座城市的，他们一定能够形成中国梦在深圳落地生根的兼容合力，从而迸发出强大的创新活力。

深圳站在改革开放再出发的新起点上，站在时代发展的新节点上，取得成绩固然值得肯定，但坚守成果并肩负起实现中华民族伟大复兴的历史重任，就要持之以恒地务实求道。"实干，贵有恒。不能干一阵、歇一阵，'宜守不移之志，以成可大之功'。刑天舞干戚，精卫填海，愚公移山，皆成于恒。看准了的改革，就要矢志推进、驰而不息、持之以恒；认定的目标，就要咬住不放、一抓到底，不达目的不罢休，不获全胜不收兵。"①中国香港落马洲山顶上的那架望远镜，丈量着外国游客眼中中国内地与世界的距离。深圳自诞生那年起，就担负着缩短和世界距离的使命，更承载着融入世界、消除心理隔膜和缩短发展差距的梦想。40多年来，深圳把"外面的世界"变成了"共同的世界"，站在改革开放、先行示范的更高起点上，当《春天的故事》旋律响起，又一个惊天动地的乐章已经奏响。深圳湾边，听夜涛拍岸，看一个又一个矫健的身影欢快地跑过，你会心生感慨：这里是深圳的未来，是中国实现中华民族伟大复兴中国梦的未来。但是，"一语不能践，万卷徒空虚"，梦想不会自动变为现实，初心只能用行动去践行。我们讲求用实干行动肩负起中华民族伟大复兴的历史使命，就是要激励各级领导干部把坚定初心和担当使命落实到埋头苦干、真抓实干中，拿出魄力、勇于担当、走在前列。要拿出苦干实干的决心，保持苦干实干的奋斗姿态和越是艰险越向前的斗争精神，发扬开拓者的精神，让特区成为改革开放的试验平台。在很多领域的改革进入"深水区"的今天，经济特区要勇于扛起历史责任，开拓进取、埋头苦干，坚持摸着石头过河，逢山开路、遇水架桥，在体制机制改革等各方面先行先试、大胆探索，在实践中求真知、在探索中找规律，不断形成新经验、深化新认识、贡献新方案，始终站在改革开放最前沿。同时，要秉承实干家的态度，经济特区要保持爬坡过坎的压力感、奋勇向前的使命感、干事创业的责任感，坚持打开国门搞建设，坚持"引进来"和"走出去"并重，同各国扩大双向贸易和投资往来，共建开放型世界经济，务实求变、务实求新、务实求进，以昂扬的精神状态推动改革不停顿、开放不止步。是不是实干，不是看开了多少会、发了多少文，而是看为民办了多少事、取得了多大成效。过去一直久攻不下的改革"堡垒"拿下了多少，市民反映强烈的民生难题解决得怎样，都要凭实绩来说话。要以改革倒逼问责，让勇于改革者上、庸于改革者让、阻碍改革者下。少说多干、紧抓快干，我们才能离目标越来越近，为中华民族伟大复兴奋斗出一个更美好的未来。

成功缘于实干，祸患始于空谈。今天，我们离中华民族伟大复兴的梦想前所未有地接近。"道虽迩，不行不至；事虽小，不为不成。"经济特区，正展现一个激情燃烧、干事创业的火红年代。在迈向现代化国际化都市的进程中，一

---

① 《深圳特区报》编辑部：《一切靠实干》，《深圳特区报》2014年2月13日，第A1版。

代代特区人带着梦想，带着青春的光和热。历史证明，一切伟大成就都是接续奋斗的结果，一切伟大事业都需要在继往开来中推进。我们要把经济特区办得更好、办出水平，以智慧、勇气、汗水书写辉煌篇章，为实现中华民族伟大复兴中国梦凝聚磅礴力量，用实干托举起中国梦，为实现中国梦作出特区的特别贡献。

这里需要强调的是，真抓实干是建立在实事求是思想路线上的，是严格依据"实践是检验真理的唯一标准"这一行动准则的，并不是毫无依据地瞎闯、蛮干，而是严格依据实践检验的一种不断探索和创造的过程，也是一个从实践到认识、再由认识到实践的循环往复、不断深化的过程。

第三章 03

| 特区精神的特征 |

改革开放以来，深圳、珠海、汕头、厦门和海南经济特区筚路蓝缕，勇闯先试，开拓创新，以"杀出一条血路"的气魄在实践上开创一条中国特色社会主义发展道路，极大地丰富和发展了马克思主义理论宝库，为推动马克思主义中国化历史进程，坚定道路自信、理论自信、制度自信、文化自信作出了重要贡献。

2020年10月14日，习近平总书记在纪念深圳经济特区建立40周年庆祝大会上充分肯定经济特区在改革开放和社会主义现代化建设过程中的重要作用，并指出："各经济特区解放思想、改革创新，勇担使命、砥砺奋进，在建设中国特色社会主义伟大进程中谱写了勇立潮头、开拓进取的壮丽篇章"①。

经济特区为什么"能"，是因为它蕴含着敢闯敢试、敢为人先、埋头苦干的特区精神。正是这种特区精神，给经济特区的发展与繁荣提供持久的精神动力和智力支持。改革开放40多年来，深圳、珠海、汕头、厦门和海南经济特区大力弘扬特

---

① 习近平：《在深圳经济特区建立40周年庆祝大会上的讲话》，《人民日报》2020年10月15日，第02版。

区精神，发挥经济特区"领头羊"的先行作用，敢闯敢试、自信自强，以饱满的特区热情和高质量的实践探索，向世人展现了社会主义制度优越性，展示了中华优秀文化与世界先进文化交流可融性、全面深化改革开放的坚定性，现正以坚毅的步伐向全面建设社会主义现代化强国的目标大踏步迈进。新时代经济特区要有新担当、新作为，深圳、珠海、汕头、厦门和海南经济特区将继续担当全面深化改革、全面扩大对外开放、全面建设社会主义现代化强国排头兵、先行者的模范作用。特区精神作为中国精神的时代表达和重要内容，其重要作用日益凸显。因此，我们要深入探讨特区精神的特征，并将其自觉地融入全面深化改革开放和社会主义现代化建设的过程中，助力早日实现中华民族伟大复兴的中国梦！

一、赓续红色精神血脉

特区精神最根本的内在动力源自于中华民族的红色精神血脉，以爱国主义为核心的民族精神、艰苦奋斗精神及勇于攀登精神，都对经济特区的精神内核构成具有深远的影响作用。可以说，如果没有透射出革命先驱红色精神的特区精神，那么在时代与改革的浪潮中是站不住脚的，更是根基不稳、容易受到波动与冲击的。井冈山精神、长征精神、延安精神、西柏坡精神、雷锋精神、大庆精神、红旗渠精神、载人航天精神、抗震救灾精神等，都是中华儿女不怕牺牲、敢于奋斗的真实写照，都是党和人民伟大创造精神的生动体现①。深圳、珠海、汕头、厦门和海南经济特区不负人民期盼，贯彻并丰富特区精神内涵，彰显红色精神革命力量。

（一）特区精神饱含中华民族爱国主义精神血脉

新时代需要民族精神的支撑，伟大的爱国主义精神铸就了不平凡的特区故事。中华民族爱国主义精神，自始至终贯穿于经济特区建设与发展全过程，并作为精神力量一以贯之地在全力推动实现"两个一百年"奋斗目标中发挥重要的精神引领作用。2013年5月，习近平总书记在接受拉美三国媒体联合采访时的答问中强调："实现中国梦，必须弘扬中国精神。用以爱国主义为核心的民族精神和以改革创新为核心的时代精神振奋起全民族的'精气神'。"②"敢闯敢试、敢为人先、埋头苦干"的特区精神，从另一个角度来说，是敢于为国家事业担当、为社会主义建设奋斗的爱国主义"精气神"的重要体现，也增强了将以爱国主义为核心的民族精神融入特区建设过程的决心。

---

① 马云志：《坚定中国特色社会主义的"四个自信"》，人民出版社，2017，第192页。
② 中共中央文献研究室编《习近平关于实现中华民族伟大复兴的中国梦论述摘编》，中央文献出版社，2013，第39页。

深圳经济特区作为我国在率先建设经济特区时的第一个重要试验地，不负众望，一次又一次地高效率完成中央对深圳地区发展的目标要求。回望过去，深圳从东南沿海的边陲小镇，到邓小平提出改革开放、推动深圳的建设发展，再到如今经济繁荣的特区城市，每一步都承载着为国家贡献智慧和力量的特区精神。1992年，邓小平在视察武昌、深圳、珠海、上海等地的谈话中再次对深圳建成经济特区的成就表示高度赞同，他深情地指出："一九八四年我来过广东。当时，农村改革搞了几年，城市改革刚开始，经济特区才起步。八年过去了，这次来看，深圳、珠海特区和其他一些地方，发展得这么快，我没有想到。"①深圳的建设速度之快，不仅让改革开放"总设计师"邓小平感到十分惊喜，同时，深圳速度也充分说明，深圳经济特区以身示范，承担起第一个中国特色社会主义经济特区的责任与担当，为我国经济社会发展贡献新动能、呈现新面貌。特区精神代表着深圳年轻有为的精神面貌，更代表着我国改革开放以来精神文明的重要成果。我们把特区精神看作一个"窗口"，全世界都可以透过这个"窗口"，洞察中国宝贵的改革开放经验，吸收借鉴深圳崛起的成果经验，"某种意义上说，整个世界关注中国的崛起，往往以深圳作为中华复兴的缩影，因为改革开放以来，深圳就是我国改革开放的排头兵和象征。人们通过观察深圳来观察中国，而最能代表深圳价值的就是深圳观念。"②可以说，浓厚的爱国主义精神赋予了深圳这座年轻的城市以更加强劲的精神动力，去探索适合深圳经济特区发展的改革之路。深圳经济特区为谁而不断脱颖而出，又为谁而不断加快建设，一切问题都能在每个深圳特区人的心中找到答案。深圳特区人以饱满的爱国主义热情丰富特区精神，并弘扬和践行爱国主义精神。2019年，为庆祝新中国成立70周年，深圳特区为市民精心准备了以"我爱你，中国"为主题的爱国主义国庆灯光秀。震撼人心的灯光秀再次点燃了每位特区人心中的爱国热情，超百万人次的深圳人驻足欣赏，"自豪""骄傲""幸福""国泰民安"等关键词频频出现在深圳人此刻的心中。

曾被世界誉为"中国最具幸福感城市"的珠海经济特区，是广东三大经济特区之一，也是粤港澳大湾区建设重点城市之一。珠海人民齐心协力，为祖国

---

① 邓小平：《邓小平文选》第3卷，人民出版社，1993，第370页。
② 王京生：《深圳十大观念》，深圳报业集团出版社，2011，第9页。

图3-1 2019年，深圳庆祝新中国成立70周年国庆灯光秀

贡献"珠海力量"。珠海在成为经济特区之前，存在着"资金短缺、人才短缺、技术短缺"[1]和产业结构失调等原始缺陷。珠海经济特区创办后，特区人民在党中央支持下，以决胜经济特区建设的决心和敢于担当的特区精神，将珠海建设成为今天充满生机和活力的珠海经济特区。一路走来可谓披荆斩棘，并在一路摸爬滚打的特区建设道路探索中找到方向，牢牢把握特区精神要旨，宽容挫折，愈挫愈勇。"在中央和省的直接领导下，珠海经济特区历届领导班子同特区建设者们一起，通过艰苦地、不屈不挠地奋斗，使特区建设取得了一定的成绩，同创办特区以前相比较，变化是巨大的"[2]。在珠海经济特区，珠海人民牢记国家给予特区定位的重要任务，感激邓小平对珠海建设经济特区的倾心关注，更十分珍惜建设珠海经济特区这样来之不易的机遇。从实现科技产业到发展沿海旅游业，他们以实干创造经济特区新图景，以高效推动经济特区的全方位发展。珠海经济特区怀揣着一颗为祖国探路、以自身实践建设中国的赤子之心，传承红色精神的爱国主义血脉，面对建设中的困难不放弃不服输，凭

---

① 张振立：《走进珠海——面向新世纪的思考》，中共中央党校出版社，1998，第20页。

② 《广东经济特区十年》编辑委员会：《广东经济特区十年》，广东科技出版社，1990，第120页。

着珠海敢闯敢试的一股特区精神冲劲，不断创造珠海经济特区的改革开放奇迹。可以说，自1980年珠海成为第二个中国特色社会主义经济特区后，从建设美丽珠海开始，这个山清水秀的海滨城市，用汗水点燃每位珠海特区人的雄心壮志，用实际行动书写珠海经济特区的光辉故事。

在中国创办经济特区，实践证明这是一条正确的道路，邓小平充分肯定了经济特区的建设成就。此时，广东第三个经济特区——汕头经济特区，接下了历史和人民传递的接力棒，把爱国主义精神汇聚在特区精神内核中，以高效的特区实践创造了属于汕头的一个又一个奇迹。"创办经济特区，打破以往的格局，闯出一条踏实而繁荣的路子，对汕头来说是前所未有的事情。"①对于汕头经济特区来说，是党和国家的厚望激励着汕头以特区精神内涵加强特区实践，一步一个脚印地引领汕头走向越来越美好幸福的明天。

邓小平和党中央关于深圳等经济特区建设的决策，大大振奋了汕头特区建设者。他们以饱满的爱国热情和积极向上、勇于挑战的决心，完成了中央给予汕头建设经济特区的重大使命。"中共汕头市委紧紧抓住这一有利机遇，带领

图3-2　汕头经济特区地标雕塑——"升腾"

---

① 杜经国、黄兰淮：《艰辛的崛起——汕头特区创业十年》，汕头大学出版社，1996，第16页。

全体党员、干部和群众，在邓小平讲话精神指引下，大大加快了汕头经济特区发展步伐。这一时期汕头经济特区按照中央的指示，致力于发展以工业为主，工贸结合的综合性、外向型经济，是汕头经济特区由出口加工区向综合性、外向型经济特区发展的重要阶段。"[1]可以说，汕头特区人正是在党中央的领导下，不负众望，以坚定的决心推动经济特区建设，以奋发图强的精神为汕头经济特区发展踏出坚实的每一步。汕头经济特区作为"华侨之乡"，没有忘记祖国给予汕头的建设任务，特区人始终牢记党中央对汕头的殷切叮嘱"一定得办好汕头特色的经济特区"。汕头充分结合自身特色和优势，不走经济特区建设寻常路，"将独具优势的'侨'字和'特'字更紧密结合起来，利用侨胞强大的人脉商脉、雄厚资本和发达的商业网络，构建凝聚侨资侨力侨智的创新平台"[2]。可见，汕头在建设经济特区过程中，以改革创新的精神和智慧推动特区建设，凝魂聚气。汕头特区人珍惜为国家建设中国特色社会主义经济特区的分分秒秒，向全国人民展现了汕头经济特区昂扬向上的精气神和牢记使命的赤胆忠心。

厦门经济特区自改革开放后，在中国大地上写下了一页页精彩绝伦的特区故事，并把爱国主义精神融入特区精神涵养之中，以厦门发展建设为目标，在新时代推动中国道路在特区经验上的具体实践。经济特区政策把厦门这个东南沿海重要中心城市的生产力和发展后劲带动起来。1984年，邓小平在视察广东、福建、上海等地回京后同几位中央负责领导同志谈话中，提出对厦门经济特区建设指导意见，他指出："厦门特区地方划得太小，要把整个厦门岛搞成特区。这样就能吸收大批华侨资金、港台资金，许多外国人也会来投资，而且可以把周围地区带动起来，使整个福建省的经济活跃起来。厦门特区不叫自由港，但可以实行自由港的某些政策，这在国际上是有先例的。只要资金可以自由出入，外商就会来投资。我看这不会失败，肯定益处很大。"[3]这是邓小平对厦门建设经济特区的殷切叮嘱，更成为此后厦门在特区城市建设中的主要发展

---

① 中共汕头市委党史研究室：《中国经济特区的建立与发展(汕头卷)》，中共党史出版社，1996，第5页。

② 陈松洲：《汕头在21世纪海丝建设中的机遇与挑战》，《汕头日报》2018年9月17日，第A2版。

③ 邓小平：《邓小平文选》第3卷，人民出版社，1993，第52页。

方向，那就是对外开放，坚定不移地实行对外开放政策，通过厦门经济特区带动中华优秀文化走向世界。"1984 年 5 月 4 日，国务院关于厦门经济特区实施方案的批复指出，'厦门经济特区扩大到全岛，实行自由港的某些政策，是为了发展我国东南部的经济，特别是加强对台工作，促进祖国统一大业而作出的重大部署。'这十分明确地表明了中央设立厦门经济特区的战略意图。从此，厦门经济特区的建设者便背负起这历史赋予的神圣而艰巨的使命"①。两岸和平统一是中国台湾和大陆两岸人民的共同心愿，作为厦门经济特区来说，发挥特区优势，吸引更多台胞来厦门感受特区生活，更是厦门对祖国庄严承诺的郑重履行，是积极响应时代与人民呼声的爱国主义体现。

五星红旗永远飘扬在每位海南特区人的心中。为了向新中国成立 70 周年献礼，海南推出纪实微电影《老旗手》，讲述了"文昌市厚禄村一位老旗手和三位原天安门国旗护卫队退伍老兵的故事"②，厚植爱国主义情怀，向每一位海南人传递红色正能量。正是因为心怀祖国、热血激昂，海南厚禄村村民用庄严凝重的升旗仪式积极开展爱国主义教育，以表达海南人对祖国的感恩之情，激发爱国情怀，传递红色正能量。回首过去，自海南建立经济特区以来，海南充分发挥环岛地理位置优势，大力发展第三产业，"来海南旅游，享受中国别样热带风情"成为海南经济特区独特的标签。海南人牢记邓小平开发海南的决心和叮嘱，争分夺秒利用好时代赋予海南改革创新的每个机遇。回顾海南经济特区建设历史，"中央 1983 年开发海南的决策和邓小平 1984 年 2 月 24 日关于开发海南岛的重要讲话，给海南带来了一派盎然生机和活力。富有开拓进取精神的雷宇等海南行政区主要领导抓住这一机遇，带领海南广大干部和群众，解放思想，利用中央给予海南的对外开放优惠政策，积极开展对外经济贸易活动，大规模展开海南历史上前所未有的开发建设，开创了海南开发建设的第一个'黄金时期'"③。可以说，海南经济特区成功地把改革创新的特区精神贯穿到爱国主义事业建设中去。无论是紧跟时代变化奋勇向前、勇闯改革开放试验

---

① 苏东斌：《中国经济特区史略》，广东经济出版社，2001，第 321 页。

② 张婉茜：《海南日报镜工坊纪实微电影〈老旗手〉直抵人心："每一个爱国动作，都是标准的"》，《海南日报》2019 年 9 月 29 日，第 04 版。

③ 同①书，第 403 页。

地，还是把海南特区精神面貌通过第三产业展示给世界各地来海南的旅游者，海南人都把爱国主义精神具体落实到每一个丰富的实践中去，时刻不忘特区使命，爱国主义精神历久弥新。

（二）特区精神传承中华民族艰苦奋斗精神血脉

深圳、珠海、汕头、厦门和海南凝聚各具特色的特区精神，发扬艰苦奋斗、坚韧不拔的红色精神，传承红色精神血脉，在新时代的起点上创新和发展特区实践，用汗水书写属于中国的特区故事。

一路走来，中华民族自强不息、艰苦奋斗的红色精神深深影响了一代又一代国人。习近平总书记在广东考察时的谈话中指出："中华民族有着不屈不挠、生生不息、顽强奋斗的精神。特别是近现代以来，一代又一代仁人志士为了改变半殖民地半封建社会的地位，为了追求民族独立和人民解放，不惜流血牺牲，靠的就是一种信仰，为的就是一个理想。尽管他们也知道，自己追求的理想并不会在自己手中实现，但他们坚信，一代又一代人持续努力，一代又一代人为此作出牺牲，崇高的理想就一定能实现。"①正是因为中华民族以顽强的意志跨过了一个又一个低谷，以坚韧的精神力量闯过了一个又一个难关，今天的中国才具有如此大的影响力、创造力。经济特区建设是中国在改革开放后的成功经验，其特区精神一直鼓舞着每个特区人不负韶华，以艰苦奋斗的红色精神勉励前行。

深圳作为我国改革开放后建设的第一个经济特区，担负着历史和实践的责任。"1979年4月，邓小平以他那特有的惊人的胆略与非凡的智慧一锤定音：'在你们广东找出一块地方来，搞他一个特区。过去陕甘宁边区就是特区。中央没有钱，你们自己搞，要杀出一条血路来。'"②落后的沿海城市深圳在当时资金薄弱、资源稀缺、环境恶劣的情形下，正是靠着这样一股顽强奋斗和"一定要杀出一条血路来"的决心和毅力，敢闯敢试，一步步展现了经济繁荣、社

---

① 中共中央文献研究室编《习近平关于实现中华民族伟大复兴的中国梦论述摘编》，中央文献出版社，2013，第33页。
② 苏东斌：《中国经济特区史略》，广东经济出版社，2001，第3页。

会安定、三大产业均衡发展的特区面貌。走进新时代后，2019年8月，中共中央、国务院发布《关于支持深圳建设中国特色社会主义先行示范区的意见》，提出：到2025年，深圳建成现代化国际化创新城市；到2035年，成为我国建设社会主义现代化强国的城市范例；到本世纪中叶，成为竞争力、创新力、影响力卓著的全球标杆城市。在庆祝深圳经济特区建立40周年大会上，习近平总书记对深圳经济特区顽强拼搏的特区精神表示赞赏，"深圳广大干部群众披荆斩棘、埋头苦干，用40年时间走过了国外一些国际化大都市上百年走完的历程。这是中国人民创造的世界发展史上的一个奇迹。"①深圳建设成为首个中国特色社会主义先行示范区，除了深圳本身拥有较强的特区建设经验之外，还有乘风破浪、锲而不舍的特区精神特质的积极影响，在粤港澳大湾区和中国特色社会主义先行示范区"双区驱动"下，深圳经济特区将以更快的速度、更高质量的特区探索，完成党中央和人民给予深圳的历史使命。

海南经济特区，是我国经济特区中唯一的省级特区，也是所有特区中面积最大、最"年轻"的经济特区。它在发展的初期吃过不少"苦头"：缺乏产业支撑，生产力后劲薄弱，人才资源稀缺，制度建设不完善，等等。当时这让不少人产生怀疑，究竟海南经济特区实践到底能不能成功？事实证明，海南经济特区建设不仅是成功的，更是值得骄傲和借鉴的，这是因为勤劳的海南特区人在探索的路上找到了海南作为经济特区的优势。经济特区建成后，海南在经济上生产总值和对外经济呈加速上升趋势，推动科学技术和教育事业的优先发展，发挥第三产业旅游业的先锋作用。海南省委以发扬党的艰苦奋斗精神为契机，鼓励和推动全省党员、干部发挥先锋模范作用，努力带领全省人民形成勤俭节约、刻苦努力的精神文明风尚。海南经济特区"加强和改进党员干部生活作风建设，坚持艰苦奋斗，还体现在发扬不畏艰难、奋力拼搏、克己奉公、甘于奉献的创业精神上，海南经济特区要求党员干部要吃苦在前、享受在后，带领群众创造美好生活"②。可以说，海南经济特区虽然是所有经济特区中建设时间最晚、经验最少的，但其饱含艰苦奋斗、团结一致特质的特区精神仍然推动

---

① 习近平：《在深圳经济特区建立40周年庆祝大会上的讲话》，《人民日报》2020年10月15日，第02版。

② 周洪晋：《海南经济特区20年（党建卷）》，南海出版公司，2008，第128页。

着海南经济特区不断发展进步，传承红色精神血脉，推动海南经济特区探索成长。

二、解放思想开拓进取的胆识和勇气

1978年12月13日，邓小平同志在中央工作会议闭幕会上发表重要讲话，他指出："解放思想，开动脑筋，实事求是，团结一致向前看，首先是解放思想。只有思想解放了，我们才能正确地以马列主义、毛泽东思想为指导，解决过去遗留的问题，解决新出现的一系列问题"①。在经济特区建设之初，中央明确号召经济特区"要大胆探索，勇于创新，突破影响生产力发展的体制性障碍"，这些既需要智慧和胸怀，更需要勇气和胆识②。此后，改革开放浪潮推动经济特区建设，深圳、珠海、汕头、厦门和海南经济特区将敢闯敢试、改革创新、埋头苦干、勇立潮头的开拓进取精神贯穿到特区实践中，以开放的胸怀勇于迎接建设中的挑战，发挥特区优势，以开拓进取的魄力和胆识带领特区人民用双手创造幸福生活。

（一）认准目标，奋力向前

特区精神是经济特区建设以来的精神文明成果，是展现特区面貌的镜子，也是推动特区人民加强经济特区建设的重要精神引擎。深圳、珠海、汕头、厦门和海南经济特区正是在特区精神的引领下，找准特区定位目标，开拓进取、有勇有谋，把特区建设和国家发展目标相结合，以特区实践带动改革开放理论新探索，解放思想、与时俱进。

1984年2月，邓小平在视察福建后为厦门特区题词"把经济特区办得更快些更好些"。这大大激发了厦门特区人加快特区建设的决心和积极性，每个厦

---

① 邓小平：《邓小平文选》第2卷，人民出版社，1994，第141页。
② 苏东斌：《中国经济特区史略》，广东经济出版社，2001，第17页。

门人心中都充满着对厦门建设和发展的憧憬。邓小平还指出："要使整个福建省的经济活跃起来，厦门特区不叫自由港，但可以实行自由港的某些政策"①。这给厦门经济特区一个重要的目标指引，那就是把厦门经济特区定位成城市综合竞争力强、开放创新、加强外贸合作的特区港口城市。1985年6月，国务院正式批准厦门特区制定扩大特区的实施方案，要求"厦门经济特区应当建设成为以工业为主兼营旅游、商业、房地产的综合性、外向型的经济特区，并加强同福建省和内地的经济联系与技术协作，充分发挥'窗口'作用"②。此外，解决台湾问题，实现祖国完全统一，是中华儿女的共同心愿。厦门经济特区承担了历史重任，在经济特区建设与发展过程中不断为台湾与祖国大陆统一做好充分准备，以实际行动推动两岸关系发展，做好经济特区在中国经济社会发展中的示范作用，展现中国大陆经济特区的独特魅力。厦门与台湾隔海相望，优越的地理位置使厦门发挥着重要的两岸关系联通作用，这是厦门作为经济特区的定位。"1987年底，厦门经济特区加强对台工作，成立了对台工作领导小组，开展了吸引台资的工作。1988年，厦门市里又提出了'以港引台，以侨引台，以台引台'的方针，充分发挥香港和海外华侨的中介作用"③。厦门"开放包容、海纳百川"的胸襟和情怀吸引广大爱国华侨前来厦门生活，共同建设美丽的厦门经济特区。厦门经济特区在争创"先行先试"的道路上也做出不少努力，例如第一个采用由地方政府集资、外国政府贷款的模式建设机场，这在中国改革开放史上可谓绝无仅有。这说明，厦门经济特区以创新发展的眼光充分运用国内国外两种资源，以实践的动力和敢于创新的魄力探索出现代化新路。国内有些学者对厦门经济特区的目标定位展望道："在未来的发展中，厦门应当通过深化改革开放进一步激发活力动力，充分挖掘和发挥自身的区位地缘优势、人文历史纽带优势、政策倾斜优势及与海上丝绸之路沿线国家产业互补优势等多重优势，推进'美丽中国典范城市'和'展现中国梦的样板

---

① 中共中央文献研究室：《邓小平同志论改革开放》，人民出版社，1989，第76页。
② 钟坚、郭茂佳、钟若愚：《中国经济特区文献资料》第1辑，社会科学文献出版社，2010，第139页。
③ 罗木生：《中国经济特区发展史稿》，广东人民出版社，1999，第188页。

城市'"①。这无疑是对厦门经济特区发展态势的充分肯定。

海南是最大的省级经济特区，也是发展潜力较好的特之一。"海南省的面积相当于深圳、珠海、汕头、厦门等四个经济特区面积总和的65倍左右，人口相当于四个经济特区总人口的三四倍"②。海南经济特区充分运用本地丰富的自然资源，加快一步发展农业、工业与旅游业，不断推动海南产业升级和转化，更好地适应时代需求和历史变革。在海南经济特区建设初期，"要怎样建设一个开放包容的海南经济特区"成为摆在每个海南人眼前的重要现实问题。"1987年12月8—11日，受党中央、国务院委托，国务委员谷牧在海口举行了关于海南岛进一步对外开放加快经济开发建设的座谈会，会后形成的《座谈会纪要》上报国务院，并建议海南从12个方面入手，进一步扩大开放"③。正是因为海南经济特区找到了自己的建设目标，海南人才得以贯彻解放思想、开拓创新精神，奋力向前，在新时代展现"自信、开放"的海南特区精神面貌。海南经济特区在对特区经验的探索中，逐步形成自己的目标规划，"建省伊始，海南就制定了经济发展战略，总的目标是：坚持改革、开放促开发的方针，实行社会主义的有指导的市场经济，最终建成以工业为主导，工农贸旅并举，三大产业协调发展的、外向型的、综合性的经济特区，力争以20年左右的时间，达到人均国民生产总值2000美元以上，赶上或超过国内最发达地区的水平"④。三十年风雨兼程，三十年砥砺前行，海南经济特区以坚定的目标导向，实实在在、踏踏实实地完成好每一阶段的经济特区奋斗目标。2013年，习近平总书记在考察海南经济特区时，目睹海南创办经济特区后迅猛的进步与变化，感到十分高兴。他对海南经济特区发展目标提出新的展望，即"海南作为全国最大经济特区，后发优势多，发展潜力大，要以国际旅游岛建设为总抓手，闯出一条跨越式发展的路子来，争创中国特色社会主义实践范例，谱写美丽中国海南篇章"。海南经济特区把建成国际旅游岛作为未来发展的重要目标，解放思想、真抓实干。海南旅游业的发展大大促进了国际贸易往来，

---

① 黄平等：《"一带一路"倡议下厦门全方位对外开放策略与路径》，社会科学文献出版社，2016，第49—50页。

② 张德修：《对外开放实用百科》，北京大学出版社，1995，第48页。

③ 项松林：《中国对外开放40年》，河北人民出版社，2019，第104页。

④ 陈文灿、金晓斌：《中国经济特区研究》，复旦大学出版社，1996，第69页。

"加速了人的流动，人的流动又促进了物资流动、信息流动、资金流动、商品流动和文化交流，全方位地带动和促进了海南特区其他产业的发展与繁荣。"[1]中国特色社会主义进入新时代，海南经济特区在改革上有着更大的驱动力和进展，海南建立更加开放的市场体系，进行制度建设，充分运用外资自主权、进出口贸易政策和税收优惠政策等举措。在新时代的召唤下，海南将进一步建设成为勇往直前、活力四射的经济特区。

图3-3　海南经济特区琼海潭门港，来往的船只络绎不绝

厦门和海南经济特区的经验对于我国改革开放和社会主义现代化建设来说十分宝贵，也为经济特区究竟应如何发展提供了一些新时代的思路。在经济特区建设以前，由于长期固化的传统思想观念的影响，不少人对在我国试办经济特区的可行性产生质疑，许多人对"解放思想是否等于抛弃原有的社会主义制度""开放港口是否等于允许外国人在中国大地上进行完全自由、不受约束的贸易"等疑惑感到深深不解。在这种情况下，邓小平再次强调，"改革是中国发展生产力的必由之路"，"中国的大门只会越开越大"。这在当时无疑是最强有力的"镇静剂"。习近平总书记也表示，欢迎外国朋友多到中国各地走走看看。可见，在新时代的推动下，我国改革开放进程呈现越来越好的态势，经济特区的成功实践更是向外界传达了一个重要讯息，即我国深圳、珠海、汕头、

---

[1]　于杰：《打破天荒：建立海南经济特区与洋浦风波》，吉林出版集团，2010，第103-104页。

厦门和海南经济特区发展将会越来越好。随着时间的推移，将会更加证明，我们创办经济特区不仅有益于中国经济发展，也对世界发展有利。

（二）敢为人先、独树一帜的敢闯精神，书写经济特区新篇章

敢闯敢试、敢为人先、埋头苦干的特区精神，一直激励着我国经济特区的全方位发展。改革开放四十多年来，深圳、珠海、汕头、厦门和海南经济特区以敢为天下先的敢闯精神，不断丰富和完善中国特色社会主义理论成功实践。坚持先行先试，以卓越的特区发展成果展现了我国经济特区创办是可行可鉴的，在成为"试验田""排头兵"的先进示范道路上越走越远。坚持创新思维，冲破固有的思维藩篱，是经济特区所应有的特性。2000年，江泽民同志在深圳经济特区成立20周年庆祝大会上的讲话中就突出"创新"主题。所以，在改革时代中国人的头脑中，经济特区已被赋予了一种特别的含义，即"创新""试验""敢闯"等①。深圳特区的独树一帜精神得以让深圳继续走创新发展道路，探索改革开放实践。

深圳经济特区在成为"以天下为先"的示范地以前，也收到不少来自国内外朋友的不同看法。1985年8月，邓小平在会见日本公明党第十三次访华代表团时的谈话中，对特区经济转向、深圳建立经济特区的初期发展态势有了许多新的见解，他说："我们特区的经济从内向转到外向，现在还是刚起步，所以能出口的好的产品还不多。只要深圳没有做到这一步，它的关就还没有过，还不能证明它的发展是很健康的。不过，听说这方面有了一点进步。"②可见，在经济特区创办之初，虽然深圳在发展上仍有许多不够完善的地方，但是经济特区的创立也给了深圳"先行先试""敢闯敢当"的特殊使命和定位。在深圳率先成为中国特色社会主义经济特区的背后，也寄托着邓小平对深圳经济特区"突出重围"、冲破一切封闭思想禁锢、破除一切阻碍发展藩篱的殷切期望。1987年6月，邓小平在会见南斯拉夫友人谈话中强调，"总之，几年的实践证明，我们搞改革、开放的路子是走对了。虽然每一个领域都还有不少问题，但

---

① 朱德米：《经济特区与中国政治发展》，重庆出版社，2005，第273页。

② 邓小平：《邓小平文选》第3卷，人民出版社，1993，第133页。

是不难逐步解决。所以，我们改革、开放的政策不可能放弃，甚至于不可能放慢。现在快、慢也是议论的问题之一，因为改革、开放是有风险的。要讲究稳妥，但稳妥变成停滞不前就坏了。最近我们中央在考虑，在总结经验的基础上，加快一点改革、开放的步子。这是我讲的经济体制改革。"①可以说，深圳经济特区把改革开放实践推向新的高潮，在探索经济特区发展过程中高效、高速、高质量地完成时代和历史给予深圳的每一项任务。改革创新还在不断发展和推进，邓小平对"深圳速度""深圳改革创新"的充分肯定，也证明了深圳经济特区的发展实力和潜质都是值得期待的，深圳将在与时俱进、开拓创新发展中创造更多奇迹。

深圳作为我国经济体制改革的重要"窗口"和试验地，率先突破传统思维的框框，摒弃"在中国搞市场经济就等于搞资本主义制度"的错误认识，积极推动和坚持"以市场为主导"的社会主义市场经济体制，"这些'以市场为取向'的改革冲破了计划经济体制的束缚，明确了以市场调节为主的改革方向，资源配置的方式发生了重大变化，从而使长期被排斥的市场机制在经济特区建设中发挥了巨大的作用"②。深圳经济特区以敢闯敢试、敢为人先、埋头苦干

图3-4　深圳蛇口工业区的标语展现了"深圳速度"精神风貌

---

① 邓小平：《邓小平文选》第3卷，人民出版社，1993，第240页。

② 深圳经济特区研究会：《深圳经济特区改革开放专题史》，海天出版社，2010，第85页。

的特区精神，率先全面推动市场经济改革，发展外向型经济，推动高新技术产业发展，自主创新能力在全国首屈一指。

2019年8月，《中共中央 国务院关于支持深圳建设中国特色社会主义先行示范区的意见》发布，中央对深圳经济特区在新的战略地位构架上寄予深切的期望。第一，高质量发展高地。深化供给侧结构性改革，实施创新驱动发展战略，建设现代化经济体系，在构建高质量发展的体制机制上走在全国前列。第二，法治城市示范。全面提升法治建设水平，用法治规范政府和市场边界，营造稳定公平透明、可预期的国际一流法治化营商环境。第三，城市文明典范。践行社会主义核心价值观，构建高水平的公共文化服务体系和现代文化产业体系，成为新时代举旗帜、聚民心、育新人、兴文化、展形象的引领者。第四，民生幸福标杆。构建优质均衡的公共服务体系，建成全覆盖可持续的社会保障体系，实现幼有善育、学有优教、劳有厚德、病有良医、老有颐养、住有宜居、弱有众扶。第五，可持续发展先锋。牢固树立和践行绿水青山就是金山银山的理念，打造安全高效的生产空间、舒适宜居的生活空间、碧水蓝天的生态空间。提出深圳经济特区发展目标是，"到2025年，深圳经济实力、发展质量跻身全球城市前列，研发投入强度、产业创新能力世界一流，文化软实力大幅提升，公共服务水平和生态环境质量达到国际先进水平，建成现代化国际化创新型城市。到2035年，深圳高质量发展成为全国典范，城市综合经济竞争力世界领先，建成具有全球影响力的创新创业创意之都，成为我国建设社会主义现代化强国的城市范例。到本世纪中叶，深圳以更加昂扬的姿态屹立于世界先进城市之林，成为竞争力、创新力、影响力卓著的全球标杆城市"①。

深圳经济特区作为我国改革开放的重要"窗口"，在中国特色社会主义步入新时代的时代召唤下，再次扛起继续深入推动改革开放的大旗，以先行示范区的全新定位在改革开放道路上解放思想、先行先试，为更好地促进粤港澳大湾区发展，实现高质量的粤港澳大湾区和中国特色社会主义先行示范区"双区联动"效应，在率先探索中国特色社会主义现代化道路上不断推陈出新，凝聚改革创新、永立潮头的开拓精神，丰富和拓展经济特区实践。

---

① 《中共中央 国务院关于支持深圳建设中国特色社会主义先行示范区的意见》，人民出版社，2019，第3-4页。

三、以人民为中心的理念

经济特区在创立与发展过程中，紧紧围绕"为人民服务"的实践理念。其特区精神也充分展现出尊重和保护人民，以维护人民的根本利益为出发点和落脚点，充分发挥人民的首创精神，努力践行人民对经济特区发展目标的具体要求。

深圳经济特区着重把握人民的主体性，在实现深圳人安居乐业、人才引进政策上推出许多新举措，惠民政策深入人心。2010年，胡锦涛在深圳经济特区建立30周年庆祝大会上的讲话中指出，经济特区要把人民的希冀提升到战略目标上来，强调经济特区要"加快以改善民生为重点的社会建设，调整国民收入分配结构，增加城乡居民收入，加强和改善公共服务，加快构建覆盖全体居民的终身教育体系、就业服务体系、社会保障体系、医疗保障体系、住房保障体系，努力满足人民群众在教育、劳动就业、社会保障、医药卫生、住房等方面的基本需求，促进社会公平正义"①。深圳经济特区更是把人民的期望化为实际行动，贯彻务实高效的深圳特区精神。首先在精神文明建设上充分考虑民意，提升人民的综合素质。深圳市委把精神文明建设提上日程，提出"开拓、创新、团结、奉献"作为特区人民的行动准则和共同发扬的精神，开展当文明市民、创文明单位、建设文明深圳的活动，努力提升人民道德水平和文化素养。其次，深圳特区人团结一致，共同为深圳特区建设贡献力量，"深圳特区的改革开放试验是全体深圳人的事业，是全国人民的事业。建设深圳经济特区，不仅是为了深圳自身的发展，而且更根本的目的是为中国的发展闯出一条路子"②。可以说，特区精神敢闯敢试、积极进取的核心内涵，不仅是深圳经济特区建设以来的重要精神成果，也是每个深圳人的思想精髓。一个个深圳人在这片大地上以开放的胸怀容纳和接受来自五湖四海的特区建设者，是他们用

---

① 胡锦涛：《胡锦涛文选》第3卷，人民出版社，2016，第429–430页。
② 厉有为、邵汉青：《深圳经济特区的探索之路》，广东人民出版社，1995，第232页。

团结的力量，双手创造出深圳特区的宏伟图景。再次，深圳市委凝聚民心，鼓励人民积极投身于为特区建设作贡献的社会服务中，"大力表彰先进典型，运用多种形式使具有开拓和创新精神的企业家和其他行业的模范人物，具有奉献精神的市民，在深圳家喻户晓、人人皆知。"①深圳特区把特区人的积极性调动起来，鼓励人民为特区建设贡献自己的一份力量。

1984年，邓小平视察珠海，目睹了珠海自试办经济特区以来人民生活美好幸福、人人安居乐业的景象，欣然为珠海经济特区题词"珠海经济特区好"，勉励珠海人以更饱满的热情和实践完成党中央交给珠海经济特区的每项改革开放任务。1992年，邓小平在武昌、深圳、珠海、上海等地的谈话要点中，对广东的经济特区发展态势十分认可，指出："一九八四年我来过广东。当时，农村改革搞了几年，城市改革刚开始，经济特区才起步。八年过去了，这次来看，深圳、珠海特区和其他一些地方，发展得这么快，我没有想到。看了以后，信心增加了。"②在珠海人民的不断建设中，珠海经济特区越办越好，取得了许多可喜的成绩，这些都是珠海人齐心协力、接续奋斗的结果。"珠海人民将不满足于过去取得的成绩，着眼未来"，并在经济特区建设初期提出"充分发挥优势，以珠江三角洲经济区发展战略为契机，把珠海建设成为结构合理、经济繁荣、文明富裕、科技进步、环境优美、民主法制健全、人们向往、具有广阔空间和可持续发展的现代化经济区域。或者说，把珠海建设成富有活力的大经济区"③。无论是经济特区建立之初，还是进入新时代后快速发展、经济繁荣的珠海经济特区，都以人民为中心，把人民所想、所愿落到实处。珠海经济特区作为粤港澳大湾区的节点城市、"珠三角"的重点城市之一，毗邻澳门特别行政区，优越的地理位置使珠海经济特区也要有新一轮变革和发展。于是，珠海经济特区加大工作力度，满足人民对美好生活的需求，包括民生问题、基本养老问题、医疗卫生问题等。珠海市委、市政府把"健康珠海"放在优先发展的战略地位，先后制定了《珠海市建设幸福城市行动计划（2017—2020年）》《"健康珠海2030"规划》等政策，全力建设卫生强市，打

① 厉有为、邵汉青：《深圳经济特区的探索之路》，广东人民出版社，1995，第233页。
② 邓小平：《邓小平文选》第3卷，人民出版社，1993，第370页。
③ 梁广大、黄龙云：《跨世纪的珠海发展之路》，广东人民出版社，1998，第300页。

造健康珠海，聚焦"健康+医药产业"，积极促进健康与养老、旅游休闲等产业的融合①。可见，珠海将以人为本的理念贯穿于每项行动政策中去，努力完成好珠海人关心的民生问题和健康问题。珠海拥有"国家级生态示范区""新型花园城市""全国旅游胜地四十佳城市"等国家荣誉称号。这些称号背后所蕴含的，不仅是全体珠海人共同为推动珠海旅游业快速发展、保护珠海生态自然的优秀成果，更是珠海经济特区在人文关怀上所付出的心血。把珠海建设成为环境宜居、生态和谐的旅游特区城市，也让珠海人感受到温暖备至、舒适健康。正是珠海经济特区浓厚的人文情怀，一直吸引着国内外游客前来珠海旅游观光，欣赏珠海经济特区独特的自然美景。"良好的生态环境是珠海的城市名片。2019年1—12月，珠海接待游客总人数4618.21万次，同比增长7.1%。其中旅游业设施接待过夜游客2603.90万人次，增长6.2%。实现旅游总收入541.53亿元，同比增长16.2%。旅游业总收入占GDP比重在大湾区城市中名列前茅，旅游产业在珠海产业结构中占有比较突出的位置"②。珠海经济特区始终把人民的幸福生活摆在重要位置，时刻为人民着想。务实高效的特区精神勉励着珠海经济特区不断前行。

图3-5　珠海经济特区美丽的风景

---

① 祝杰：《健康+旅游：打造"健康中国"横琴样本》，《珠海特区报》2020年5月25日，第08版。
② 同上。

汕头经济特区是著名的华侨之乡，有着众多的汕头本地人、华侨、华裔同胞在汕头生活和就业。把汕头发展起来，不仅是汕头特区人的共同心愿，也是汕头经济特区反映其人文精神的重要体现。在改革开放过程中，汕头经济特区"走出一条有汕头特色、符合汕头实际的发展经济的路子"[①]。这条路子就是发挥侨乡优势，把汕头特区人的积极性调动起来。可以说，"远渡重洋的潮汕人把刻苦耐劳的特性和精湛的生产技术带到侨居地，他们和当地人一起促进侨居国经济的繁荣，对居住国或居住地的民族独立、经济发展、社会进步和文化教育作出了卓越的贡献，从而在侨居国的政治、经济、社会、文化等各个领域占有重要的地位，涌现了一批著名的金融家、企业家和科学家。他们又具有爱国爱乡、热心家乡建设的优良传统"[②]。可以说，汕头经济特区的发展与汕头人的共同努力有着密切的关系，正是特区人以勤劳务实的实干精神带领汕头走向繁荣发展的未来。1984—1987年，在汕头人的共同努力下，汕头经济特区居民生活水平有了很大的提升。"随着本区建设事业的发展，国民收入不断提高，人民生活逐年改善。本区职工人均工资每年平均增长18.4%；城镇居民生活收入每年平均增长23.3%，农村人均纯收入每年平均增长16.29%。此外，公共设施、娱乐场所不断增加，人民群众业余文化生活不断提高"[③]。汕头经济特区时时处处把"以人民为中心"的理念贯穿到精神文明建设细节中去。可以看到，汕头经济特区"依靠人民，也惠及人民"，它需要汕头人齐心协力共同书写属于汕头的精彩画卷，同时汕头特区精神文明成果也把汕头人"敢于拼搏、勤劳务实"的精神面貌充分展现出来。在新时代，汕头经济特区将带领人民创造特区美好生活，在特区建设实践中诠释敢闯敢试、敢为人先、埋头苦干的特区精神内涵。

厦门经济特区与台湾省隔海相望，地理位置优越。厦门经济特区紧紧围绕"为人民服务"这个中心，在解决好厦门特区民生问题的基础上，还在处理台湾问题、实现两岸和平统一上积极作为，帮助台湾同胞更好地通过厦门这个重

---

① 杜松年：《汕头在崛起：改革开放的探索》，中国科学技术出版社，1991，第8页。

② 中共汕头市委党史研究室：《中国经济特区的建立与发展（汕头卷）》，中共党史出版社，1996，第31–32页。

③ 汕头经济特区志编写办公室：《汕头经济特区志》，广东人民出版社，1989，第47页。

要关口了解大陆的积极发展态势。

图3-6　美丽的海滨城市厦门经济特区

　　厦门经济特区在推动大陆与台湾民众沟通交流上付出了许多努力。例如，"1987年11月，台湾当局开放民众赴大陆探亲，大批台胞经厦门前往闽南及祖国各地探亲、旅游、洽谈经贸以及进行科技文化交流，为厦门特区的发展提供了良好的机遇。厦门特区抓住这个有利的时机采取有利的措施，引进台资，促进台湾海峡两岸经济合作关系的发展"①。由于厦门特区人与台湾同胞有着许多相似之处，加之厦门经济特区在社会各方面的快速发展，因此吸引了不少台胞前来厦门体验特区生活，感受特区民生气息。2013年6月，以"两岸同根，闽台一家"为主题的第五届海峡论坛在厦门经济特区举行。海峡论坛突出了厦门经济特区注重基层、关注民生及联系两岸乡情的人文特色，注重面向民间群体、社区协会和基层百姓，并增加许多两岸民众喜闻乐见的系列活动，加强台湾同胞与厦门经济特区的密切关系。厦门经济特区"开放包容、海纳百川"的胸襟和情怀也充分体现在特区人重视台湾同胞的感受，非常欢迎台湾同胞来厦门走一走、看一看。与此同时，厦门经济特区重视人才培养，努力提高人民的科学文化素养，满足厦门人在思想文化建设上的需要。

---

① 郭哲民：《厦门经济特区建设与发展研究》，厦门大学出版社，1995，第58页。

　　海南经济特区的发展速度可谓异常迅猛。改革开放四十多年来，正是勤劳的海南特区人民用双手和汗水创造了海南的经济发展奇迹，"除了海南经济发展总体水平已基本接近全国的平均发展水平，人民的生活水平已达到和超过全国的平均水平以及为社会主义的现代化建设作出巨大贡献之外，还表现为农产品产量的大幅度增长和具有海南特色的工业生产体系的形成"①。依托丰富的自然资源，海南特区人民以务实的态度埋头苦干，使海南展现出前所未有的发展潜质，海南经济特区因为有了敢闯敢试的海南人民而更加熠熠生辉。海南经济特区热情的人文精神，同样吸引着世界各地游客前来海南游玩，感受海南特区独特的魅力。正如习近平总书记在庆祝中国共产党成立95周年大会上的重要讲话中指出："坚持不忘初心、继续前进，就要坚信党的根基在人民、党的力量在人民，坚持一切为了人民、一切依靠人民，充分发挥广大人民群众积极性、主动性、创造性，不断把为人民造福事业推向前进。""全党同志要把人民放在心中最高位置，坚持全心全意为人民服务的根本宗旨，实现好、维护好、发展好最广大人民根本利益，……带领人民创造幸福生活"②。回应人民的呼声，把握人民的主体地位，是新时代坚持"不忘初心、牢记使命"的重要工作所需。以人民为中心的发展思想，也把海南特区人民的积极性调动起来，特区人民在奋斗中有所得、有所获，海南特区也在特区人民的双手中面貌大变、越办越好。"改革开放不断推进的海南，经济社会和人民生活水平不断发展和提高的海南，又是中国改革开放方针政策不变的具体而有力的表现"③，改革开放后的海南经济特区推动海南人民过上更加幸福富足的生活，也使海南人的精神境界得到新的提升。因此，特区实践让海南人民看到了希望，也成就了海南人民。海南人民牢记"努力搞好海南的开放和开发"的深切嘱托，大胆闯出海南经济特区发展的一片天地。每一个去海南走走看看的人，都会不由自主地欣赏和赞叹海南人热情开放、积极开朗的生活态度。这与海南特区人长期以来的不懈努力密不可分，也正是海南经济特区的人本主义情怀让海南人实实在在地过上了丰富多彩的特区生活。

---

① 钟业昌：《海南经济发展研究》，中国科学技术出版社，1991，第34页。
② 习近平：《习近平谈治国理政》第2卷，外文出版社，2017，第40页。
③ 同①书，第50页。

图3-7 自然资源丰富、四面环海的"国际旅游岛"海南经济特区

习近平总书记指出:"人民的需求是多方面的。满足人民日益增长的物质需求,必须抓好经济社会建设,增加社会的物质财富。满足人民日益增长的精神文化需求,必须抓好文化建设,增加社会的精神文化财富。"①改革开放四十多年来,只有又快又好地发展经济特区,践行好丰富多彩的特区精神,积极发挥人民群众的首创精神,才能进一步使中国特色社会主义经济特区理论落地生根发芽。深圳、珠海、汕头、厦门和海南经济特区始终如一地把敢闯敢试、敢为人先、埋头苦干的特区精神内涵贯穿于特区建设实践中,把特区建设和人民幸福紧密结合起来,时时刻刻为了人民,让人民群众有真真切切的获得感,共同为实现中华民族伟大复兴中国梦而不懈奋斗。

四、面向世界的宽阔视野

全面深入改革开放,必须解放思想,以宽阔的视野面向国际之变局,以开放的胸怀拥抱世界各地的机遇与挑战。历史已经证明,封闭必将落后,落后就

---

① 中共中央文献研究室:《习近平关于协调推进"四个全面"战略布局论述摘编》,中央文献出版社,2015,第40页。

会挨打，要想在世界站稳脚跟，就必须以改革开放之魄力，解放思想、与时俱进，紧跟时代和世界的步伐。因此，习近平总书记在党的十八届三中全会上强调指出，要"进一步解放思想、进一步解放和发展社会生产力、进一步解放和增强社会活力"①。这在一定程度上也启迪了深圳、珠海、汕头、厦门和海南经济特区要进一步发扬特区精神，以面向世界的开阔视野高质量地建设经济特区，主动将经济特区发展态势融入国际交流与合作中，开阔新时代新视野。

（一）以更加开放的眼界促进特区经济发展

经济特区要一直"特"下去。这个"特"字，除了经济特区本身所具有的政策特性，放在国际化发展和交流融合的角度来看，深圳、珠海、汕头、厦门和海南五大经济特区的"特"表现在特区精神中，是海纳百川的开放情怀，是勇立潮头的创新精神，也是与时俱进的国际视野。厦门与海南经济特区的国际贸易合作，更进一步彰显了特区经济的发展优势，强化了我国经济特区在世界经济交流中的重要地位。

厦门经济特区建设以来，其对外开放的经济举措也有赖于开放包容、海纳百川的胸襟。被誉为东南国际航运中心的厦门特区，依托沿海的优越地理位置和便利的水运交通发展我国沿海特区经济和对外贸易交流，积极投身于海外贸易实践。例如，"过去的十年，厦门特区在新加坡、美国、（中国）港澳等8个国家和地区办了20家境外企业，在发展对外投资方面迈出了关键性的一步。对外直接投资是主动参与国际经济分工与竞争的有效手段。在第二个十年里，厦门特区要取得外向型发展的重大突破，积极开展对外投资是一项重要内容。"②对于经济特区来说，扩大对外经济交往、主动适应国际化，都需要以更加开放的眼界去促进国内与国外的市场流动。可以说，积极自信的厦门人把开放包容的胸襟带到对外经济贸易中来，把务实高效的工作作风也带到出口贸易、出口企业对外交流中去，"开放自由""诚实守信"成为厦门经济特区对外

---

① 中共中央文献研究室：《习近平关于全面深化改革论述摘编》，中央文献出版社，2014，第16页。

② 郑金沐：《厦门特区发展的理论与实践》，厦门大学出版社，2005，第126页。

经济文化交流的重要名牌。与此同时，厦门经济特区极具吸引力和创造力的特区文化氛围，也吸引了不少前来厦门进行国际贸易的商人。在开放的营商环境下，厦门经济特区的开放自由精神促进了特区经济快速发展，加强了国际贸易往来。此外，开放的视野也推动社会主义市场经济体制不断完善，厦门"统一开放、竞争有序、运转规范的市场体系已基本形成。通过参与国际贸易而形成的观念、制度、产业的综合竞争优势与创新体系，是内地与其他地区不可比拟的，奠定了较好的与外资合作合资的基础"①。国际化浪潮势不可当，主动迎接世界的机遇与挑战，全面扩大开放，在对外合作与交流中大力弘扬特区精神，是厦门经济特区在未来还需更加努力的地方。

说到国际旅游岛，众所周知那便是海南经济特区。它与厦门经济特区在某些方面有相似之处，比如临海，有高效便捷的水运可以发展国际物流和对外贸易，有开放自由的人文环境等。厦门和海南经济特区都展现出开放包容、海纳百川的情怀，以宽阔的眼界欢迎世界各地人民来厦门和海南经济特区游玩。海南经济特区四面环海，其南部邻接菲律宾、文莱和马来西亚，是一个具有地方特色的国际化旅游城市，同样深厚地蕴藏着思想开放的特区特质。海南经济特区以开放的眼界发展对外开放经济，在坚持依法经营的前提下，扩大了企业的进出口经营权及商品进出口经营范围，同时在外汇留成、外汇调剂、税收上政策更加优惠，优惠的政策调动了岛内企业的积极性，也吸引了境外投资和国内众多的兄弟省市的资金，为充分发挥海南的外贸潜力开辟了广阔的前景，而且海南经济特区充分的对外开放格局和与时俱进的发展态势，"外引内联的发展给海南经济特区带来了大量的资金、技术、物资和人才，极大地促进了海南的开发建设和经济发展"②，在新时代更进一步促进了海南经济特区的经济发展，扩大了海南的国际视野。与此同时，"实施'走出去'战略，大力培育海南跨省跨国经营、实力强大的大集团、大公司。积极扶持一些有先进技术和管理经验的热作种植和资源加工等优势企业走出省门、国门，充分利用省外、国外的资源和市场迅速发展壮大，以积极主动的姿态参与国际、国内竞

---

① 王关义：《中国五大经济特区可持续发展战略研究》，经济管理出版社，2004，第178页。
② 中共中央党史研究室第三研究部：《中国沿海城市的对外开放》，中共党史出版社，2007，第72页。

争"①。可以说，若没有如此开阔的胸怀和眼界，海南经济特区也难有今天出彩的成绩。

（二）敢闯敢试、开放包容，推动国际交流合作

深圳、珠海、汕头作为广东三大经济特区，加强外向型经济，以开放包容的情怀加强国际合作与交流，以面向世界的开阔胸怀敢闯敢试、敢为人先。粤港澳大湾区建设，不仅进一步带动了广东的经济特区的经济文化交流，而且使全面开放进程和"一带一路"实践得到继续深化。沿海经济特区要加大对外交流力度，深入推动改革开放和现代化建设进程，以实践带动经济特区走向国际化。

2020年8月26日，是深圳成为我国第一个经济特区40周年纪念日。深圳从改革开放之前的边陲小镇，到率先成为经济特区试验地，再到今天的中国特色社会主义先行示范区，四十载风雨兼程让深圳经济特区在新时代焕发全新活

图3-8　中国（广东）自由贸易试验区深圳前海蛇口片区

---

① 国章成：《论证海南发展》，经济科学出版社，2007，第194页。

力。中国（广东）自由贸易试验区深圳前海蛇口片区以敢闯敢试、敢为人先、埋头苦干的特区精神鼓舞着深圳人继续深化全面改革开放，以全球化视野开拓特区经济实力，继而发挥深圳开拓创新的城市魅力。

1992年邓小平在南方谈话中明确指出"特区姓'社'，不姓'资'"，称赞"深圳的重要经验就是敢闯"，并鼓励、要求深圳抓住时机"搞快一点"。邓小平的南方谈话，极大地鼓舞了深圳特区进一步对外开放的信心和勇气，深圳经济特区对外开放进入了新阶段[1]。由此，深圳经济特区秉持着一股有勇有谋、"先行先试"精神，加快国际化交流合作和对外开放步伐，继续发挥好特区的对外"窗口"作用，深化全面开放发展进程。深圳人以面向世界的开阔视野再一次向国际社会证明了深圳经济特区在对外经济交流中能发挥排头兵的示范作用。2012年12月7日，习近平总书记在党的十八大闭幕后离京视察时，第一站就来到了深圳前海，向世界宣示"改革不停顿、开放不止步"，要求前海"依托香港、服务内地、面向世界""做第一个吃螃蟹的人""打造最浓缩最精华的核心引擎"。在习近平总书记指引下，前海从"零"起步，艰苦奋斗、超常运作，取得了举世瞩目的成就，再创改革开放的深圳速度、深圳效益、深圳奇迹[2]。此外，粤港澳大湾区联通深圳和珠海经济特区对中国香港、中国澳门的高水平经济文化合作交流，在改革创新的时代浪潮中将开放包容的情怀贯穿其中。可见，深圳经济特区在密切的国际交流与合作中抓住了机遇，与世界接轨，加强国际贸易沟通。

享有"中国花园城市"美誉的珠海经济特区，地连澳门，水连香港，是经济贸易繁荣、人文气息浓厚的国际化大都市。可以说，建立珠海经济特区后，"使珠海、中山与澳门的经贸往来关系更为密切，珠海不仅同澳门继续以往的双边贸易，而且作为连接澳门与内地的'中间站'，形成'澳门——珠海——内地'密切的双向贸易联系"[3]。珠海经济特区把内地与澳门连接在一起，不仅密切了经济贸易往来，而且增强了两地之间的心灵交流与联系。珠海经济特

---

① 深圳经济特区研究会：《深圳经济特区改革开放专题史》，海天出版社，2010，第137页。

② 王剑峰：《奋斗干出生机勃勃的前海　面向未来创造新的更大奇迹》，《深圳特区报》2019年1月2日，第A04版。

③ 中共广东省委党史研究室、中共珠海市委党史研究室、中共中山市委党史研究室：《澳门归程》，广东人民出版社，1999，第200页。

区更是以开放包容的态度欢迎澳门同胞来珠海经商。珠海人以开放自信的姿态向世界展示了特区的魄力和勇气，也在国际交流与合作中不断建设国际化的基础设施，展现珠海经济特区与时俱进、开放自由的精神风貌。珠海经济特区拥有国际水准的珠海金湾机场，毗邻港珠澳大桥，无论在交通方面还是国际经贸上，都能以较高的国际化水平完成对外贸易工作。

可见，无论是对外的国际交流合作，还是对内的经济带动作用，珠海经济特区的发展速度和发展潜质都是值得期待的，其背后体现了珠海人解放思想、与时俱进的精神状态。有的学者认为，"随着珠海经济实力的增强、对国内外市场的进一步开拓，它对内地的示范、辐射和带动作用越来越大，对国家的贡献也越来越大"，珠海经济特区"对外贸易的发展，使得珠海与国际交流和联系更加频密，在国际市场学到国际贸易的运作方式，按照国际惯例办事，促使珠海更快地与国际接轨，纳入国际经贸体系。珠海的实践表明，外贸体制改革是对外贸易发展的动力，外贸的发展又反过来促进外贸体制的改革，促进出口商品结构的优化"，它在加强国际交流中充分发挥了特区的示范作用。

汕头经济特区在发展外向型经济阶段，结合自己的实际情况，抓紧基础设施建设和生产性项目建设，改善投资环境，加大招商力度，大做"侨"乡文章，逐步提高引进项目的规模、档次，有力地推动了经济特区外向型工业的发展。汕头充分运用"侨乡"特质，联通海内外经济贸易市场，"利用海外华人

图3-9 连通香港、珠海和澳门的港珠澳大桥傍晚时景色

华侨众多的优势，密切与东盟国家的联系"①。汕头经济特区积极响应国家建设"21世纪海上丝绸之路"倡议，发展我国开放性外向型经济，透过特区这个窗口，扩展国内外经济合作交流的重要渠道。《汕头日报》针对汕头在海外贸易中的作用指出："汕头在'21世纪海上丝绸之路'建设中既面临难得的机遇，又面临严峻的挑战。我们要抓住机遇、迎接挑战，从努力把汕头打造成为粤东区域的航运中心、构建'21世纪海上丝绸之路'区域交流新平台、完善'21世纪海上丝绸之路'开放合作新机制、大力发展通信枢纽和大数据产业、引导社会资金参与海洋综合开发和建立华侨人才服务体系等方面推动特区再出发，再创汕头新辉煌。"②进入新时代，汕头经济特区将融入侨乡特色，团结一致，为推动建设高质量、全方面、多层次的对外开放特区经济体系不断努力。

五、充满生机与活力的移民文化

深圳、珠海、汕头、厦门等经济特区有着浓厚的侨乡色彩和移民文化氛围。随着全面对外开放深入推进、国际化经济贸易走向世界，经济特区的移民文化已经融入特区精神之中。特区人用实践诠释着丰富多元的特区精神，并发出时代的强音。"敢闯敢试、敢为人先、埋头苦干"的特区精神一直激励着在特区生活的华人华侨华裔、港澳台同胞为特区的全面发展与时俱进、开拓创新，实现中华文化真正走出国门、走向世界，在文化激荡的国际变局中牢牢把握文化发展的重要方向，并始终如一地坚定中华文化自信，推动我国经济特区移民文化氛围与特区精神相结合，人文精神内涵得到丰富和发展。

---

① 陈松洲：《汕头在21世纪海丝建设中的机遇与挑战》，《汕头日报》2018年9月17日，第A2版。
② 同上。

（一）深圳经济特区的移民文化魅力

深圳作为著名的移民城市，拥有因地理位置接近而产生的"港台文化"，还具有"中原文化与岭南文化、大陆文化与海洋文化相融合的特质和内涵"①，因此深圳经济特区文化可谓本土文化与多元化各地思想精髓的充分汇聚。"来了就是深圳人"的深圳特区标语，让不少来自五湖四海的同胞、海外华人及外籍人士都能切身感受到家一般的温暖。可以说，深圳经济特区是一个兼收并蓄、富有创新和活力的年轻城市，其"敢闯敢干、求新求变、追求成功有为的深圳移民文化，与同处岭南的香港和同处内地的上海两大移民城市相比，更显特色，它展现出深圳的社会风貌和深圳人作为新文化主体的精神活力与现代意识，蕴涵着具有共同价值趋向的文化共同体，体现了深圳移民文化的特质"②。开放包容、海纳百川的深圳精神，一直吸引着海外华侨来深圳定居生活。深圳经济特区独特的移民文化魅力，也深深感染了在深圳的华人和外籍人士的精神生活。很多人愿意到深圳来，也是因为深圳有着多元的移民文化氛围，能让每个来深圳的人欣然融入这个城市中。值得一提的是，深圳移民文化的氛围也吸引了不少外籍人才前来深圳就业与生活。在粤港澳大湾区和中国特色社会主义先行示范区"双区"驱动下，深圳经济特区更把开放包容的胸襟和情怀一如既往地传承下去，进一步扩大海内外人才培养和优惠政策，以帮助华侨华裔、海外人士更好地适应深圳生活，在深圳找到一方心灵的归宿。这个归宿就是通过深圳经济特区移民文化的氛围，使他们能够产生文化上的共鸣。全国政协委员李心率先提出，深圳可以积极推出技术移民政策，因为《粤港澳大湾区发展规划纲要》"支持珠三角九市借鉴港澳吸引国际高端人才的经验和做法，创造更具吸引力的引进人才环境，实行更积极、更开放、更有效的人才引进政策；在技术移民等方面先行先试，开展外籍人才创办科技型企业享受国民

---

① 林良展：《深圳历史文化——地方历史文化资源走进课堂实践研究》，海天出版社，2017，第6页。

② 汪开国、杨朝文：《深圳文化变革大事》，海天出版社，2008，第88页。

待遇试点"①，深圳经济特区从"先行先试"角度为大湾区乃至全国的城市人才引进、人才安排和移民文化经验"先行探路"。

在新时代，深圳作为改革开放特区城市实践的"排头兵"，在深圳经济特区已赋有新的责任，即在继续深化经济特区实践、传承特区精神的基础上，推动建设中国特色社会主义先行示范区，为特区城市的发展和进步提供全新的样板和经验借鉴。可以说，深圳建设中国特色社会主义先行示范区是时代与历史给予深圳的殷切厚望，更是深圳在文化创新与文化包容方面的继续推进。《中共中央 国务院关于支持深圳建设中国特色社会主义先行示范区的意见》进一步明确，"支持深圳实行更加开放便利的境外人才引进和出入境管理制度，允许取得永久居留资格的国际人才在深圳创办科技型企业、担任科研机构法人代表"②。"深圳，一个来了就不想走的特区城市"标语，不仅是每个深圳人对该特区在文化上引以为傲之处，换个角度说，这也是在深圳生活的华侨华裔、外籍人士的共同心声。在深圳，不管你来自哪个国家、哪个地区、哪个城市，都可以在这里找到属于自己心灵寄托之处。深圳经济特区的文化包容氛围，也鼓励着所有人用勤奋的双手创造幸福生活。可见，深圳经济特区生动形象的移民文化不仅丰富了特区的文化内涵，而且推动了特区在国内乃至国际上的综合影响力，提高了人们对特区的好感度。

（二）珠海经济特区的移民文化魅力

珠海经济特区地连澳门、水连香港，使香港和澳门同胞透过珠海这个"窗口"感受粤港澳大湾区文化，带入"港澳文化"。丰富的珠海特区生活，便捷的交通设施，吸引着港澳同胞来珠海居住生活。"珠海经济特区的创办，使珠海市发生了根本的变化。兴办特区，诸多优惠政策和灵活措施的实施，使珠海引进了大量资金、科技人才和管理经验，扩大了对外贸易，增加了外汇收入，自身得到了迅速发展。珠海市的城市规模、经济增长速度和工业实力，使珠海

---

① 周元春、李舒瑜、甘霖：《全国政协委员李心 建议率先在深圳探索实行技术移民》，《深圳特区报》2020年5月22日，第A3版。

② 同上。

由昔日破旧的小渔镇一跃而成为现代化的海滨新城"①，越来越多的海外华人回到珠海生活或进行生产活动，珠海经济特区在发展中变得越来越好。进入新时代，粤港澳大湾区迅猛发展，港珠澳大桥连接香港、珠海和澳门，国际化珠海金湾机场加快建设，等等。在基础设施上，珠海为海外侨胞和外籍人士提供了许多便利之处，从而促进了珠海经济特区的移民文化发展。越来越多的人想来珠海生活，感受珠海的移民文化氛围，珠海经济特区的移民文化在特区文化内涵发展中占有举足轻重的重要地位。可以说，开放包容、海纳百川的胸襟，也反映了珠海经济特区多元的移民文化。正是文明互鉴的社会文化氛围，让珠海经济特区再一次成为海外华侨华裔、外籍人士新的温暖家园。珠海经济特区不断发扬实干精神，珠海人用努力和汗水把珠海经济特区建设成为国际化、开放式的"国际花园城市"，让越来越多的世界各国人民来到珠海、感受珠海、爱上珠海，并在这片经济特区大地上创造美好生活，展现特区精神魅力。从精神文明匮乏到如今成为国际化都市的珠海经济特区，正是凭借着海纳百川、创新创造的特区精神把珠海的精神文明建设提到了一个全新的高度。这是珠海人的心愿，可以说，这也是所有来珠海生活的世界人民的心愿。

珠海经济特区深度融入粤港澳大湾区建设，并积极推动粤港澳青年在内地的沟通和交流，结合珠海的特色文化，融入港澳文化，促进不同文化的相互融合、推陈出新。在2020年全国"两会"上，全国人大代表谢坚建议，建设粤港澳大湾区国际空港中心，一方面是为了缓解粤港澳大湾区在物流枢纽上的压力，更重要的是"在珠海生活了几十年的他，关注到有越来越多的港澳青年在珠海创业就业"②。珠海经济特区吸引着越来越多的港澳同胞来珠海生活，开放自由的珠海经济特区也欢迎香港和澳门同胞多来珠海走走看看，主动融入珠海特区生活。谢坚还指出，"港澳青年还可以加深对祖国内地的认识和了解"，"营造互动条件，扩展学习空间，帮助其更加了解祖国历史与内地发展"③。珠

---

① 柳建辉、刘华青：《接轨——全方位开放的历程》，广西人民出版社，1998，第77页。
② 张伟宁：《全国人大代表谢坚建议 建设粤港澳大湾区国际空港中心》，《珠海特区报》2020年5月25日，第03版。
③ 杨连成：《珠海：一座新兴移民城市的文化追寻》，《光明日报》2012年8月27日，第07版。

海经济特区提出的"爱国守法、厚德诚信、包容平和、文明礼仪"十六字城市精神①，也把珠海特区价值观和移民文化紧密结合起来。正是因为珠海与澳门在地理位置上十分接近，许多澳门同胞选择留在珠海。"（20世纪）80年代初，曾有珠海市以及其他内地几批劳力输出澳门，对澳门在70年代建立起来的劳动密集型企业有很大的支持。加上当时获准移居澳门的内地居民日增，人口有较大的增加，消费市场活跃，还带动商业、建筑业和房地产业的发展"②。与此同时，澳门同胞也把优秀的澳门文化带到珠海经济特区来，"澳门珠海乡亲社团与家乡的交往"③也深刻地影响珠海经济特区的本土文化，增强了珠澳两地血肉联系与文化联谊。

图3-10　连接澳门特别行政区与珠海经济特区的拱北口岸

（三）汕头经济特区的移民文化魅力

汇聚潮汕本地特区人民、海外侨胞，汕头无疑是我国经济繁荣、文化多元

---

① 杨连成：《珠海：一座新兴移民城市的文化追寻》，《光明日报》2012年8月27日，第07版。

② 吴健民：《创办经济特区五年的回忆》，广东人民出版社，1998，第205页。

③ 珠海市档案馆、珠海市地方志办公室：《珠海历史回眸》，珠海出版社，2006，第270页。

一体的侨乡城市。大力发展汕头的侨乡旅游特色，让更多侨乡同胞认祖归宗，回到汕头经济特区，实现文化交流与融合。回顾1990年，汕头开始发展以"侨"为特色的旅游业。这种侨乡特色的旅游业，吸引了不少侨胞来汕头建设与发展。务实高效、敢于担当的精神特质与爱国爱家的移民文化交汇，共同为汕头经济特区移民文化扩大了海内外影响力。汕头是全国著名的侨乡之一，1995年"全市旅居海外的华侨、华人600多万人，港澳台同胞有120多万人，分布在40多个国家和地区，80%集中于东南亚地区。这些在海外的同胞，早年由于生活所迫飘洋过海，大多数经历了艰苦创业阶段，成为巨富者不少"①。汕头的这些海外侨胞回国后，把国外的优秀文化带回来，与本地的特区文化进行融合。因此，有学者指出："汕头是个侨乡，每年回乡探亲和旅游十几万人，发展旅游的重点要放在华侨和港澳台同胞"，"简言之，就是要围绕'侨'字和'海'字来做汕头旅游的文章，把汕头建成具有侨乡特色和滨海城市特点的旅游疗养胜地。建设这样一个旅游城市，主要应当满足华侨和港澳台同胞旅游的十大需要"②。其实，在汕头经济特区建设侨乡旅游城市也有一定道理，一方面，汕头作为一个侨乡城市，有着多元化的人口分布，移民文化在这里汇聚，最终凝聚成众所周知、具有创新性的精神风貌；另一方面，在汕头创办以侨乡为特色的旅游城，激发华侨华裔同胞的爱国热情，向世界展示汕头经济特区的文化实力和文化自信。

　　汕头经济特区的移民文化氛围不是今天的汕头特有的性质，而是已有深远的历史沉淀。世界各地人民来汕头旅游生活，并与汕头经济特区正式结缘。"汕头特区还十分重视发挥海外潮人的作用，通过他们牵线，广泛联系海外客户，与美国、加拿大、英国、法国、日本、苏联等几十个国家和地区建立长期合作的贸易伙伴。1987年，汕头特区一般贸易出口商品在港澳市场销售占94%，远洋贸易只占6%。到1990年，特区远洋贸易所占的比重已增至14%。逐步改变过去单纯销往港澳市场，依靠港澳客商的转口贸易的局面"③。汕头

① 吴玉民：《中国经济特区：经济发展与比较研究》，华南理工大学出版社，1995，第193页。
② 杜松年：《汕头在崛起——改革开放的探索》，中国科学技术出版社，1991，第98页。
③ 中共汕头市委党史研究室：《中国经济特区的建立与发展(汕头卷)》，中共党史出版社，1996，第8-9页。

经济特区的移民文化特性表现在汕头人口分布的多元性以及中国近代以来汕头作为重要窗口频繁的对外经济贸易，不仅在经济合作与交流上汕头与世界有着密切联系，而且在文化交流上有着更深层次的交融。在汕头经济特区发展过程中，汕头特区融入多元化的移民文化，并结合海外潮汕人民的聪明才智，共同凝聚丰富而多元的移民文化氛围。"汕头与潮州、揭阳，都得益于历史悠久的潮汕文化。但它是由潮汕，乃至客家、闽南等地人们移民而成的城市。自1860年开埠后，汕头华洋杂处，东西方文化激荡、融合的独特性，却也造就了它开放、兼容、有容乃大的文化风貌。它是杂驳的、斑斓的、多姿的，却又充满了活力和生机"①。可见，汕头经济特区在实现侨乡特色、结合本特区精神文化与移民文化的过程，也是实现汕头经济特区在文化创造性转化和创新性发展的过程。

（四）厦门经济特区的移民文化魅力

富有开放包容、海纳百川人文精神的厦门经济特区，把在厦门生活的世界人民与特区人民连接起来，共创和谐幸福特区城市，融入国际化的文化思想内核，增添新时代移民文化思想内涵。厦门经济特区的移民文化魅力吸纳世界各地人民来到厦门共创美好生活，把自己国家的优秀文化和优秀精神带到厦门进行文化交流与汇聚。在厦门经济特区这个沿海开放城市，优越的地理位置把厦门"开放创新、海纳百川"的经济特区人文情怀汇集起来，在厦门特区文化精神内涵的实践过程中不断推向全球化、现代化。可以说，厦门经济特区这个以闽南文化为主的侨乡城市，被来自世界各地的厦门人赋予了许多新的移民文化内涵。有学者认为，"闽南华侨出国历史非常悠久，人数众多。他们到国外（主要是东南亚）去，看到一些比较好的文化，就自觉不自觉地带回故乡来传播，并成为闽南文化的一部分"②。闽南文化结合了"爱拼才会赢""敢闯敢当""艰苦奋斗"的厦门城市精神与来自世界各地的移民文化特征，已经彰显出与众不同的文化魅力，深深感染了在厦门生活的所有人。

---

① 林伟光：《文化是一座城市的底气》，《汕头日报》2018年9月28日，第A2版。
② 陈燕玲：《闽南文化概要》，厦门大学出版社，2013，第239页。

　　厦门经济特区也通过人才教育、科技引进大力吸纳来自全世界的精英，汇聚丰富的移民文化特色，积极发展科技、教育事业，不断提高经济发展水平和居民素质，形成具有国内较先进水平的特区科技、教育体系。厦门把人才队伍建设发展起来，也带动着海外华侨华裔、外籍人才留在厦门，继续创造属于厦门经济特区的故事，把"敢闯敢试、开放包容"的精神特质与特区实践紧密结合，在文化氛围营造上碰撞出新的火花。而且，厦门加强"同内地、港澳台和东南亚的科教合作"，"厦门市政府正努力把厦门办成一个面向东南亚、面向世界的'教育城'和'科技城'"①，利用经济特区的"窗口"效应，把海内外优秀文化集合起来，共同推动厦门经济特区的移民文化氛围及精神文明建设。另外，在地理位置上，厦门与台湾隔海相望，厦门经济特区与台湾省在闽南文化的风俗习惯、语言表达上都十分相近，加之厦门本身作为汉文化、闽南文化与移民文化的文化交汇城市，台湾同胞、海内外华侨及外籍人士都对厦门的移民文化充满兴趣。可以说，厦门的移民文化魅力是厦门经济特区的一块重要招牌，也是世界了解闽南文化和移民文化的重要"窗口"。闽南文化在厦门和台湾都有异曲同工之妙，不少台湾同胞为了寻"根"而选择留在厦门，继续把这

图3-11　与台湾省直线距离最近的岛屿——厦门平潭岛

---

① 郭哲民：《厦门经济特区建设与发展研究》，厦门大学出版社，1995，第96页。

个台胞"出生地"厦门建设好、发展好。因此，厦门经济特区的闽南文化让台湾同胞有着强烈的归属感和认同感，厦门市台办有关人士也说："从上世纪80年代至今，厦门就利用区域优势和闽南文化优势，在对台文化交流工作中，一直走在全国前列。"[①]厦门与台湾同根同源。解决两岸关系问题，实现两岸和平统一，仍然是厦门和台湾同胞共同的心愿。厦门经济特区在闽南文化传播与发展上也做出了极大努力，高度重视推动两岸关系与对台文化交流融合。在新时代，厦门必将继续充分发挥特区优势，讲好厦门特区故事。

（五）海南经济特区的移民文化魅力

海南经济特区华侨人口众多。作为著名的侨乡之一，截至1999年，"琼属海外华侨、外籍华人和港澳台的海南同胞约有300万人，分布在世界五大洲近60个国家和地区，省内有归侨、侨眷100多万人，仅次于广东、福建，居全国第三位"[②]。海外人口与华侨人口的密集分布，也同样带动海南经济特区在本地文化与移民文化的相互融合发展，共同诠释海南经济特区"开拓创新、海纳百川"的深刻内涵。"海南华侨是中华民族移居海外的一部分"，"20世纪50年代以后，绝大多数华侨逐渐加入所在国国籍成为外籍华人，华侨只占少数。'琼侨'之称渐被淘汰，一般通称'琼属华侨华人'。"[③]移居海外的海南华侨仍然具有海南人热情开朗的性格，他们回到海南经济特区，进一步推动海南经济建设和精神文明建设。海南的移民文化正是在琼属华侨华人的经济贸易拉动文化交流的过程中得到深度发展，越来越多的华侨华裔来到海南开启精彩的特区生活。

此外，海南通过建设国际旅游岛，"对海南全省的旅游要素实施全面国际化改造，逐步实现与国际接轨，建设国际优质水准的旅游度假设施和培育中国风格与民族特色的国际性旅游产品，将现代旅游业逐步发展成为海南社会经济

---

① 詹文：《厦门先行先试勇当先锋 围绕闽南文化对台开展多方位交流活动》，《厦门日报》2017年8月4日。

② 海南百科全书编纂委员会：《海南百科全书》，中国大百科全书出版社，1999，第692页。

③ 同上。

主导产业，使海南成为世界一流的热带海岛旅游度假胜地"①。这大大吸引了更多外国游客和侨胞来海南经济特区感受和体验特区的生活氛围，凝聚文化包容的开放思想意识，淋漓尽致地展现海南经济特区在优秀文化吸纳上海纳百川的特区精神面貌。在科学技术与教育方面，海南经济特区重视科技创新和人才培养，努力通过吸纳高新技术企业力量，凝聚优秀人才，为海南经济特区在开拓创新方向上站在时代高地，丰富海南多元化的文化氛围。1988年海南建省并开办经济特区后，中共海南省委、省政府认真贯彻经济建设必须依靠科学技术、科学技术工作必须面向经济建设的方针，全面实施科教兴国战略，形成一支专业科技队伍，开创了高新技术产业发展的新局面。1998年4月，时任国务院副总理李岚清在海南建省办经济特区十周年庆祝大会上发表重要讲话。李岚清指出："海南要继续认真落实科教兴国的战略，实施'科教兴琼'，大力培养和吸引高素质的专门人才，努力提高各级干部、各类专业人员和广大劳动者的素质，加快科技进步和创新。这是实现两个根本转变，把特区建设提高到新水平的关键所在。"②在党中央的指导和支持下，海南经济特区加强教育和人才吸引政策，汇聚来自海内外的精英人才，充分带动海南特区文化的多元化发展进程，为营造海南经济特区的移民文化氛围提供了很好的人才带动作用。

---

① 陆丹、王毅武：《解读国际旅游岛》，复旦大学出版社，2010，第17页。
② 《在海南建省办经济特区十周年庆祝大会上李岚清同志的讲话》，《人民日报》1998年4月14日，第01版。

第四章 04

| 特区精神的历史地位 |

改革开放40多年来，特区精神在不同阶段具有不同的历史意义，形成了独特的历史地位。特区精神引导特区人民乃至全国人民长期较稳定地走在自主创新、敢于实践、善于总结经验的良性发展道路上，支撑中国特色社会主义市场经济的快速建立与健康发展，是不断取得举世瞩目伟大成就的精神保障。

特区精神是动态发展的，它的形成推进了马克思主义中国化的历史进程，不断激励人民群众通过实践形成不同历史时期和时代背景下的正确观念，并对更进一步和更长远的实践发挥重要指导作用，坚定了走中国特色社会主义道路的信心，丰富了中国特色社会主义制度内容，推动了中国特色社会主义理论不断完善与发展，既具体又凝练地回答了"为什么我国只能走社会主义道路"等重大的时代之问。

特区精神具有辩证唯物主义和历史唯物主义特质，是中华民族品格在特区建设过程中自然形成的宝贵精神财富，是中华民族精神紧随时代的进步标志，并将在我国推进更高层次的改革开放进程中发挥新的时代作用。

一、为特区健康发展提供重要支撑

特区的成型，几乎无法依赖任何原有的物质基础条件，必须靠劳动人民一砖一瓦地不断建设。同样，特区精神也不是任何本来就有的理念改造和迁移。特区精神的形成，与党领导人民建设中国特色社会主义经济特区的伟大实践紧密相关。面对复杂的局面，如何在一张白纸上进行"四个现代化"建设？只能"摸着石头过河"，一步一步探索总结，并在进一步实践过程中坚守底线、保持清醒、统筹兼顾，"两手抓，两手都要硬"，不断发展符合中国发展规律的活的马克思主义理论，以辩证唯物主义和历史唯物主义作为根本的世界观和方法论，形成中国特色社会主义经济特区的原生精神，继续支撑新时代中国特色社会主义建设。

（一）"摸着石头过河"

特区精神的最初形成，来源于特区创业者们敢于迈出第一步，使得特区精神不是苍白的加油口号。迈出第一步的勇气，真可谓"摸着石头过河"。1980年深圳等地试办经济特区之后，实践中各种各样的具体问题也迎面而来。

陈云同志在1980年12月中央工作会议上的讲话内容（如利用外资和引进新技术、警惕经济形势与政治形势的动向、如何按经济规律办事、中央和地方财政关系等问题），高度概括了彼时全党全国全社会人们普遍遇到的困难症结。

从历史角度来看，当时的政界和学界人士普遍掌握的经验和知识有限，还不足以快速形成清晰的路径和采取有效手段化解这些困难。正如陈云同志在中央工作会议上所指出，"我们的改革，问题复杂，不能要求过急"，得"摸着石头过河"，即从试点着手，总结经验，步子要小而稳。[①]这个观点得到了邓小平

---

① 陈云：《陈云文选》第3卷，人民出版社，1995，第279页。

同志的完全肯定①。

"摸着石头过河"，被后人简称为"摸论"。它与"不管黑猫白猫，捉住老鼠就是好猫"（简称"猫论"），都成为坊间最流行的思想话语。毛泽东同志在《实践论》中指出："只有人们的社会实践，才是人们对于外界认识的真理性的标准。"②"摸论"提出并受到广泛欢迎，充分体现了改革开放初期党和人民大胆解放思想、稳步推进改革。陶德麟同志曾评价道，"摸着石头过河"是马克思主义的通俗形象说法，中国的实际情况是"石头"，在实践中探索研究的方法路径即是"摸"，"过河"则是要实现社会主义现代化建设的目标。③

"摸着石头过河"解决了人们心中不敢干、怕犯错、怕担责等问题，进一步解放了社会生产力。栗战书同志在2013年11月26日出版的《人民日报》上发表《遵循"四个坚持"的改革经验》的文章，指出："摸着石头过河，是对脚踏实地、尊重实践、从实践中摸经验摸规律，努力做到实事求是的一种形象说法，也是推进改革健康有序发展的一种重要改革方法。这个方法，不仅在改革之初行之有效，而且在整个改革进程中都是行之有效的。我们实行改革开放，发展社会主义市场经济，是前无古人的事情，只能通过实践、认识、再实践、再认识的反复过程，逐步取得规律性认识。"

实践中，对必须取得突破但一时还不那么有把握的改革，采取试点探索、投石问路的方法先行试点，鼓励创造、鼓励探索，取得经验后再推开。我国的改革开放进程，正是从农村到城市、从沿海到内地、从局部到整体不断推开、持续深入。改革开放采取了渐进式的改革方式，旨在避免因情况不明而导致举措不当，或因情况复杂而资源配置失衡，又或因部分人、部分地区的思想认识有限而行为失当等问题所引发的社会动荡。

特区精神萌发于敢于探索的党和人民的伟大实践中。1979年，吴南生同志与习仲勋、杨尚昆等同志在交换意见后一致认为，只要中央授权，开展对外开放，广东就可以发挥毗邻港澳、华侨众多的优势，在深圳、珠海与侨乡汕头都可开展试验。同年2月和7月，《关于宝安、珠海两县外贸基地和市政建设规

---

① 邓小平：《邓小平文选》第2卷，人民出版社，1994，第354页。

② 毛泽东：《毛泽东选集》第1卷，人民出版社，1991，第284页。

③ 陶德麟：《马克思主义中国化成败得失的检验标准》，《理论视野》2008年第11期，第11页。

划的报告》和《关于在广东省、福建省开展对外经济活动和灵活措施的报告》被批转，中央决定在深圳、珠海、汕头、厦门试办特区。

吴南生同志在1979年12月代表广东省委向党中央、国务院汇报《关于广东建立经济特区的几个问题》时，首次使用了"经济特区"名称。党中央不仅同意了该报告，还强调"广东应首先集中精力把深圳特区建设好"[①]。经济特区是自上而下的正式制度安排，"渐进式改革"的实践模式与载体就是在"摸着石头过河"中形成的，"先行先试"则是这种实践模式的重要内涵与品质[②]。

在此后近五年时间里，经济特区取得了一系列成就，尝试了一系列前所未有的改革措施。以市场管理体制为例，深圳经济特区于1979年至1983年间，在全国率先在工资制度、劳动用工制度、劳动保险制度、价格体制和干部人事制度等方面进行改革[③]，极大地激活了社会生产效率，提升了生产力水平。特区精神创造了三天建造一层楼的"深圳速度"，并持续影响至今。

可见，在例如"开拓、创新、献身"（深圳，1987年）等特区精神被总结概括和提出之前，"摸着石头过河"可被视作"初生代"的特区精神：在解放思想层面上，鼓励全党全国人民对陌生的事情、空白的领域要大胆尝试，要主动除去思想上的"镣铐"，但也要踏实肯干，一步一个脚印，杜绝吹嘘、膨胀、夸口之风。"摸着石头过河"从思想和实践两个层面上极大地降低了在根本性问题上出现颠覆性失误的可能性。这对于刚刚结束"文化大革命"不久的党和人民而言，是必然选择，也是最佳措施。

"摸着石头过河"的提出，也可被视作特区精神中的"创新"精神的来源。改革开放向前的每一步，都无不充满挑战却又鲜有成功案例可以借鉴。在这种情况下，如何把改革开放事业与中国当时的基本国情、社情、民情结合好，成为摆在中华儿女面前的共同问题。正如习近平总书记指出："不能说改革开放初期要摸着石头过河，现在再摸着石头过河就不能提了……摸着石头过

---

① 南翔：《铁马冰河入梦来——谨以此文纪念吴南生同志暨改革开放四十年》，《特区经济》2018年第4期，第11页。

② 陶一桃：《从经济特区谈中国道路的实质与内涵》，《社会科学战线》2018年第6期，第25页。

③ 钟坚：《深圳经济特区改革开放的历史进程与经验启示》，《深圳大学学报（人文社会科学版）》2008年第4期，第17-18页。

河和加强顶层设计是辩证统一的"①。因此，若只依靠领导干部指挥改革，则不仅进展缓慢，还可能与实践脱节，重大挑战、重大风险、重大问题很难得到解决。要克服各种未知的挑战，最佳方法也是唯一可行的方法，便是激发全社会的共同力量，使人民的首创精神能够在改革开放探索进程中发挥主要作用。

（二）坚守底线，"只要我们头脑清醒，就不怕"

如果说"摸着石头过河"解决了改革开放稳步向前的思想与实践问题，那么在改革开放第二个十年，如何迈开步子、何时能迈开步子，就成了人们心中新的困惑。邓小平同志在1992年南方谈话中明确指出："改革开放胆子要大一些，敢于试验，……深圳的重要经验就是敢闯。没有一点闯的精神，没有一点'冒'的精神，没有一股气呀、劲呀，就走不出一条好路，走不出一条新路，就干不出新的事业。"②

邓小平同志还一针见血地指出："恐怕再有三十年的时间，我们才会在各方面形成一整套更加成熟、更加定型的制度。"③他的一席话中，不仅深刻地点明了建设"中国式的社会主义"需要迈大步子，敢闯敢试，还要及时总结经验、重视经验，也点明了当时的实践本质是在积累经验，而不能像一部分人所认为的改革开放十年便可一蹴而就，而是需要更长的时间健全制度、定型制度。特区精神讲求开拓进取，但绝无毕其功于一役的思想，必须具有长期艰苦奋斗的思想准备和现实心态。

从当时的经济特区发展状况来看，一些敢"吃螃蟹"的人已经赚到了"第一桶金"，从"万元户"到"百万元户"，越来越多的人开始体会到并且实实在在地收获了经济特区的发展红利。但与此同时，不合法、不合规甚至许多无法可依、无规可循的做法开始充斥市场，初期发展的负面问题开始显现。在这种情况下，党内外一些人开始质疑改革开放的发展路线，认为开公司办企业、做外贸生意、做来料加工等是走资本主义发展道路。当时一些人将企业和工厂看

---

① 习近平：《论坚持全面深化改革》，中央文献出版社，2018，第7页。
② 邓小平：《邓小平文选》第3卷，人民出版社，1993，第372页。
③ 同上。

作阶级剥削的产物，把外资外汇看作"洪水猛兽"。

经济特区建设是在实践中坚持四项基本原则。四项基本原则指导特区建设探索，引领特区科学发展、可持续发展。邓小平同志曾指出："我们革命的目的就是解放生产力，发展生产力。……当然我们不要资本主义，但是我们也不要贫穷的社会主义，我们要发达的、生产力发展的、使国家富强的社会主义。"[①]然而，改革开放的节奏不停地变化，发展快了，让人"担惊受怕"，出现"患不均"的现象；发展慢了，让人饱受压力，甚至灰心丧气。有鉴于此，邓小平同志一针见血地指出："改革开放迈不开步子，不敢闯，说来说去就是怕资本主义的东西多了，走了资本主义道路。要害是姓'资'还是姓'社'的问题。"邓小平同志清晰地指出："特区姓'社'不姓'资'。"[②]无论是计划经济还是市场经济，都不等于社会主义或资本主义；因为社会主义也有市场，资本主义也有计划。[③]只要是对社会主义经济建设有益的，性质就是社会主义的。

图4-1　"空谈误国　实干兴邦"标语牌

社会主义要怎么干，必须从实践中要答案。市场和资本都是人作为社会交往中的客观存在产物，其背后的国家制度体系及意识形态，才是决定不同国家、不同社会发展道路性质的决定性因素。"先富带动后富"观点的提出，是

---

① 邓小平：《邓小平文选》第2卷，人民出版社，1994，第231页。
② 邓小平：《邓小平文选》第3卷，人民出版社，1993，第372页。
③ 同上书，第373页。

根据当时生产力落后的中国现状所提出的有效发展路径。在经济特区实践上，越来越多的人通过市场活动总结经验，逐渐对市场和资本有了客观认识。经济特区若只开放经济领域，而不开放精神领域，则难以获得真正的成功。①更多的人也通过客观认识市场和资本，开始在具有中国特色社会主义市场经济运行框架内研究多个领域的管理科学，分配制度、加班制度、税收制度等同步发展；与之相应的是，含糊的、口号式的、"一刀切"的政策措施开始变得具体而有针对性，相应的法律、法规、规定、办法等逐步建立和完善。

特区精神不仅体现为某个人或某个团体做事的一股冲劲，还是一种着眼大局，体现党和人民的时代风貌和坚强意志。邓小平同志鼓励大家"不要怕"，头脑要清醒，既要防"左"也要防右；在社会主义建设发展问题面前，要"不争论"②。深圳特区在1990年将"团结、奉献"纳入特区精神气质中，很好地体现了求同存异、共同发展的时代精神，也是为党和人民负责、为社会主义建设发展负责、为四个现代化的早日实现负责。著名的"空谈误国，实干兴邦"精神也是对"不争论"的最好诠释，敢想、敢干，善总结、敢负责，成为改革开放快速发展及我国20世纪90年代发展增速的重要思想武器。

（三）"两手抓，两手都要硬"

如果说从新中国成立到20世纪80年代，我国由于生产力水平不高，社会主义制度优越性还不够明显，那么经济特区经过5年、10年、20年的发展，如何体现社会主义制度优越性，就成了摆在党和人民面前的新问题。

经济特区建设不是一帆风顺的。在经济特区建设过程中，一些腐朽的、丑陋的、罪恶的事物和行为也闯进国门，例如吸毒贩毒、经济犯罪、黄色产业、赌博与黑恶势力等开始兴起，社会上曾出现了"打、砸、抢"等严重的治安问题。这些腐朽事物和犯罪活动曾对中国经济社会发展产生了前所未有的负面影

---

① 叶向平：《关于特区精神文明建设若干问题的探讨》，《中共福建省委党校学报》1986年第11期，第19页。

② 邓小平：《邓小平文选》第3卷，人民出版社，1993，第374–375页。

响，对改革开放事业造成了巨大冲击，危害人民的生命财产安全，腐蚀党的干部队伍，干扰社会意识形态。

改革开放事业来之不易，是无数人大胆探索、敢闯敢试、敢为人先、埋头苦干、无私奉献的结果。要保住这样的宝贵事业，并使之快速发展，必须坚持辩证唯物主义，认识当时矛盾的普遍性与特殊性，找准主要矛盾和矛盾的主要方面。一手抓改革开放，一手打击犯罪活动，"两手抓，两手都要硬"就是在这样的背景下提出来的。

抓改革开放的这一只手，比20世纪80年代改革开放初期更要求党员干部和人民群众改革创新、大胆尝试，要勇于探索包括经济建设在内的更多空白领域，能够找到经验、找到老师的，努力学习；没有经验、没有老师的，就加大探索力度，快速总结、快速调整，鼓励全社会协同，配套具有中国特色社会主义市场经济发展的法律制度、管理制度、运行制度等。此外，抓打击违法犯罪的另一只手，也更加严厉、主动、深入。在制度防范的基础上，必须从执法和司法角度有效打击犯罪活动，扭转社会风气，规范市场行为，切实保障人民生命财产安全。

"两手抓，两手都要硬"的提出，积极地体现了化解改革开放初期和中期所存在症结的方式方法，诠释了"改革也是解放生产力"[1]的论断，并在后来形成了坚持物质文明和精神文明的成熟理论表述。良好的社会风气对于健康的经济活动开展、稳定的营商环境建设都具有决定性作用。以珠海经济特区"爱特区、思改革、勇创新、比奉献"的口号为例，形象地展现出热爱家园、为家园美好而奋斗、维护家园利益与稳定的根本思想，倡导认真探索改革出路，大胆创新敢于尝试，以更多地奉献社会、服务人民为荣。这是特区精神正面积极地引导社会风气的典范。

（四）特区精神继往开来

随着中国特色社会主义市场经济制度的逐步完善，特区精神也不断丰富其自身内涵，其历史地位得到升华。

---

① 邓小平：《邓小平文选》第3卷，人民出版社，1993，第370页。

以深圳特区精神为例，20世纪90年代之前的特区精神，从"开拓、创新、献身"到"开拓、创新、团结、奉献"，突出的是开拓进取、敢为人先。当时，深圳也多以"出口加工区""试验田""窗口""排头兵"等特有名词和特殊战略定位为世人所知。90年代后，随着市场经济的快速发展，深圳的发展成绩令人惊叹，此时特区精神则从敢想敢干的主线上延伸出了"十大精神"（2000年）、"开拓创新、诚信守法、务实高效、团结奉献"（2003年）及7个方面的特区精神（2010年）。这反映了深圳经济特区从追求经济发展速度、指标和成就的城市，转向发展成为综合型现代化都市。

跨入2000年之后，尤其是党的十六大以来，经济特区开始聚焦新的发展要求，努力探索再出发，研究新形势下应该实现什么样的发展、怎样发展，并通过一系列实践及其经验总结，为科学发展观的形成贡献了特区经验、特区方案和特区智慧。

深圳等经济特区建设曾多次面临各种各样的瓶颈，如"腾笼换鸟"等产业升级调整，及其所带来的产业转型阵痛等。这让特区建设者们逐渐明白，一方面，技术周期与经济社会发展步伐协调性至关重要，若技术发展滞后于社会发展需要，则制造业等很可能成为社会前行的负担；另一方面，必须面对"发展以什么为本"的问题，若为了追求经济利益而发展，则很快会使社会患上"资本发展病"——剥削加重、环境污染、信息不对称加剧、社会运行综合成本攀

图4-2　如今的深圳经济特区深南大道华强路段

升，等等。科学发展观强调坚持以人为本、全面协调可持续发展，着力保障和改善民生，促进社会公平正义。这为特区精神的时代发展注入了新的意蕴。

党的十八大以来，以习近平同志为核心的党中央，深刻回答了新时代坚持和发展什么样的中国特色社会主义、怎样坚持和发展中国特色社会主义这个重大的时代课题，提出全面深化改革总目标是完善和发展中国特色社会主义制度、推进国家治理体系和治理能力现代化。其中，创新、协调、绿色、开放、共享的新发展理念，引领了一系列重大改革。

新时代的特区精神继往开来，正围绕新发展理念，根据不同地域资源特点、不同地区社情民情、不同经济发展基础等，大力弘扬特区精神。深圳作为经济特区发展的"排头兵"，在新时代被党和国家赋予重任，承载着人民和民族的新希望，开启了中国特色社会主义先行示范区的新征程，必将承继特区精神，发展形成属于中国特色社会主义先行示范区的精神，继续"敢破敢立、敢闯敢试，义无反顾把改革开放不断向前推进"①。

二、推进马克思主义中国化历史进程

在党中央决定设立经济特区初期及推进特区建设过程中，国际形势风云变幻，国内改革风起云涌，内部、外部改革发展的需要日益凸显。经济特区设立与发展，不仅关乎一片区、一座城，而且直接关系到珠江三角洲、长江三角洲，甚至从华南华东一片所辐射的长江流域及更多地区。经济特区孕育特区精神，吸引着一批又一批中国内地青年到特区闯荡、尝试、拼搏。他们在党带领全国人民把改革开放向纵深推进的过程中，用劳动和智慧深刻地诠释了马克思主义在当代的真实面貌，推进了马克思主义中国化的发展进程，不断推动中国特色社会主义的形成与发展。

① 习近平：《习近平谈治国理政》第2卷，外文出版社，2017，第9页。

（一）"实事求是"精神：继承毛泽东思想精髓，努力践行邓小平理论

特区精神形成的背后，凝结着许许多多特区建设者的心血。与其说特区精神是对他们劳动奉献的褒奖总结，不如说特区精神是他们坚持实事求是的原则，坚持"实践是检验真理的唯一标准"，并通过辛勤的实践而高度凝练出的宝贵精神财富。特区精神具有深刻的哲学思维与认识论及方法论，是具有马克思主义中国化理论意义的精神文明成果，在社会意识层面上推进了马克思主义中国化的历史进程。

实事求是，"是无产阶级世界观的基础，是马克思主义的思想基础"①，也是"毛泽东思想的出发点、根本点"②。对于特区第一代建设者来说，党和国家对深圳、珠海、厦门等地的规划和战略固然清晰，但能不能干成完全取决于敢不敢干、怎么干、能不能坚持干下去。这些问题横亘在人们心中，只有实干才能给予答案。当创业者们开始闯、开始干、开始试之后，他们发现，来到特区的土地上所需要克服的最大困难，绝不是难耐的湿度、睡在铁皮房里"烘烤"般的高温、蚊虫叮咬等生活上的问题，而是必须在方法创新、管理创新、制度创新的夹缝中"杀出一条血路"，即使再艰难、再困惑、再疲倦，也必须逢山开路、遇水架桥，尽快找到合适可靠的解决办法，特区建设和发展一刻也不能停。在特区发展创新的路上，建设者们会遇到看不见的敌人，会遇到始料未及的危险，会犯下不知不觉的错误。

与新中国成立初期的建设者们相比，特区建设者们在坚持实事求是的道路上担负着解放思想、攻坚克难的使命。毛泽东思想所反复强调的"实事求是"，坚定了创业者们的信念：条件越是艰难，"敌人"越是无形，就越要坚定不移地坚持马克思列宁主义和毛泽东思想的指导，实干出真知。

在经济特区建设的背景下，"实事求是"不仅仅是从客观事物上总结经验规律的意义那么简单，而是蕴含着多个层面的理论与实践意义：要秉持正确观

---

① 邓小平：《邓小平文选》第2卷，人民出版社，1994，第143页。

② 同上书，第114页。

念，敢于尝试、善于总结、宽容失败，既要懂得"为大于其细"，也要时刻从大局出发，平衡好认识矛盾的特殊性与矛盾的一般性，以及解决好事物的主要矛盾与矛盾的主要方面。这层意蕴深深地根植于以深圳经济特区为代表的特区精神中。

随着改革开放的深入开展，经济特区的持续建设，各种各样的认识问题和实践问题接踵而至。实事求是的正确性固然历久弥坚，但不同时期的人们受到该时期历史条件和社会生产力水平的制约，需要不断地围绕实事求是进行新的讨论，形成新的认识，指导新的实践。马克思在《关于费尔巴哈的提纲》中写道，人的思维是否具有客观的真理性，这不是一个理论问题，而是一个实践问题。1978 年 5 月 11 日，一篇题为《实践是检验真理的唯一标准》的特约评论员文章在《光明日报》上发表，引发了一场关于真理标准问题的大讨论。这篇文章为党的十一届三中全会胜利召开提供了思想准备，对经济特区建设及特区精神形成起到了长久深远的巨大影响，并影响着特区第一代创业者、继任者及其后代。

思想路线和工作作风的重要作用无须赘言。特区精神首要解决的思想态度问题，便是分清思想和行为的是非。1978 年习仲勋同志开始主政广东之后，开展了真理标准问题的"补课"[①]，走访农村调研，开展整风运动，视察宝安县（今深圳市）。通过与老百姓的接触和谈话，习仲勋同志深受触动，他"真正亲身看到老百姓对改革开放、提高人民生活水平的渴望以及发展经济、缩小与香港差距的紧迫性"[②]。

马克思主义的一个基本原则，就是坚持理论与实践的统一。"实践是检验真理的唯一标准"，不仅继承和发展了实事求是精神，而且在拨乱反正的重要时间节点上强调了实践对于全党全国全社会人民的极端重要意义。只有坚持从实践出发，研究实践经验，才能从根本上扭转各种残留在中国土地上影响社会主义建设的唯心论、先验论以及"左"的和右的思潮。在经济特区建设过程中，正反两方面经验层出不穷，一个阶段的结论是否适用于其他阶段，必须通过不断的实践活动来验证，武断的"唯经验论"可能危及经济特区建

---

① 《习仲勋主政广东》编委会：《习仲勋主政广东》，中共党史出版社，2007，第 37 页。
② 同上书，第 93 页。

设事业。正确的认识离不开持续不断的实践，并需要马克思主义理论作为指导。

总之，特区精神以其独特的形式，总结了党和人民的特区建设宝贵实践经验，坚持遵循实事求是，把马克思主义真理融入经济特区建设探索与发展进程中，拓展和丰富了中国化马克思主义话语体系中的实践与真理等多重关系，成为经济特区人民的马克思主义中国化时代化大众化的重要精神成就。

（二）实践"三个代表"重要思想，夯实中国特色社会主义事业

特区精神具有鲜明的中国特色社会主义特质，既来源于中国特色社会主义道路探索，又为丰富中国特色社会主义理论内涵带来实践的、鲜活的、具体的贡献。在特区建设的深入实践中，特区精神突出了历史自觉性，继毛泽东思想、邓小平理论之后，形成了"三个代表"重要思想。"三个代表"重要思想是江泽民同志2000年2月25日在广东考察工作时，从全面总结党的历史经验和如何适应新形势新任务的要求出发，首次对"三个代表"重要思想进行了比较全面的阐述。

改革开放初期的特区建设，对于形成特区精神极为宝贵。这十年，不仅奠定了中国特色社会主义市场经济的发展基石，而且在关键时期证明了党的英明决断，证明了社会主义行得通，为中国人民指明了未来发展的美好图景。1988年，深圳市成为国家计划单列市，拥有省级经济管理权限，并在1992年被全国人大常委会授予制定地方法律法规的权力。初期的大胆尝试，取得了令人引以自豪的成就，特区精神小试锋芒，使得在随后的改革开放时期，党带领特区人民不断总结发展经验，一方面为不断适应社会生产力发展而调整生产关系，持续激发社会生产力与发展活力；另一方面为不断适应经济基础发展而完善上层建筑，由小见大、从企业到政府、从社区到全省全国，进行政治体制、文化体制、社会体制改革，以及全面深化改革之后所强调的生态文明体制和党的建设制度改革试点。这些都是按照生产力发展规律思考改革的实际行动。

特区建设是社会主义初级阶段的重要具体实践，是党和人民在当时的历史条件和客观实际中极大发挥主观能动作用的具体表现，为形成并丰富邓小平理论（即建设有中国特色社会主义理论）作出了突出贡献。党的十三大将我国社

会主义初级阶段的基本路线确定为"一个中心、两个基本点"。1997年，江泽民同志在党的十五大报告中指出："在社会主义改革开放和现代化建设的新时期，在跨越世纪的新征途上，一定要高举邓小平理论的伟大旗帜，用邓小平理论来指导我们整个事业和各项工作。"①特区建设者们在实践中坚持邓小平理论，贯彻党的基本路线，形成了不同时期、不同城市地区、不同方面层次的特区精神。特区精神的变化和丰富，因应着我国"最大的实际"——现在处于并将长时期处于社会主义初级阶段②，也从侧面反映出，经济特区所背靠的是人口多、底子薄、地区发展不平衡的内陆地区。只要我国还不能实现地区发展平衡，各项制度体制完善，特区的创新探索任务就不能结束。特区亟须开拓探索的新事物还有很多，特区创业者肩上的担子一点都没有减轻。

"三个代表"重要思想是对邓小平党的建设理论的重大发展，表现为它是对新的历史条件下党的先进性问题的全面深刻的科学概括。在"三个代表"重要思想指导下，特区精神所蕴含的中国共产党人的根本品格得到了更好的彰显。在理论内容上，注重解放和发展生产力，调动人民的积极性；在理论品格上，体现与时俱进和开拓创新的精神，强调实干；在理论实质上，注重人民群众的伟大历史作用，把代表人民群众的根本利益视为出发点和归宿。强调党的思想建设、组织建设、作风建设，应当与社会发展同步；另外，党的领导方式、组织方式、工作方式和活动方式应根据客观实际不断调整和创新，继续积极探索在改革开放和市场经济条件下加强与改善党的领导的有效形式，在实践中促进党的执政水平和领导水平提升。

建设有中国特色社会主义的经济、政治、文化，贯穿整个改革开放事业的发展进程。对于深圳等经济特区来说，虽然取得了一些优异的成绩，但是还存在社会主义市场经济体制尚不成熟、社会主义民主法制尚不健全等问题，城市中高楼大厦背后的经济制度、政治体制、文化建设等常常被人诟病。以深圳特区为例，在经济制度方面，虽然国有企业改革与混合所有制经济试点早已启动，但如何管理好、应用好，重重难题接踵而至，从国家到地方的所有制经济结构仍处于探索阶段。

---

① 江泽民：《江泽民文选》第2卷，人民出版社，2006，第8页。

② 同上书，第13页。

从20世纪80年代的贸易所涉及的金融活动，到2000年前后我国所面临的金融风险，前后两者在不到20年的时间内，从较简单的问题转化为若处理不好便有颠覆性风险的重大难题。在政治体制上，在基层民主制度、都市法制建设、政府机构改革、民主监督制度、治安管理建设等方面都有许多创新做法与经验；但从总体来看，距离完整的制度体系还有相当的提升空间。在文化建设上，深圳历史上曾被称为"文化沙漠"；因为教育资源不平衡，高质量文艺成果缺乏，群众精神文化生活模式单一，等等。近年来，随着深圳各高校的纷纷建立、科技的不断进步以及精神文明建设取得重大成就，这一声音才有所减弱。特区精神在特区文化建设上发挥着十分重要的作用。

特区精神是对特区实践经验的高度概括和深刻总结，或微观或宏观地推动着马克思主义中国化理论体系的持续发展。在中国特色社会主义理论体系形成过程中，特区精神也随着香港、澳门的回归，进一步增强了民族自信心，在心理、空间和交往方式等方面深圳和珠海特区尤其受到了巨大的激励，也具有了"一国两制"新的实践前沿阵地和现实意义。特区精神推动着特区新发展，在中国特色社会主义新的发展时期愈发成熟，为中国特色社会主义贡献了新的理论体系、理论内容、理论内涵。

（三）在特区精神中贯彻落实科学发展观，为推进形成中国特色社会主义理论体系作出贡献

进入21世纪后，国际局势风云变幻，国内全面协调发展压力持续加大。胡锦涛同志深刻指出："树立和落实科学发展观，这是二十多年改革开放实践的经验总结，是战胜非典疫情给我们的重要启示，也是推进全面建设小康社会的迫切要求。"[①]科学发展观的提出，进一步发展了中国化的马克思主义理论。2007年，胡锦涛同志在党的十七大报告中明确提出了"中国特色社会主义理论体系"科学概念并对其内涵作出科学概括，它"就是包括邓小平理论、'三个代表'重要思想以及科学发展观等重大战略思想在内的科学理论体系"，并

指出："在当代中国，坚持中国特色社会主义理论体系，就是真正坚持马克思主义。"[①]

科学发展观，是中国共产党人以马克思主义理论为指导、根据新世纪中国经济社会发展规律所总结的重要理论。这一时期的经济特区建设，也从之前效率第一的观念，逐渐转变为关注质量和效益、协调开展一系列法治和环境保护等工作。进入21世纪的经济特区，面临全新的发展格局，涉及例如发展动能转换、政商关系变革及统筹协调发展等前所未有的新问题。这个时候，特区精神的思想支撑重要作用又开始释放力量。

以开拓创新为主要特征的特区精神，推动特区内人们开始审时度势，结合全球化的大趋势，打开思路、开阔视野，获得了大量的市场机遇，吸收了全新的技术手段，创造了诸多新产品、新方法、新模式，在大幅提高社会生产力水平的同时，丰富了中国特色社会主义市场经济体系，极大地提升了人民生活水平。2004年，党的十六届四中全会提出构建社会主义和谐社会的战略任务。2006年，在党的十六届六中全会第二次全体会议上，胡锦涛同志指出："构建社会主义和谐社会，是我们党从中国特色社会主义事业总体布局和全面建设小康社会全局出发提出的重大战略任务，反映了建设富强民主文明和谐的社会主义现代化国家的内在要求，体现了全党全国各族人民的共同愿望。"[②]

社会和谐，是中国特色社会主义的本质属性，从根本上推动特区精神朝着以人为本、可持续发展的方向不断升华。特区在构建和谐社会过程中，重视经济体制和社会结构改革，关注到收入分配差距拉大、消极腐败现象滋长和部分群众生活困难等问题，继续发扬首创精神，在保障人民权益、促进经济社会协调发展、强化政府社会管理和公共服务职能、深化分配制度和社会保障制度改革、完善人民内部矛盾处理机制等方面创造性地提出了改革措施，为进一步提高社会事务管理水平、协调利益关系、激发社会创造活力等发挥了积极作用。特区精神也逐渐向国内其他地区城市传播，促进社会主义和谐社会形成，为进一步深化改革、转变经济发展方式、实现又好又快发展带来了精神支撑。

---

① 胡锦涛：《胡锦涛文选》第2卷，人民出版社，2016，第621页。
② 同上书，第520页。

（四）新发展理念的特区实践：坚持践行习近平新时代中国特色社会主义思想的特区精神

中国特色社会主义进入新时代，要求继续深化改革，扩大对外开放。习近平总书记强调，"没有改革开放就没有当代中国的发展进步"①，"只有改革开放才能发展中国、发展社会主义、发展马克思主义"②，"兴办经济特区，是党和国家为推进改革开放和社会主义现代化建设进行的伟大创举。"③经济特区在完成了一个又一个历史任务、总结了一个又一个领域的宝贵经验之后，迎来了升级转型的全新历史关口。

这种升级转型的时代政策背景是全面深化改革，旨在更高层次上开展改革开放，贯彻新发展理念，如期全面建成小康社会。中国的改革已经进入深水区，"好吃的肉"已经被吃掉了，剩下的是难啃的硬骨头。因此，特区精神也成为了锐意进取、科学探索的深化改革精神。2019 年 8 月，《中共中央 国务院关于支持深圳建设中国特色社会主义先行示范区的意见》颁布。该文件指出，深圳经济特区已经成为一座充满魅力、动力、活力、创新力的国际化创新型城市，新时代的深圳建设中国特色社会主义先行示范区，"有利于在更高起点、更高层次、更高目标上推进改革开放，形成全面深化改革、全面扩大开放新格局；有利于更好实施粤港澳大湾区战略，丰富'一国两制'事业发展新实践；有利于率先探索全面建设社会主义现代化强国新路径，为实现中华民族伟大复兴的中国梦提供有力支撑。"④属于深圳先行示范区的"三个有利于"，不仅体现了党中央、国务院的重托，还反映出深圳新的历史地位和作用。

坚持践行习近平新时代中国特色社会主义思想的特区精神，是体现着新发展理念的发展精神。习近平总书记在谈到高质量发展时指出："创新成为第一

① 习近平：《论坚持全面深化改革》，中央文献出版社，2018，第5页。

② 习近平：《习近平谈治国理政》第3卷，外文出版社，2020，第17页。

③ 习近平：《习近平在深圳经济特区建立40周年庆祝大会上的讲话》，《人民日报》2020年10月15日，第02版。

④ 《中共中央 国务院关于支持深圳建设中国特色社会主义先行示范区的意见》，人民出版社，2019，第1-2页。

动力、协调成为内生特点、绿色成为普遍形态、开放成为必由之路、共享成为根本目的。"①

创新是经济特区在迈向新时代中国特色社会主义进程中的最重要理念。在改革开放40多年里，深圳坚持以经济建设为中心，不仅在金融、贸易和服务等领域走在全国前列，而且从技术代加工走向了科技自主创新，孵化了一批享誉世界的科技企业。对于深圳而言，要结合国内外发展的新趋势、信息化技术快速发展，以及以移动互联网、大数据、云计算为代表的高新技术的社会应用发展情况，深圳成为了创新优先的城市。这对于调结构、转方式的深圳而言，不仅找到了深化改革的出路，而且使经济、社会、文化等其他领域着力开展创新活动，形成全国独有的城市创新氛围，吸引了大量的各类技术与创意人才，优化了一系列创新的政府扶持政策。

党的十八大后提出新发展理念，指出，"协调发展注重的是解决发展不平衡问题"②。经济特区在改革开放40多年中暴露出许多发展不平衡的问题：同一城市的不同区（县）之间、物质文明和精神文明、经济和社会等各层次的矛盾屡见不鲜，有的矛盾甚至根深蒂固，用既有手段短时间内难以变革。由于这些矛盾的存在，经济特区之间不仅发展效果差别明显，而且经济特区本身的整体效能被"短板"大大制约，从而导致原有矛盾进一步加深。在新的生产力发展局面下，协调发展成为特区精神新的时代任务。

绿色发展是特区精神中亟待丰富和完善的层面。绿色发展的紧迫需求，反映出资源约束与发展需要、环境生态与经济指标、可持续发展与产业结构之间的冲突。对于特区城市而言，因普遍是沿海地区，在海洋资源方面拥有独一无二的优势。但正因为如此，在改革开放前三十年中，环境保护问题往往停留在口头或政策文件上，难以成为改革城市产业结构的真正措施。随着资源紧缺程度越来越明显，可持续发展成为现代化都市发展的不二选择。特区如何看待环境保护，打造资源节约型社会，成为时不我待的难题。海南经济特区在开发和建设中，以旅游业为支柱产业，总体来看环境污染程度较小；深圳特区在建市

---

① 中共中央党史和文献研究院编《十九大以来重要文献选编》上册，中央文献出版社，2019，第139页。

② 习近平：《论坚持全面深化改革》，中央文献出版社，2018，第171页。

图4-3　首批国家园林城市（1992）、首批国家生态园林城市（2016）珠海

伊始便重视城市绿化，并在数次产业调整过程中，着重将高污染、高耗能的企业外迁，从政策方面开始落实执行环境保护，构建资源节约型、环境友好型社会，逐渐被打造成为全球著名的宜居城市。

开放发展理念，是新发展理念中继往开来的重要理念升级。总结改革开放40多年的经验，中国需要更高层次的对外开放，引进来、走出去的广度、深度和节奏都在发生急速变化。"一带一路"建设促进了经济特区的发展，对外贸易、对外投资、对外人文交流等方面，都使经济特区的"开放开发"精神得到了进一步升华。经济特区新的国际角色，从做贸易转向了综合交往，在应对国际经贸摩擦、争取更多的国际经济贸易话语权方面，都具有不可替代的关键作用。

共享发展，以发挥中国特色社会主义制度优势为前提，着力创新实践合理分配制度，解决社会公平正义问题。中国共产党以人民为中心，全心全意为人民服务，体现了责任与担当。让最广大人民群众能够共享改革开放成果，是社会主义的本质要求，也是社会主义制度优越性的集中体现。各个经济特区都把共享精神长期贯彻到实践中，体现在特区精神上，引导创业者们既要把"蛋糕"不断做大，也要不断发展完善的分配机制，实现社会公平正义，体现"发展为了人民、发展依靠人民、发展成果由人民共享"的目的①。

习近平总书记指出，"深圳等经济特区改革发展事业取得的成就，是党中央坚强领导的结果，是广大干部群众开拓进取的结果，是全国人民和四面八方广泛支持的结果"。经济特区的实践，"深化了我们对中国特色社会主义经济特区建设规律的认识"②，要以更高的要求加强党的全面领导和党的建设，不断续写更多"春天的故事"。

三、开辟了中国特色社会主义道路

特区精神伴随着特区建设不断升华，与经济特区所取得的显著成就交相辉映，在思想精神层面上证明了中国特色社会主义制度优势，为改革开放和社会主义现代化建设提供了最生动的思想写照。中国特色社会主义前进道路，内含了特区精神这一宝贵的实践内核。在不断开辟中国特色社会主义新征程上，从特区精神形成过程来看，证明了党的十一届三中全会以来形成的党的基本理论、基本路线、基本方略是完全正确的。坚持弘扬特区精神，遵循历史前进逻辑，顺应时代发展潮流，呼应人民群众期盼，实现更高质量发展，不断向中国特色社会主义道路新的里程碑前进。

（一）"中国只能走社会主义道路"

如果说改革开放是总结我国历史和分析时代局势的必然选择，那么特区精神就是这种选择的必然产物，它鼓励全国人民共同开辟中国特色社会主义这条必然道路。党的十一届三中全会公报提出，"把马列主义、毛泽东思想的普遍

① 习近平：《论坚持全面深化改革》，中央文献出版社，2018，第173页。
② 习近平：《在深圳经济特区建立40周年庆祝大会上的讲话》，《人民日报》2020年10月15日，第02版。

原理同社会主义现代化建设的具体实践结合起来，并在新的历史条件下加以发展"，是"党中央在理论战线上的崇高任务"[1]。这不仅从理论指导的高度为改革开放确立了基本原则，还具体指导着党和人民积极践行"结合"的原则，探索出中国特色社会主义道路。1982年，邓小平在党的十二大开幕词中提出"走自己的道路，建设有中国特色的社会主义"[2]，这条道路被正式提出，成为中国特色社会主义的根本成就[3]。

特区精神伴随着经济特区的建设而萌发。在党的十一届三中全会之前，深圳（宝安县）长期是"一穷二白"的边陲小镇，几乎没有工业，本地和周围的劳动力找不到出路，甚至一部分人连衣食住行都难以充分保障。然而，一河之隔的香港地区则经济繁荣，生活水平高。当时的人们不仅怀疑社会主义制度的优越性，还时不时地出现偷渡香港的情况。从1980年设立深圳经济特区以来，仅在3年内（1983年）便创造了7.2亿元工业总产值，实现了2.9亿元财政收入，分别较1978年增长了11倍、10倍；特区全民所有制职工的年均工资达到了1571元，农民人均收入达840元，分别较1978年增长了1.7倍、5.3倍。[4]引入外部资金、先进管理方法和技术，盘活了本地资源，吸引了大量的内地劳动力，不仅遏制了偷渡香港潮，人们通过在深圳经济特区就业还取得了逐年持续增加的经济收益。坚持走社会主义道路，是为了摆脱贫困。办好经济特区，就是为了摆脱贫困。当越来越多的人通过在特区实干而摆脱贫困时，特区精神具有了十足的说服力。

特区精神是特区发展的写实。1994年，江泽民同志曾对经济特区发展提出了"增创新优势，更上一层楼"的指示[5]。对于各个经济特区及其相应省份而言，在获得了国家的一系列优惠政策和灵活措施后，关于摆脱历史和现实的

① 中共中央文献研究室编《三中全会以来重要文献选编》上，人民出版社，1982，第12–13页。
② 邓小平：《邓小平文选》第3卷，人民出版社，1993，第3页。
③ 田心铭：《试论改革开放40年的根本成就和根本经验》，《马克思主义研究》2018年第11期，第31页。
④ 林洪：《对外开放与社会主义精神文明建设——从深圳经济特区精神文明建设得到的启示》，《广东社会科学》1984年第2期，第66页。
⑤ 江泽民：《江泽民文选》第1卷，人民出版社，2006，第375页。

束缚，解放和发展生产力，已经形成了一定的经验。但是，在大胆尝试和总结经验之后，又要不断思考如何才能增创新优势，加快本地区的发展步伐，形成有竞争力、有持续性、有综合效益的发展优势。特区的开拓和创新精神，不是阶段性的冲刺，而是特区人民持续探索、不畏辛苦、努力发展的真实写照。

特区发展进入21世纪以来，特区精神成为特区建设向纵深发展的有利支撑。2003年，胡锦涛同志在广东考察时强调发展要坚持两条："一是发展是硬道理"，抓住机遇，搞好经济；"二是发展要有新思路"，实施科教兴国战略和可持续发展战略，"实现速度和结构、质量、效益相统一，经济发展和人口、资源、环境相协调"，促进中国特色社会主义经济、政治、文化全面发展[①]。这一时期，广东作为深圳、珠海、汕头等经济特区所在省份，在探索和确立发展道路上出发早、成绩好，但在走新型工业化道路、统筹城乡经济社会发展、"珠三角"与香港、澳门的协调发展、生态保护和环境整治等重要问题上，仍然面临前所未有的重大发展改革问题。探索这些重大问题，离不开特区精神作为支撑。

2008年，在纪念党的十一届三中全会召开30周年大会上，胡锦涛同志提出这样的论断："改革开放以来我们取得一切成绩和进步的根本原因，归结起来就是：开辟了中国特色社会主义道路，形成了中国特色社会主义理论体系"[②]。这一根本原因也是特区精神能够形成的根源所在。习近平总书记曾告诫全党，"全党同志必须牢记，道路决定命运，找到一条正确的道路多么不容易，我们必须坚定不移走下去。"[③]经济特区的积极探索，丰富了理论和实践的发展，增添了中国特色社会主义的内涵。从党领导人民开展经济特区实践，到紧密结合理论、制度、文化等，形成了新的理论、指导了新的实践，健全完善了党和国家的制度，一些宝贵的、合理的、适宜推广的办法也形成了政策方针。

2018年，习近平总书记在纪念马克思诞辰200周年大会上的重要讲话中指

---

① 胡锦涛：《胡锦涛文选》第2卷，人民出版社，2016，第39页。
② 中共中央文献研究室编《十七大以来重要文献选编》上，中央文献出版社，2009，第796页。
③ 中共中央文献研究室编《十八大以来重要文献选编》上，中央文献出版社，2014，第83-84页。

出，自从中国共产党诞生后，就"把马克思主义基本原理同中国革命和建设的具体实际结合起来"，实现了中华民族从"东亚病夫"到站起来的伟大飞跃；改革开放以来，"把马克思主义基本原理同中国改革开放的具体实际结合起来"，实现了中华民族从站起来到富起来的伟大飞跃；在新时代，"把马克思主义基本原理同新时代中国具体实际结合起来"，中华民族迎来了从富起来到强起来的伟大飞跃[1]。中华民族自从站起来后，必须紧跟世界发展潮流，快速提升经济社会发展水平，提高人民生活水平。面对这样繁重的任务，必须形成新的思想、结合新的实际、树立新的观念，才能使改革开放产生成效。同样的，新时代的经济特区发展有了新的任务，不仅要继续坚持以马克思主义为指导，还仍然要坚持从实际出发，坚持走中国特色社会主义道路。

特区发展的成功离不开特区精神作为精神层面的指导和保障。在现实方面，特区的发展成绩和对改革开放的贡献、对内地的影响、对我国各行各业的促进作用，都实实在在地证明了"中国只能走社会主义道路"[2]。

（二）特区精神深刻反映出我国社会主要矛盾的变化

特区精神深刻地反映着我国社会主要矛盾的变化。1981年，党的十一届六中全会指出，在社会主义改造基本完成以后，我国所要解决的主要矛盾，是人民日益增长的物质文化需要同落后的社会生产之间的矛盾[3]。"人民日益增长的物质文化需要"与"落后的社会生产"之间的矛盾，长期贯穿于经济特区的发展历程。无论是邓小平同志在党的十三大召开前所作出的"我们中国又处在社会主义的初级阶段，就是不发达的阶段"[4]的论断，还是党的十六大、十七大所重申的这一主要矛盾没有变化，都从理论的高度客观地反映出我国经济特区的发展任务仍然没有结束，特区精神仍然要传承、弘扬和发展。

---

① 中共中央党史和文献研究院编《十九大以来重要文献选编》上，中央文献出版社，2019，第426-427页。
② 邓小平：《邓小平文选》第3卷，人民出版社，1993，第207页。
③ 中共中央文献研究室编《关于建国以来党的若干历史问题的决议注释本》，人民出版社，1985，第588页。
④ 同②书，第252页。

"人民日益增长的物质文化需要"与"落后的社会生产"之间的社会主要矛盾，激发出"深圳速度""深圳效益""深圳精神"。这是生产力水平不足，但市场经济蓬勃起步的社会活动状态的写照。伴随着与市场经济相契合的意识观念走向新台阶，经济社会生产也发生了新的变化。整个社会开始重视人才、重视知识、重视劳动者素质，强调可持续发展，强调精神文明建设。例如，深圳特区在"九五"期间，通过理论建设工程、思想道德建设工程、文化建设工程、教育建设工程、科技建设工程、环境建设工程、文明"窗口"建设工程、群众性精神文明建设工程、"双拥"共建工程、法制建设工程等"十大工程建设"，着力拉动精神文明建设。"十大工程建设"从一个侧面能体现出经济社会向前发展过程中所面临的必然困难，即理论、文化、教育等领域是否与经济发展水平相适应、相匹配？例如法制建设等领域，是否与经济体制机制相掣肘、相制约？从另一个侧面看，"十大工程建设"也是特区精神发展过程中所必需的一个完善措施，需要在多个方面协同完善特区精神，充实特区精神内涵，使特区精神能够持续地"接地气"，体现创业者、建设者们的精神状态，也能引领和支撑他们向前更好地开创事业，在精神层面再上一个新台阶。

特区精神有力地推动我国经济社会发展进程。改革开放40多年来，社会物质文化需求和社会生产两个方面已经发生了剧烈的变化，这体现在：第一，

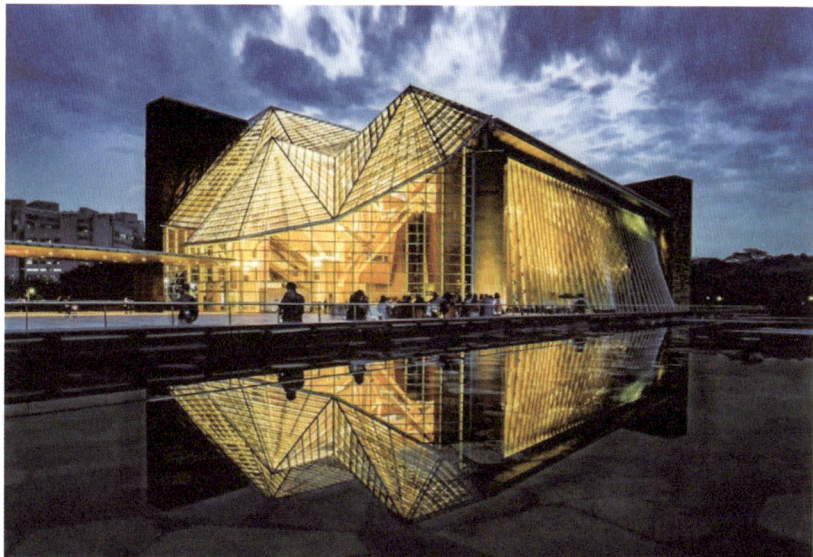

图4-4 深圳市音乐厅，与深圳市图书馆、少年宫、书城相邻

国内、国外两个大局的环境，其中的各类矛盾和问题所发生的深刻变化，全球正经历着"百年未有之大变局"；第二，对党长期执政能力和领导水平的要求发生了深刻变化，全面从严治党（东西南北中、党政军民学，党是领导一切的），强化党的领导和党的建设成为了因应社会主要矛盾变化所必须牢牢把握的根基；第三，我国社会的发展阶段、发展任务、工作对象、工作条件都发生了深刻变化，必须全面深化改革，破除不合时宜的体制机制，进一步解放思想。

从经济社会发展需要来看，跃居世界第二大经济体的中国在向前发展中，需要系统的、科学的、全面的理论作为支撑。特区精神在加强精神文明建设过程中成为具有时代科学内涵的思想观念。2015年，习近平总书记在主持十八届中央政治局集体学习时，从六个方面深入阐述了如何不断形成新的理论成果，不断开拓当代中国马克思主义政治经济学新境界：第一，坚持以人民为中心的发展思想；第二，坚持新的发展理念；第三，坚持和完善社会主义基本经济制度；第四，坚持和完善社会主义基本分配制度；第五，坚持社会主义市场经济改革方向；第六，坚持对外开放基本国策[①]。中国特色社会主义进入了新时代，社会主要矛盾也转化为人民日益增长的美好生活需要和不平衡不充分的发展之间的矛盾。党的十九大和十九届四中全会关于坚持和完善社会主义基本经济制度作出了一系列战略部署，党中央、国务院在2020年3月印发了《关于构建更加完善的要素市场化配置体制机制的意见》，顺应了完善要素市场化配置这个建设统一开放、竞争有序市场体系的内在要求，有助于激发全社会创造力和市场活力，推动经济发展质量变革、效率变革、动力变革。2020年5月11日，党中央、国务院印发了《关于新时代加快完善社会主义市场经济体制的意见》，着力聚焦解决市场体系还不健全、市场发育还不充分，政府和市场的关系没有完全理顺，还存在市场激励不足、要素流动不畅、资源配置效率不高、微观经济活力不强等问题，推动高质量发展仍存在不少体制机制障碍等方面的困难。

社会主要矛盾的变化，更需要大力弘扬和践行特区精神。特区精神激励着一代又一代创业者持续探索可持续的经济发展道路，为不断解放和发展生产力

---

① 中共中央党史和文献研究院编《十八大以来重要文献选编》下，中央文献出版社，2018，第4-6页。

而努力奋斗。

（三）特区精神从反映"三个有利于"特质到凸显"四个有利于"内涵

党的十三大提出了社会主义初级阶段理论，逐步明确了"一个中心、两个基本点"的基本路线。邓小平同志在1992年的南方谈话中强调基本路线一百年不动摇，并提出了"三个有利于"——"是否有利于发展社会主义社会的生产力，是否有利于增强社会主义国家的综合国力，是否有利于提高人民的生活水平"。"三个有利于"被普遍认为是判断我国改革成败得失的标准，并成为引领改革开放的关键性的思想解放成果，从根本上为改善人民生活指明了方向。有学者认为，"三个有利于"深刻回答了当时困扰人们的认识问题，明确了生产力是社会发展的最终决定力量，反映出以经济为统领的社会发展与综合国力作为衡量一个国家的基本指标，并将改革开放落脚于人民生活水平提升上，在政策上则具体落实为"以经济建设为中心"①。我们从邓小平同志"改革也是解放生产力"的论断中看出了实行改革的必要性。从推动生产力发展和经济特区实践的情况来看，坚持"一个中心"与坚持"两个基本点"具有一体两面的关系。特区精神在其中扮演着实践精神及价值导向双重角色。

在2016年中央全面深化改革领导小组会议上，习近平总书记提出"四个有利于"的标准——多推有利于增添经济发展动力的改革，多推有利于促进社会公平正义的改革，多推有利于增强人民群众获得感的改革，多推有利于调动广大干部群众积极性的改革。"四个有利于"是对"三个有利于"的继承和深化，但这种继承和深化绝不是发展生产力这一个维度的创新。

从"三个有利于"到"四个有利于"，反映了中国特色社会主义制度从创立到基本形成的重要转变。这种转变是思想转变，也是精神层次提升。以"四个有利于"来分析，具有多重含义：

第一，"多推有利于增添经济发展动力的改革"，是站在进一步解放和发展

---

① 张丹、冯颜利：《从邓小平"三个有利于"到习近平"四个有利于"——纪念改革开放40周年》，《辽宁大学学报（哲学社会科学版）》2019年第3期，第8页。

生产力的角度所提出的要求，但这种经济发展动力的增添，绝不是像改革开放前三十年那种粗放式的发展模式，而是要遵循新发展理念，坚持全面深化改革，进一步解放思想、实事求是。敢闯敢试、敢为人先、埋头苦干的特区精神，仍然是首要的重要时代品格。

第二，"多推有利于促进社会公平正义的改革"，是党带领全国人民努力破解发展难题过程中必须跨越的重要一关。深圳在2010年总结的深圳特区精神中，提出了"团结互助、扶贫济困的关爱精神"。这不仅仅是互帮互助、引导公益慈善发展，而是要积极面对经济社会发展中的公平正义问题，要找到良性的基本经济制度，强化市场体系建设，完善财税、金融、社保等领域体制机制，探索深化收入分配制度改革，体现中国特色社会主义制度优势。

第三，"多推有利于增强人民群众获得感的改革"，体现了全面深化改革始终不离发展依靠人民、发展为了人民的初衷，反映出经济特区发展走中国特色社会主义道路的根本优势。在改革开放这场深刻全面的社会变革中，市场要素得到激活，什么能干、什么可能可以干、什么绝对不能干，都通过了实践检验与尝试，但其所形成的改革开放发展成果，如何能更多更公平地惠及全体人民，成了实实在在的发展症结。人民的获得感、幸福感、安全感，需要通过一系列系统性的改革措施才能逐步改善，例如完善公共服务体系、推进社会治理、形成良好社会秩序等。特区精神在改革开放40多年中，着力激励更多人投身于经济特区建设，但随着全面深化改革任务的提出，特区精神也激励更多人探索中国特色社会主义发展道路，使广大人民群众的根本利益与经济特区发

图4-5　20世纪80年代，深圳华强电子厂内正在生产收音机

展利益相互促进，休戚相关、荣辱与共。

第四，"多推有利于调动广大干部群众积极性的改革"，是面向中国特色社会主义新时代的高质量发展的必然要求。无论是改革开放初期的"深圳速度"，还是如今令全球惊艳的"中国速度"，其根本是党的政策方针能够调动广大干部群众的积极性，既能集中力量办成大事，也能群策群力共创美好生活。特区精神在新时代中，代表着实现最广大人民根本利益的现实指向。要想高质量发展，必须依靠人民，充分调动人民的主观能动性和积极意愿，单靠个别企业、机构、部门来推行改革，无法解决系统性的治理难题。

（四）特区精神坚持和完善了中国特色社会主义制度

特区精神具有与时俱进的历史特质。2019年10月，党的十九届四中全会审议通过了《关于坚持和完善中国特色社会主义制度，推进国家治理体系和治理能力现代化若干重大问题的决定》。这个纲领性文件，全面回答了我国国家制度和国家治理体系应该"坚持和巩固什么、完善和发展什么"的重大政治问题。在这个重大政治问题的解答思路框架下，新时代经济特区发展任务更多，更富有层次，更强调系统性；特区精神承担着坚持和完善中国特色社会主义制度重大任务，并具有了国家治理现代化的意蕴。

坚持和完善中国特色社会主义制度的特区精神之所以能够形成，是以强大的社会生产水平为现实基础，是党和人民通过艰苦卓绝的奋斗所换来的历史性成就，为中国特色社会主义发展奠定了新的里程碑。

在这样的特区精神驱动下，党的领导制度体系得以持续探索创新。特区精神无论放在任何一个时代，始终是以"不忘初心、牢记使命"为背景，是不断坚定维护党中央权威和集中统一领导的历史经验总结。新时代的开拓精神，必须以习近平新时代中国特色社会主义思想武装全党、教育人民、指导工作，推动全党增强"四个意识"、坚定"四个自信"、做到"两个维护"。

另外，新时代的特区实践，其中一个重要目的是探索国家治理的路径。在这个目的驱动下的特区精神传承与弘扬，一是为党在各种组织中发挥领导作用的创新提供新动力，能够扎实地从社会基层统筹推进"五位一体"总体布局、协调推进"四个全面"战略布局；二是为调动人民群众参与治理的积极性带来客观环境的激励，能够健全为人民执政、靠人民执政各项制度，巩固党执政的阶级基础，厚植党执政的群众基础。

图4-6 俯瞰深圳最高楼与市民中心

坚持和完善中国特色社会主义制度的特区精神，离不开改革开放对现代化道路的探索。特区精神激励着特区人民率先探索实现现代化的路径。经济特区的建立及其成功实践，为中国找到了一条走向民族复兴的中国特色社会主义道路。特区精神始终如一地坚持四项基本原则，这贯穿于改革开放和经济特区建设过程中。胡锦涛同志指出，我们要"既以四项基本原则保证改革开放的正确方向，又通过改革开放赋予四项基本原则新的时代内涵，坚持把以经济建设为中心同四项基本原则、改革开放这两个基本点统一于发展中国特色社会主义的伟大实践"。①

深化改革进入了深水区，过往的社会管理思路、方式和体系已然不能满足新时代中国社会的发展需要。新的历史难题的出现，意味着经济特区向前发展也已进入了深水区。特区精神不仅是城市精神文明的产物，也是持续推动改革发展的重要支柱。大力弘扬特区精神，推进国家治理体系现代化，探索坚持和完善人民当家做主制度体系的新内涵，发展社会主义民主政治，建立健全基层

---

① 胡锦涛：《胡锦涛文选》第3卷，人民出版社，2016，第158页。

群众自治制度便是其中的重要组成部分。在经济特区过去40多年的建设和发展中，基层社区、民营企业、社会机构等在其中扮演了重要的自我管理者的角色。全心全意依靠工人阶级治理，打造新时代共建共治共享的社会治理制度，是完善中国特色社会主义制度的必然路径。其中，具体的治理办法、治理思维、治理经验，都具有巨大的探索领域和创新空间。

坚持和完善中国特色社会主义制度的特区精神，推动坚持完善中国特色社会主义法治体系，旨在完善立法体制机制，使全民在生活和工作中提高法律意识、增强法治观念、完善公共法律服务体系等。新时代的特区在开展治理实践中，必然成为经济高质量发展的"先锋队"，在坚持巩固公有制为主体、多种所有制经济共同发展，按劳分配为主体、多种分配方式并存，社会主义市场经济体制等社会主义基本经济制度的前提下，优化政府职责体系、组织结构等，用好"看不见的手"和"看得见的手"，"努力形成市场作用和政府作用有机统一、相互补充、相互协调、相互促进的格局"[①]，为完善科技创新体制机制，激活大中小微企业的创新能力，使以企业为主体、市场为导向、产学研深度融合的技术创新体系能够更有助于推动新的更高层次的改革开放发展。

坚持和完善中国特色社会主义制度的特区精神，还对坚持和完善生态文明制度体系具有重要作用。生态文明建设是关系中华民族永续发展的千年大计，必须践行"绿水青山就是金山银山"的理念。40多年改革开放在带来经济高速发展的同时，也造成了生态环境污染和破坏。尽管不同地区遭受污染和破坏的程度不同，但生态保护和持续高质量经济发展的问题已然成为了治理难题。2000年之后，深圳特区便已面临"四个难以为继"（土地、能源、人口、生态环境发展难以为继）问题。深圳的境遇并不是个例。因此，无论再过多长时间，取得怎样的经济成就，都要坚持完善国家治理现代化下的生态文明制度体系：既要实行最严格的生态环境保护制度和严明生态环境保护责任制度，坚持人与自然和谐共生，也要建立资源高效利用制度，探索建立各类资源使用、监督和循环的政策体系，还要健全生态保护和修复制度，使长久的经济社会发展拥有生态良好的环境作为根基，共同建设美丽中国。

---

① 习近平：《论坚持全面深化改革》，中央文献出版社，2018，第104页。

四、丰富了中华民族精神

中华民族精神内涵丰富，与时俱进，既强调了勤劳勇敢、正心诚意，也重视审问慎思、明辨笃行，善于从实践中提炼经验和教训，敢于不断尝试并挑战思维定式、理念范式、传统方式，把中华优秀传统文化内植于每个决策、每项工作之中，坚持发展是第一要务、人才是第一资源、创新是第一动力，在顺应客观决定性的原则基础上充分发挥主观能动性，大力发展社会生产力，敢于推动社会生产关系突破变革，坚持摸着石头过河和加强顶层设计相结合，使中华民族精神不断迈向现代化。

（一）特区精神是继承和发展了中华优秀传统文化属性的中华民族精神

特区精神不是从天上掉下来的几句口号，也不是突发于人们脑海中的几个词、几句话，而是来源于以中华优秀传统文化为根基和灵魂的特区人民实践。可以说，特区精神是继承和发展了中华优秀传统文化属性的中华民族精神。

开拓创新是特区人民首推的重要精神品质，它深刻体现着"苟日新，日日新，又日新"（《大学》）的精髓。无论是个人还是集体或社会，都应当天天求新、追求完善。等着天上掉馅饼，坐吃山空、坐享其成的想法和做法，绝不是特区人民倡导的。唯有与时俱进、不断革新、追求创新、力求卓越，才是践行中华古训、结合时代要求的好品质。

在开拓创新的背后，蕴含着勤劳节俭的传统美德。"慎之劳，则富"（《大戴礼·武王践祚·履屦铭》），"民生在勤，勤则不匮，是勤可以免饥寒也。"（《古今药石·续自警篇》）这些都强调了财富与劳动的关系。没有劳动，则经济发展无从谈起，人民衣食无忧也无从想象。习近平总书记曾说，"幸福都是奋斗出来的"，要"撸起袖子加油干"。这些都是基于中华优秀传统文化，结合当下时代精神，对新时代中国的创业者与中国特色社会主义事业建设者们的鼓舞和勉励。

特区精神也内在地含有诚信守法之义。诚信守法是当今社会运行过程中必不可少的共同守则，是当代精神文明的体现，是尊重契约精神、人本精神、可持续发展精神的根本要求。中华民族深刻明白诚信的重要性，孟子有言："是故诚者，天之道也。思诚者，人之道也。"在古人眼中，天道的本质是"诚"，违背"诚"的想法和做法都与天道背道而驰，故不会长久或成功；而人效法和顺应天道的本分则是"思诚"，即追求"诚"。追求"诚"并达到极致，则"精诚所至，金石为开"，再大的困难都能克服，再大的挑战都能战胜。可见，特区精神所倡导的诚信守法，绝不是单纯地倡导一种公约，而是以诚当头、以法立足，坚持诚信守法，才能不断书写经济特区建设新的辉煌。

敢闯敢试、敢为人先、埋头苦干的特区精神，蕴含着包容审慎、敢于试错的古老品格。"君子以厚德载物"（《周易》）所言即君子的品格，应当像大地一样包容一切物、一切人、一切变化。可以说，若没有包容的品格，先行先试就会变成创新创业者的一种现实负担，甚至是一种道德负担和思想负担。一旦这些负担成为社会主流，则社会创新活力就会下降，就会在创新和尝试面前人人自危、瞻前顾后，社会活力将被大大抑制。包容的品格对于经济特区发展过程而言，正是最大的道义，"得道多助，失道寡助"。只有敢于试错、敢于先行先试的特区人民，才能最快取得发展红利，获得经济发展的回馈。

特区精神与特区社会风气发展，二者密切相关，都以中华优秀传统文化为

图4-7　1992年深圳蛇口海边，现已填海造楼

相互作用的重要对象。经济特区发展带来了人民生活水平的极大提升，构成了与新的生产力发展水平相适应的人际交往方式、家庭观念、社会互助准则，尤其与改革开放前的个人、家庭、社会运行方式相比发生了重大变化。只是通过宣传强调精神文明显然是不够的，例如深圳便在公益慈善方面进行了诸多创新尝试，走在了全国的前列。"老吾老，以及人之老；幼吾幼，以及人之幼"（《孟子·梁惠王上》），"人人亲其亲，长其长，而天下平"（《孟子·离娄上》），"必使饥者得食，寒者得衣，劳者得息"（《墨子·非命下》）。这些古训在中国特色社会主义市场经济创新发展的前沿阵地上找到了勃发的土壤，被特区人民一次次践行，根植于人们日常生活的每个细则之中：无论是在公共汽车上人们主动给老幼病残孕者让座，还是中学生、大学生或有组织或自发地照顾鳏寡老人与孤儿，抑或是民间或官方对中国内地一些贫穷落后乡村进行定点帮扶，都形成了不停留于活动表面的"真公益""真慈善"，在社会活动层面上对特区发展贡献良多。

特区精神是推动经济特区行稳致远、可持续发展的持久精神动力。古语"知、仁、勇三者，天下之达德也"（《中庸》）告诉我们，通行天下而不变的品德包括智慧、仁德、勇气。一味地鼓励创新尝试，能够快速获得许多发展经验，但这些经验必须建立在"仁义礼智信，温良恭俭让"基础之上；否则，缺乏仁义美德，必然使敢闯精神变成盲闯、蛮闯，越来越偏离初心，忘了为谁发展的根本原则。倘若没有了勇气，则社会发展到一定程度而必须改革所累积的难题病症时，就不能做到刀刃向内，改掉自身的顽疾（例如未能很好地根除贪污腐败、黑恶势力等影响社会健康发展的因素）。特区要想持续发展，就要在许多方面订立规章制度，以形成独有的精神文明要求和品德实践准则。

（二）特区精神是在特区发展实践中凝结的人民首创精神

人民首创精神是特区精神的源头。特区精神继承和弘扬了以伟大建党精神为代表的优良基因，把人民首创精神传承与时代创新进行高度统一。中国共产党在100多年的发展历程中，"形成了坚持真理、坚守理想，践行初心、担当使命，不怕牺牲、英勇斗争，对党忠诚、不负人民的伟大建党精神，这是中国共产党的精神之源。"①我们要把伟大建党精神根植于特区精神之中，牢记初心使命，不畏艰险、奋勇拼搏，把中国特色社会主义伟大事业不断推向前进。

图4-8 1994年，深圳市图书馆入口处排起长队，读者等待入场借阅图书

特区精神反映了特区建设实践中的人民作用，收获了许多意想不到、令人欣喜的"好果子"。第一个"好果子"，便是辛勤工作和学习的劳动者。打开了门户的特区人民，眼界拓宽了，知识丰富了，思想解放了。以深圳特区初始发展阶段为例，初到特区的广大青年职工受到特区精神的鼓舞，深受经济特区"大有搞头""大有奔头"的现实激励，白天认真上班、努力工作，晚上和周末上电大学技术、学业务、学英语等。经济特区的劳动者们不是"劳工"，而是一个个具有能动性的社会主义劳动者：既努力工作，也努力学习；既珍惜工作时间，也珍惜业余时间；既敢于付出汗水，也乐于开动脑筋。这种良好社会氛围是自然而然形成的，似乎特区建设者们达成了一种共识——只有努力工作、勤奋学习，才不致在特区建设中掉队。这使特区人民的视野更加开阔，进取心不断被激发，首创精神愈发得到彰显。

深圳特区还积极营造了支撑特区首创精神的社会氛围。特区人民倡导"时间就是金钱，效率就是生命"，敢为人先、锐意进取。在特区人民先行先试、务实肯干精神的感染下，特区政府部门摒弃了摆"官架子"、办事拖拉、遇事推诿等现象，杜绝了听风声、观风向、说空话、讲套话的不良习气。这与当时

---

① 习近平：《习近平谈治国理政》第4卷，外文出版社，2022，第7页。

内地某些地方政府部门"门难进、脸难看、事难办"的状况形成了鲜明对比。特区政府在特区人民首创精神的推动下，变成了讲效率、争速度、拼服务的经济特区型政府，改变工作作风，并在讲求契约精神、敢于试错、破除桎梏等方面树立了标杆，从而带动了一批又一批内地城市的行政改革。

正是由于特区建设者们克勤克俭、敢于付出，才推动建立了特区政府与市场主体的良性关系：特区政府不必事事为市场决策，尤其是在改革开放初期需要"摸着石头过河"。政府在盘活社会劳动力资源方面，坚持革命精神和实事求是的根本方法论，以充分发挥工人、农民的聪明才智和首创精神，促进经济快速发展，并使更多人体会到社会主义制度的优越性。

特区党委也下大力气激发人民的首创精神。各级党委通过党员培训，树立各行各业的标杆和楷模，倡导"五讲四美三热爱"和建设文明单位等，激励特区人民为社会主义精神文明建设贡献力量。正是由于特区人民自发地、辩证地、现实地将精神文明建设与物质文明建设放在同等重要位置上，才为改革开放持续建设，以及中国特色社会主义制度完善和发展奠定了坚实的基础。

在特区精神鼓舞下，经济特区积极探索各类发展路径，尝试不同创收方式，不仅极大地提高了我国第二产业的质量和水平，还大幅提升了第三产业，开辟了改革开放以前不敢想、不能想、不会想的新发展路径。改革开放以前，我国服务业受到计划经济体制的束缚，缺少作为服务产业的许多要素。改革开放初期，在深圳、珠海、厦门等地，服务业开始与市场经济同步发展。需要指出，服务业在快速发展的同时，一些外来的糟粕也乘机而入，给经济特区带来消极的影响，导致精神污染。在"两手抓，两手都要硬"方针指导下，通过长期整治，以及打黑除恶等专项行动，特区的社会风气有了明显好转。另一方面，实践证明，服务业是市场经济的重要组成部分，与市场经济体制一样，不能"一刀切"地说是姓"资"或姓"社"，而必须从发展目的进行考量。

人类所创造的许多优秀成果并不具有阶级性。特区劳动人民的实践证明，引进市场经济是打破闭关自守的关键，而发展服务业不仅能扩大就业需求，还能提升市场经济运行质量，把合法、合规、合理的服务作为产品，同样符合市场经济发展要求及趋势。特区人民的首创精神为发展我国第三产业开辟了新的道路，让内地城市和企业有了服务业的发展参照物，并落实于实践，扭转了人们对社会主义市场经济的思想偏见，从思想上为解放和发展社会生产力作出了贡献。

（三）特区精神是具有历史唯物主义与辩证唯物主义特质的时代革命精神

特区精神是党和人民自改革开放以来，运用辩证唯物主义和历史唯物主义，系统、具体、全面地分析国内外社会运动与发展规律所形成的独特的时代进步精神，反映了党和人民在认识世界和改造世界过程中不断把握规律、积极运用规律的历史进程。党和人民在改革开放进程中、在实践中不断回答"什么是社会主义？怎样建设社会主义？"等重大时代课题。这是党和人民自觉并正确运用辩证唯物主义与历史唯物主义的结果。

社会存在决定社会意识，特区精神是特定时期的社会意识产物。深圳等经济特区经历了多次关于特区精神的讨论和修订：从起初凝练成的几个词语，到后来形成若干个方面，从而形成内容丰富、含义深刻、与时俱进的时代精神。恩格斯在《共产党宣言》的序言中指出："每一历史时代的经济生产以及必然由此产生的社会结构，是该时代政治的和精神的历史的基础。"①特区精神形成的背后，反映出不同时代、不同地域、不同经济生产、不同社会结构的现实。

从历史唯物主义的视角来看，"生产力和生产关系、经济基础和上层建筑相互作用、相互制约，支配着整个社会发展进程。"②在经济特区前十年的实践中，我国总体经济水平不高，人民想要提高生活水平的愿望十分强烈；但如何发展生产力、怎样运用生产力、怎样转化生产力成果，成为摆在所有人面前的现实难题。综合来看，生产力与生产关系的矛盾同经济基础与上层建筑的矛盾，两对矛盾共同作用；对内改革、对外开放，"杀出一条血路"地解放和发展生产力势在必行。"开拓"精神与行动，成为了那个阶段整个中国社会尤其是各个经济特区的基本面貌和发展方向。

当改革开放步入21世纪后，经济特区发展开始对内陆地区产生影响，并

---

① 马克思、恩格斯：《马克思恩格斯选集》第1卷，人民出版社，2012，第380页。
② 习近平：《坚持历史唯物主义不断开辟当代中国马克思主义发展新境界》，《求是》2020年第2期，第6页。

暴露出一些"发展病"与糟粕等。分析这个阶段的问题，需要将生产力标准与生产关系、上层建筑更紧密地结合来看。以党的一系列"两手抓"为例：改革开放前期，强调一手抓物质文明建设、一手抓精神文明建设；其后，又提出了一手抓经济建设、一手抓法制建设（提出社会主义法制建设，反映出上层建筑的发展受到了生产力发展水平的推动）；再后来，发展到一手抓发展、一手抓稳定，一手抓改革开放、一手抓惩治腐败等。"两手抓"，是系统地开展改革开放的现实要求，是顺应多个领域的发展规律并抓主要矛盾的措施体现。

特区精神的哲学本质是马克思主义哲学，坚持的是辩证唯物主义与历史唯物主义。它作为劳动人民的一种时代精神特征，一经被发现并总结，就形成了具有人民性、时代性、属地性的实践成果。

具有辩证唯物主义与历史唯物主义特质的特区精神，承袭了革命文化，继承了斗争品格。特区精神具有丰富的内涵，要求人们从经济特区建设这一历史活动出发，不断形成新的具体方式方法，面对不断发展的客观世界，解决层出不穷的新事物、新问题、新关系，应对或明或暗、或大或小的新风险、新困难、新挑战。

五、推动中国改革开放事业向纵深发展

特区精神是经济特区建设经验的有机组成部分，在更高起点上推进改革开放过程中扮演着重要而独特的作用。特区精神能鼓舞全党全国全社会为乘势而上开启全面建设中国特色社会主义现代化国家新征程、向第二个百年奋斗目标进军而团结奋进。

（一）更高层次的改革开放要求呼唤新时代特区精神

习近平总书记在庆祝改革开放40周年大会上的重要讲话中指出："改革开放是我们党的一次伟大觉醒，正是这个伟大觉醒孕育了我们党从理论到实践的伟大创造。改革开放是中国人民和中华民族发展史上一次伟大革命，正是这个伟大革命推动了中国特色社会主义事业的伟大飞跃！"[①]特区精神是这次伟大革命中孕育出的伟大精神，成为社会主义核心价值观的生动注解，注入了珍贵的经验内涵与坚实的历史逻辑。

特区精神不仅支撑经济发展，更是在社会全面协调可持续发展中，扮演着中流砥柱的精神支柱作用。在新时代，特区精神将引导新的一批特区建设者奋勇前行，在国内外形势十分复杂的环境中不断推陈出新，以实际发展成绩巩固了中国特色社会主义市场经济体制改革成果，牢牢把握重要战略机遇期，为构建社会主义和谐社会、形成中国特色社会主义事业总体布局作出了独有的贡献。

图 4-9　汕头经济特区的
　　　　标志

随着中国特色社会主义道路越走越宽广，制度越来越完善，特区精神具有了强大的国家精神、坚定的政治定力、庞大的产业体系、先进的科学建制等作为支撑，而不仅仅是鼓励经济建设和提升经济发展水平的精神。作为世界第二大经济体，中国在进行更高起点、更高层次、更高目标、更高水平的改革开放时，从改革开放前40年中汲取了大量的营养，站在新的层面上拥有了全新的发展视野。在党的领导下，全国人民开始吸收特区精神的精华，并在习近平新时代中国特色社会主义思想的指导下贯彻新发展理念，建设现代化经济体系，不断提高人民生活水平，把发展作为第一要务，坚持解放和发展社会生产力，

---

① 习近平：《论坚持全面深化改革》，中央文献出版社，2018，第502—503页。

新时代特区精神作用日益凸显。

正确和开放道路上的发展，是解决一切问题的基础和关键。只要还在向前发展，新时代特区精神就有其重要的时代意义与现实意义。世界正在经历新一轮大发展大变革大调整，尽管经济全球化波折不断，保护主义、单边主义抬头，但全球化浪潮势不可当。

从2017年开始，美国肆意发起"301调查"，发动了中美贸易摩擦。虽然中美两国经历了长时间的谈判，并最终达成了第一阶段的贸易协定，但自2019年末开始，新冠病毒感染疫情肆虐全球，全球经济遭受重创，出现不同程度的经济倒退。面对困难重重的总体局面，特区精神所内含的辩证唯物主义精神开始发挥重要的现实作用，一方面团结群众，众志成城做好长期的疫情防控工作，另一方面也不能在决胜全面建成小康社会、决战脱贫攻坚的重点任务面前松劲、等待和缓一缓。特区精神所具有的一以贯之的奋斗精神，在抗击疫情过程中得到很好的传承与发扬，并融入新时代中国特色社会主义的时代奋斗精神之中。

经历了40多年的改革开放，高速发展的中国不仅自身经济水平有本质提升，还从2018年开始举办中国国际进口博览会，成为世界上第一个以进口为主题的国家级展会，是国际贸易发展史上的一大创举。[1]中国能够主动向世界开放市场，坚定支持多边贸易体制、推动发展自由贸易，离不开包括各级党委政府和人民群众在内的特区创业者在过去40多年的开拓创新、思变求变、敢闯敢试，离不开积极总结正反两方面经验。

新时代的中国身处复杂多变、难以预测的全球环境中，我国经济整体上已从高速增长阶段转向高质量发展阶段，发展方式、经济结构、增长动力都处于大调整期。中国的改革已经进入了深水区，经济特区的红利、"头啖汤"、"好吃的肉"已经被吃掉了，剩下的"硬骨头"是难啃的。在全社会大力弘扬和践行社会主义核心价值观的今天，需要继续提升凝结特区精神，使之适应新一轮改革开放发展，以人民对美好生活的向往为奋斗目标，在共建共治共享的社会治理和发展中使人民群众拥有更多的获得感和幸福感，享受奋斗的过程，分享

---

[1] 中共中央党史和文献研究院编《十九大以来重要文献选编》上，中央文献出版社，2019，第682页。

奋斗的结果。

新时代特区精神是党带领人民在新时代中国特色社会主义发展道路上继续披荆斩棘的思想利器，是中国特色社会主义伟大旗帜的具体呈现，是我国进入新发展阶段后的宝贵思想传承，是落实新发展理念、紧扣推动高质量发展、构建新发展格局，不断开创特区工作新局面的唯物辩证法宝。坚持并发展特区精神，是党带领人民面对新形势的新创举，是科学发展、可持续发展、高质量发展的精神信念，不断推动实现"两个一百年"奋斗目标、实现中华民族伟大复兴的中国梦。

（二）新时代特区精神推进新一轮改革开放

新时代特区精神推进新一轮改革开放，全面体现在增强我国经济实力、科技实力、国防实力和综合国力上。中国作为负责任的大国，特区精神对于广大发展中国家而言，具有重要的现实借鉴价值。

新一轮改革开放，与40多年前的改革开放伊始具有诸多方面的不同，尤其是以高质量发展取代经济高速增长最为突出。新一轮改革开放以经济健康发展为必然要求。深圳等经济特区在建设发展过程中，比其他内陆地区城市更快地遭受劳动力成本上升、资源环境约束变大、粗放式发展弊端大量爆发等问题的困扰。对于现阶段而言，最能取得突破的便是把握世界新一轮科技革命和产业变革的巨大机遇，努力适应科技新变化、人民新需要，在供给侧结构性改革方面下足功夫，向发展的"深水区""无人区"进军。依据联合国"三元创新环境评价系统"，深圳创新已成为"创新基础（塔基）+创新主体（塔身）+创新方向（塔尖）"三位一体的创新要素禀赋决定的结构体系，民营企业已成为其中的主体，并在中国特色社会主义市场经济体系中，自发地形成了组织活力高、创新绩效高、资源消耗低的"制度供给—市场结构—市场行为—创新绩效"（SSCP）范式[①]，从"先行先试"走向了"先行示范"。

从生产目标来看，改革开放前期的经济特区追求生产效率、生产数量、劳动力数量等指标；高质量发展的新一轮改革开放，则要求生产组织方式网络

---

① 陶一桃：《创新型国家建设与深圳实践》，《开放导报》2018年第3期，第7–8页。

化、智能化，能够适应个性化需求、多样性特征、去中心化应用等，更加重视原始创新力、需求捕捉力、品牌影响力、核心竞争力等，求效率更求质量。从投入产出来看，劳动效率始终是发展的重要指标，但高质量发展的新一轮改革开放，则更要考虑资源效率、资本效率、土地效率等，以提高全要素生产率为管理要点。这两个方面都是基于人民群众不断升级的生活需要和消费需求而发生的变化。实体经济在新一轮改革开放中愈发重要，科技创新、现代金融、人力资源协同发展的产业体系也更加凸显重要地位。新供给激发新需求，新需求带动新供给，进一步刺激利润、税收、个人收入等的提高，从根源上优化新时代中国特色社会主义市场经济体制下的分配制度。

新时代特区精神推动更多地区开展自由贸易试验区建设，筑牢新一轮改革开放前沿阵地。党的十八大提出以自由贸易试验区推进改革开放，是我国经济发展中的又一重大战略决策。这一决策充分体现着特区精神的实质。从2013年党中央、国务院决定设立总面积28.78平方千米的上海自贸区（外高桥保税区、外高桥保税物流园区、洋山保税港区和上海浦东机场综合保税区）开始，2014年在广东（广州南沙新区片区、深圳前海蛇口片区、珠海横琴新区片区，总面积116.2平方千米）、天津（天津港片区、天津机场片区、滨海新区中心商务区片区）、福建（福州片区、厦门片区、平潭片区）设立了第二批自贸试验区，并扩大了上海自贸区的区域范围。

自由贸易试验区战略深入贯彻新发展理念，大力弘扬特区精神，形成了新

图4-10 广东自贸区深圳前海蛇口片区入口标志

的国际定位。2016年，党中央、国务院决定在辽宁、浙江、河南、湖北、重庆、四川、陕西设立自由贸易试验区，标志着自贸区建设进入了新阶段，在更广领域、更大范围、更多层次上进一步对接高标准国际经贸规则，推动全面深化改革扩大开放。2018年4月13日，习近平总书记在庆祝海南建省办经济特区30周年大会上宣布，党中央决定支持海南全岛建设中国（海南）自由贸易试验区，国务院于同年10月发布《国务院关于同意设立中国（海南）自由贸易试验区的批复》，实施范围为海南岛全岛。2019年，山东、江苏、广西、河北、云南、黑龙江共六地又获批准设立自由贸易试验区，承担着差别化的改革试点任务。在此基础上，探索建设自由贸易港，持续优化开放布局，有助于促进国际产能合作，为培育国际经济合作和竞争增效提速。

从改革开放新时期到新时代改革开放，从"走出去"战略到共建"一带一路"倡议，中国从努力跻身于世界贸易行列，到开始积极参与全球治理体系改革和建设，始终秉持开放、创新、进取的精神特质。其中，"一带一路"建设有助于开放、透明、包容、非歧视性的多边贸易体制建立与巩固，与各方共同打造国际合作新平台，为世界共同发展增添新动力，共同推动中国改革开放事业向纵深发展。

"世界上没有放之四海而皆准的发展模式"①，不同发展模式需要不同的精神作为支撑。40多年的改革开放，使中国经济与世界经济高度融合。新时代改革开放，面对的是更加广阔的市场空间，也蕴含着巨大的未知挑战与风险，因此逢山开路、遇水架桥的开拓精神更显得弥足珍贵。推进改革开放是以构建人类命运共同体为目标，与世界人民一同追求和平发展、增长联动、利益融合，在经济发展的基础上推动社会全面进步。

正如习近平总书记在深圳经济特区建立40周年庆祝大会上所指出的那样，改革到了新的历史关头，推进改革的复杂程度、敏感程度、艰巨程度均不亚于40年前，要坚持"摸着石头过河"和加强顶层设计相结合，深化重要领域和关键环节改革，在处理前所未有的新问题时注重改革的系统性、整体性、

---

① 习近平：《论坚持推动构建人类命运共同体》，中央文献出版社，2018，第17页。

协同性，提高改革综合效能①。特区精神，既在正面激励和引导特区创业者们勇往直前，也具有解决问题的斗争属性。两者相互融入、贯穿结合，已然进入了深圳等经济特区的每个角落，是虚功实做、持之以恒、久久为功的典范，为持续建设中国特色社会主义伟大事业带来了长久的精神文明建设保障。

经济特区建设与发展，对于发展当代中国马克思主义具有不可替代的贡献，而特区所孕育的特区精神则是马克思主义中国化、时代化、大众化的重要时代成果，对于指导人们在新时代中国社会中不断认识世界、改造世界、推动社会进步起到至关重要的作用。新时代的特区精神以推动中国改革开放事业向纵深发展为起点，不断推进中国特色社会主义制度建设和完善，发展21世纪的马克思主义。

---

① 习近平：《在深圳经济特区建立40周年庆祝大会上的讲话》，《人民日报》2020年10月15日，第02版。

第五章 05

| 特区精神的时代价值 |

　　一路走来，中国特色社会主义进入了新时代。在这个时代，以马克思主义理论为指导、以习近平新时代中国特色社会主义思想为引领的中国，正大踏步地走向国际舞台中央，向全世界展现着属于中华文明不可动摇的文化自信与软实力。改革开放40多年来，我国社会生产力有了飞速发展，经济特区也不断取得新阶段的成长。自邓小平带领改革开放后的中国率先走出一条建设中国特色社会主义经济特区的道路后，我国经济特区更加充实和丰富了爱国主义精神和敢闯敢试、勇于担当的改革创新精神，以拼搏、高效、创新、开放、自信的全新特区面貌展现给国人乃至海外侨胞，展示了我国经济特区的改革开放成果与新时代精气神。

　　深圳经济特区作为我国最早实行对外开放的五大经济特区之一，以海纳百川和"来了就是深圳人"的胸怀吸引了不少海内外人才汇聚于此，共同建设特区。从实事求是、脚踏实地的"小渔村"，到改革开放后以"先行先试"率先成为经济特区的领跑者，再到如今要建设成为以"高质量发展高地、法治城市示范、城市文明典范、民生幸福标杆和可持续发展先锋"为战略定位的中国特色社会主义先行示范区，深圳经济特区的优秀发展成果也给予珠海、汕头、厦门和海南经济特区一个很好的标杆和榜样示范，特区精神也得到了很好的弘扬和传承。

深圳经济特区全方位的发展成效可喜可贺，但珠海、汕头、厦门和海南经济特区的发展实力和潜质同样不可小觑。在挖掘特区精神意蕴的过程中我们可以看到，今天的经济特区发展成果也得益于特区精神的强大精神动能和引领作用。例如，倘若没有珠海经济特区昨天务实高效、开放自信的支撑，那么就难有今天在粤港澳大湾区持续推进、港珠澳大桥联动三地经济文化密切交流的成功；倘若没有汕头经济特区昔日敢于担当、敢为人先的支撑，那么就难有今天成为我国著名侨乡、重要沿海开放港口城市的成就；倘若没有厦门经济特区昨天的爱国情怀和改革创新支撑，那么就难有今天联通海峡两岸、引领厦门人民与台湾同胞共同建设美丽厦门的盛景；倘若没有海南经济特区昨天开放包容、海纳百川的支撑，那么就难有今天开发海南国际旅游岛、发展琼乡文化的美好契机。

正因如此，我们不禁慨叹：这是一个最好的时代，因为在这个新时代，我国五大经济特区深圳、珠海、汕头、厦门和海南正在弘扬充满正能量的特区精神，并且正是由于特区精神的传承和弘扬为这个时代增添了不少风采，大力推动了粤港澳大湾区和中国特色社会主义先行示范区建设，为实现中华民族伟大复兴中国梦提供了强劲的精神动力，为中国智慧和中国方案提供了精神内核，也为思想政治教育提供了丰富的资源。

一、大力推动粤港澳大湾区和中国特色社会主义先行示范区建设

敢闯敢试、敢为人先、埋头苦干的特区精神，不仅是经济特区的精神内核，而且助推了粤港澳大湾区和中国特色社会主义先行示范区的繁荣发展。中国特色社会主义先行示范区，是对深圳经济特区作为我国推动改革开放进程"重要窗口"的充分肯定，也是新时代对深圳经济特区寄予的殷切厚望。先行示范区建设有利于在更高层次上继续深化改革开放，更好地实施粤港澳大湾区发展战略。可以说，正是由于特区精神所展现的时代价值，从而更好地发掘了特区的发展潜力。

（一）特区精神大大推动粤港澳大湾区建设

2019年2月18日，中共中央、国务院印发了《粤港澳大湾区发展规划纲要》。粤港澳大湾区包括：香港特别行政区、澳门特别行政区和"珠三角"九市。改革开放以来，粤港澳大湾区城市群无论在经济实力还是人文素养上，都有了质的提升和蜕变；粤港澳大湾区建设与发展，也时时处处体现着敢闯敢试、敢为人先、埋头苦干的特区精神。"粤港澳大湾区是在一个国家、两种制度、三个关税区、三种货币体系下推进的区域深度合作，没有国际先例可模仿或借鉴，是一项史无前例的开创性壮举"①。正像在建设中国第一个经济特区时毫无经验可供借鉴一样，我们只有凭着高度的道路自信、理论自信、制度自信、文化自信，拥有特区精神支撑，才能更进一步推动粤港澳大湾区建设，谱写新的区域合作新篇章，共筑新时代中国特色大湾区。

深圳、珠海经济特区作为粤港澳大湾区建设的主要城市，以其开放、包容、自信的姿态吸引了世界各地人民涌入粤港澳大湾区，提升了大湾区的整体

---

① 郭跃文、袁俊：《粤港澳大湾区建设报告（2019）》，社会科学文献出版社，2019，第3页。

图5-1　打造充满活力的粤港澳大湾区城市群

人文精神素养与文化自信，以其务实高效、敢于担当的精神，鼓舞着粤港澳大湾区人民以高昂的热情和坚定的自信去建设粤港澳大湾区。回首过去，深圳、珠海经济特区的发展命运从未像今天这样紧密相连。可以说，粤港澳大湾区建设不仅为深圳和珠海经济特区提供了更加广阔的发展空间和更加便捷的交流方式，而且积极进取、开拓创新的精神一直鼓舞着粤港澳大湾区合作与建设。敢闯敢试、敢为人先、埋头苦干的特区精神进一步推动粤港澳大湾区建设，把香港特别行政区、澳门特别行政区及深圳、珠海经济特区紧紧联系在一起，共同打造美好的大湾区。这可分为经济合作、文化交流和理念创新三方面。

　　一是特区精神能够推动粤港澳大湾区经济合作。 经济特区本身所特有的面向世界的开阔视野，再加上开拓创新进取精神，大力推动了粤港澳大湾区城市群在经济建设上的创新发展进程。开拓创新、与时俱进精神一直是经济特区给粤港澳大湾区建设过程中的精神指引和行动指南，唯有坚持敢闯敢试、敢为人先、埋头苦干，才能开拓粤港澳大湾区新时代的经济合作。对于粤港澳大湾区来说，数字经济是粤港澳大湾区最鲜明的底色，"具有全球影响力的国际科技创新中心是粤港澳大湾区重要的战略定位，目的是要建成全球科技创新高地和新兴产业重要策源地，这其中数字经济将扮演重要角色。以基础研发、数字技

术和应用场景为一体的数字经济将成为大湾区科技创新的鲜明特征"①。加强
粤港澳大湾区数字经济的普及与发展需要改革创新精神，以面向世界的开阔视
野去审视当前的国内国际两大金融环境，特区精神在新时代能够大力推动粤港
澳大湾区经济合作交流，而且经济特区雄厚的经济发展实力也为大湾区建设提
供了经验。以深圳经济特区为例，经过40多年的改革开放，深圳"作为全国
最大的经济特区和现代化城市，不仅在高新技术产业发展方面在国内独占鳌
头，而且成为继北京、上海之后第三大金融中心城市，对大湾区港深金融中心
的发展来说是如虎添翼"②。经济特区海纳百川的精神情怀，也让深圳与香港
特别行政区、珠海与澳门特别行政区在经济合作往来关系上更加密切和深入，
充分发挥了粤港澳大湾区的经济合作实力和潜能。

二是特区精神能够推动粤港澳大湾区的文化交流。粤港澳大湾区包括香港
特别行政区、澳门特别行政区和广东省广州、深圳、珠海、佛山、惠州、东
莞、中山、江门及肇庆九市。除了有着共同的深厚底蕴、历史悠久的中华文明
熏陶，粤港澳大湾区城市群有着各自城市丰富多元的本土文化，在文化内涵与
形式上包括移民文化在内以及"港澳特别行政区的一国两制文化，广东所拥有
的深圳、珠海特区文化以及湾区内的广府文化和其他文化"，"它们各具有差异
性，从而形成了不同的思想观念。由于大湾区是由文化背景不同的区域结合而
成，包括政治、法律、教育制度、生活方式、伦理道德、价值观念等方面，所
以需要整个大湾区在尊重差异的前提下相互兼容、相互理解"③。换言之，究
其文化根源来说，粤港澳大湾区丰富的文化形式都来源于中华文明，都有其历
史与现实的文化认同和文化自信，因此开展粤港澳大湾区深入的文化交流，则
需要充分发挥深圳和珠海经济特区海纳百川、兼容并蓄的包容性，助推粤港澳
大湾区文化交流与合作。可以说，正是因为特区精神所蕴含的开放包容的精神
特质的潜移默化影响，无论是对于以广府文化为主的深圳和珠海经济特区来
说，还是对于以中西文化相融为主的香港和澳门特别行政区而言，都能够在粤
港澳大湾区文化交流与合作中找到文化上的共通点，打破区域间的固化束缚。

---

① 郭跃文、袁俊：《粤港澳大湾区建设报告（2019）》，社会科学文献出版社，2019，第93页。
② 张思平：《粤港澳大湾区：中国改革开放的新篇章》，中信出版集团，2019，第91页。
③ 林先扬、谈华丽：《粤港澳大湾区知识读本》，广东人民出版社，2019，第150–151页。

同时，特区精神也助推粤港澳大湾区加快发展青少年研学交流和旅行、文创园、影视文化作品展等文化交流活动。尤其是对于深圳经济特区和珠海经济特区而言，开拓创新、解放思想的朝气与活力鼓舞和推动着粤港澳大湾区的城市群加强文化血脉联系，提高大湾区文明素养。

三是特区精神能够推动粤港澳大湾区开拓创新。众所周知，特区精神的核心要义之一就是开拓创新，而"粤港澳大湾区需要以创新为导向深化发展，突出集聚创新资源，共同培养创新人才，吸引和招聘更多外国高端科研人才、顶尖大学毕业生，对内充实科研创新力量"[1]。可以说，粤港澳大湾区要想保有全球经济发展竞争力，并以此推动我国经济水平的高质量提升，则要更加弘扬开拓创新精神，吸收借鉴深圳经济特区的精神内核，从培育创新理念、加强科技人才培养出发，夯实特区精神的要旨，始终把创新发展理念放在重要地位。粤港澳大湾区城市群要"扎实推进全面创新改革试验，充分发挥粤港澳科技研发与产业创新优势，破除影响创新要素自由流动的瓶颈和制约，进一步激发各类创新主体活力，建成全球科技创新高地和新兴产业重要策源地"[2]。作为粤港澳大湾区城市群的经济特区，深圳与珠海经济特区更需要一以贯之的特区精神，把创新理念落实到位。关于创新理念的重要性，有的学者指出："广东要实现真正的'粤港澳大湾区'，不仅仅是依靠大湾区范围内部各城市的机械整合。真正决定粤港澳大湾区能否发挥出地区互补优势，最终成为世界第四大湾区引领世界新一代创新潮流的关键，是创新与互补"[3]。特区精神中的开拓创新内核，实质上也大大推动了粤港澳大湾区建设。坚持创新才能在国际竞争中站稳脚跟，才能充分发挥深圳、珠海经济特区的改革创新精神在粤港澳大湾区建设中的精神引领作用。

---

[1]　林先扬、谈华丽：《粤港澳大湾区知识读本》，广东人民出版社，2019，第86页。

[2]　《粤港澳大湾区发展规划纲要》，人民出版社，2019，第8-9页。

[3]　徐现祥等：《广东经济改革四十年：地方改革的逻辑》，中国社会科学出版社，2018，第171页。

（二）特区精神大大推动中国特色社会主义先行示范区建设

2019年8月9日，《中共中央 国务院关于支持深圳建设中国特色社会主义先行示范区的意见》（以下简称《意见》）发布。《意见》指出，"当前，中国特色社会主义进入新时代，支持深圳高举新时代改革开放旗帜、建设中国特色社会主义先行示范区，有利于在更高起点、更高层次、更高目标上推进改革开放，形成全面深化改革、全面扩大开放新格局；有利于更好实施粤港澳大湾区战略，丰富'一国两制'事业发展新实践；有利于率先探索全面建设社会主义现代化强国新路径，为实现中华民族伟大复兴的中国梦提供有力支撑"。与此同时，也要"进一步弘扬开放多元、兼容并蓄的城市文化和敢闯敢试、敢为人先、埋头苦干的特区精神"[①]，充分发挥特区精神的思想引领作用。

深圳作为改革开放第一批最先试行的经济特区，出色地落实和完成了历史与人民给予深圳经济特区的光荣任务。如今，深圳经济特区已走过40多年发

图5-2　我国第一个中国特色社会主义先行示范区——深圳

---

① 《中共中央 国务院关于支持深圳建设中国特色社会主义先行示范区的意见》，人民出版社，2019，第1-2、8页。

展历程，时代再一次对深圳寄予殷切厚望。建设中国特色社会主义先行示范区，不仅作为我国全面深化改革、全面扩大开放的城市先例，更是深圳经济特区在实践中发挥出特区精神的思想引航作用，激励深圳建设融"高质量发展高地""法治城市示范""城市文明典范""民生幸福标杆""可持续发展先锋"为一体的中国特色社会主义先行示范区。2020年10月14日，习近平总书记出席深圳经济特区建立40周年庆祝大会并发表重要讲话。他高度认可了深圳经济特区的发展实力和潜能，并指出："深圳要建设好中国特色社会主义先行示范区，创建社会主义现代化强国的城市范例，提高贯彻落实新发展理念能力和水平，形成全面深化改革、全面扩大开放新格局，推进粤港澳大湾区建设，丰富'一国两制'事业发展新实践，率先实现社会主义现代化。这是新时代党中央赋予深圳的历史使命。"①

以敢闯敢试、敢为人先、埋头苦干的特区精神推动先行示范区"高质量发展高地"建设。《意见》指出，高质量发展高地的战略目标是"深化供给侧结构性改革，实施创新驱动发展战略，建设现代化经济体系，在构建高质量发展的体制机制上走在全国前列"②，先行示范区也正朝着高质量发展的目标一路前行。回首过去，深圳经济特区以敢闯敢试、敢为人先、埋头苦干的特区精神率先在探索中国经济出路中解答了许多疑惑（包括中国的市场经济道路本质上是姓"资"还是姓"社"问题），并大胆探索出一条深化改革开放的经济发展道路。"历史证明，深圳在意识形态、思想观念上的解放思想，为在实践中敢闯敢试奠定了理论基础和实践基础，为全国提供了生动活泼的改革经验。"正是因为有了深圳经济特区敢闯敢试、敢"破"敢"立"的特区精神，深圳在建设经济高质量发展高地中才更加有冲劲、有魄力。

以特区精神推动先行示范区"法治城市示范"建设。《意见》指出，法治城市示范的战略目标是"全面提升法治建设水平，用法治规范政府和市场边界，营造稳定公平透明、可预期的国际一流法治化营商环境"。深圳人实事求

---

① 习近平：《在深圳经济特区建立40周年庆祝大会上的讲话》，《人民日报》2020年10月15日，第02版。

② 《中共中央 国务院关于支持深圳建设中国特色社会主义先行示范区的意见》，人民出版社，2019，第2—3页。

是、脚踏实地的精神，进一步提升了深圳的法治水平，增强了法治观念，不断完善与推动政治文明，健全了基层民主机制，也提高了深圳人民参政议政的热情和素质。可以说，先行示范区透明、公开的法治城市管理，也正是受到和依托了深圳这座特区城市求真务实、诚实守信的精神内核感染，深圳逐渐向更加高效的法治型政府、服务型政府迈进，加强深圳法治社会建设。

以特区精神推动先行示范区"民生幸福标杆"建设。《意见》指出，民生幸福标杆的战略目标是"构建优质均衡的公共服务体系，建成全覆盖可持续的社会保障体系，实现幼有善育、学有优教、劳有厚得、病有良医、老有颐养、住有宜居、弱有众扶"。正是因为有着"以人民为中心"的人民情怀，深圳在发展经济特区和建设中国特色社会主义先行示范区过程中才能更好地为人民服务，时刻体恤人民，发展不离人民。"人民是历史的创造者，群众是真正的英雄，深圳发展过程中的创新实践离不开人民的智慧和力量，所谓深圳速度都是人民干出来的，建设先行示范区仍然需要充分发挥人民的积极性、主动性和创造性，让人民成为敢闯敢试、埋头苦干的主体，将人民的智慧和力量转化为先行示范区建设的具体实践。"[①]换言之，先行示范区始终不忘初心，弘扬改革创新精神，在解决基层民生问题、提高深圳人民生活质量过程中发挥以人为本的先锋模范作用。

以特区精神推动先行示范区"可持续发展先锋"建设。《意见》指出，可持续发展先锋的战略目标是"牢固树立和践行绿水青山就是金山银山的理念，打造安全高效的生产空间、舒适宜居的生活空间、碧水蓝天的生态空间，在美丽湾区建设中走在前列，为落实联合国2030年可持续发展议程提供中国经验"。正是因为先行示范区大力弘扬特区精神，推动了深圳更好地细心处理与解决生态问题和绿色发展问题，把"创新、协调、绿色、开放、共享"发展理念落实到深圳生态建设的发展过程中去，大大推动了其可持续发展先锋进程。

---

① 《中国特色社会主义先行示范区建设的路径选择》，《光明日报》2019年9月25日，第05版。

二、为实现中华民族伟大复兴中国梦提供强劲的精神动力

习近平总书记指出："实现中华民族伟大复兴，就是中华民族近代以来最伟大的梦想。"实现中华民族伟大复兴中国梦，需要我们每个人用双手建设社会主义现代化国家，用精神撑起我们的民族脊梁，用实干创造我们的美好明天。实现中华民族伟大复兴中国梦，更需要新时代的特区精神，具体表现为：为国家发展前景拼搏的爱国主义精神，为探索改革开放事业的敢闯敢试、敢为人先精神，为提高全民族幸福生活水平的埋头苦干精神。

（一）特区精神在走中国道路过程中推动实现中国梦

中国道路应该怎么走？哪条道路能对中国有着正确的指引？历史与实践反复证明，"只有社会主义才能救中国"。习近平总书记说，实现中华民族伟大复兴必须走中国道路，这就是中国特色社会主义道路。习近平指出："中国特色社会主义道路，是实现我国社会主义现代化的必由之路，是创造人民美好生活的必由之路。中国特色社会主义道路，既坚持以经济建设为中心，又全面推进经济建设、政治建设、文化建设、社会建设、生态文明建设以及其他各方面建设；既坚持四项基本原则，又坚持改革开放；既不断解放和发展社会生产力，又逐步实现全体人民共同富裕、促进人的全面发展。"[1]因此，中国特色社会主义走的正是这样一条开拓创新、"五位一体"全面发展的、开放的、务实的中国道路。

习近平总书记指出："改革开放是党和人民大踏步赶上时代的重要法宝，是坚持和发展中国特色社会主义的必由之路。"[2]实现伟大的中国梦，就要走中

---

① 习近平：《习近平谈治国理政》第1卷，外文出版社，2018，第9页。

② 习近平：《庆祝改革开放40周年大会上的讲话》，《人民日报》2018年12月19日，第3版。

国道路，推动改革开放。"如果说爱国主义将中华儿女维系起来，万众一心，进行'逐梦之旅'，那么，改革创新的进取精神则使我们永远保持开拓的斗志，永不停息，永不止步。实现'中国梦'所依托的中国道路，是几代中国共产党人针对新情况、新问题、新变化，以敢为人先的创新精神大胆探索的结晶"。因此，这条中国道路就是以改革开放为出发点的道路，特区精神中敢为人先、积极进取的思想内核为走改革开放道路提供了源源不断的动力。正如习近平总书记在庆祝深圳经济特区建立40周年大会上的重要讲话中所指出，"当年的蛇口开山炮声犹然在耳，如今的深圳经济特区生机勃勃，向世界展示了我国改革开放的磅礴伟力，展示了中国特色社会主义的光明前景"①。深圳经济特区作为率先走改革开放道路的先行者，以实际行动和成果再次证明，中国走改革开放、创办经济特区这条道路是正确的、行得通的。"党的十一届三中全会后，在贯彻落实全会精神的过程中，中共广东省委根据广东毗邻港澳、华侨众多、商品经济比较发达的特点，进一步大胆向中央提出了发挥广东优势，实行特殊政策，让广东在改革开放中'先走一步'的设想，试办经济特区成为

图5-3 深圳"拓荒牛"雕塑，象征着埋头苦干的特区精神

---

① 习近平：《在深圳经济特区建立40周年庆祝大会上的讲话》，《人民日报》2020年10月15日，第02版。

'先走一步'总思路中的关键一招。"①可以说，走中国特色社会主义道路，需要特区精神的指引。这是在开拓改革开放道路上必不可少的精神动能，也为实现中华民族伟大复兴中国梦发挥重要作用。

与此同时，特区精神给予中国道路以新的思想启发。"空谈误国，实干兴邦"，特区精神再一次用实践证明了，只有把为人民服务的理念同整体全局观落实到走中国道路、实现中华民族伟大复兴中国梦的过程中去，脚踏实地、实事求是，才能以更强有力的精神魄力应对在实现中华民族伟大复兴中国梦过程中的种种挑战。中国道路不是一条封闭狭窄的道路，相反，它是一条全面发展、包容开阔的道路。中国特色社会主义道路，"就是在中国共产党领导下，立足基本国情，以经济建设为中心，坚持四项基本原则，坚持改革开放，解放和发展社会生产力，建设社会主义市场经济、社会主义民主政治、社会主义先进文化、社会主义和谐社会、社会主义生态文明，促进人的全面发展，逐步实现全体人民共同富裕，建设富强民主文明和谐的社会主义现代化国家"②。它包括经济发展、政治民主、文化繁荣、社会和谐和生态文明"五位一体"发展格局，是一个具有整体性的道路目标。换言之，特区精神鼓舞着每位特区人乃至全国人民以全面发展的全局观和特区精神把握中国道路的内涵，在实现中华民族伟大复兴中国梦过程中敢于担当、求真务实。

"敢啃硬骨头""咬紧牙关向前"的敢闯敢试、敢为人先、埋头苦干的特区精神，对于中国道路的发展具有重要的精神动力作用。改革开放40多年，现在是最接近梦想实现的时候，也是挑战与困难重重的阶段。正是因为中华民族以不可阻挡的步伐迈向伟大复兴，经济特区的建立大大推动了我国改革开放的发展进程，我们更应该一步一个脚印地走好每一步。习近平总书记指出："千里之行，始于足下。我们国家的发展前景十分光明，但道路不可能一帆风顺，蓝图不可能一蹴而就，梦想不可能一夜成真。人间万事出艰辛。越是美好的未来，越需要我们付出艰辛努力。"③走中国道路，靠的是真抓实干的精神，靠的是勇敢无畏的"先行先试"精神。可以说，特区精神给予了走中国道路很好的

---

① 曹普：《当代中国改革开放史》上卷，人民出版社，2016，第183页。

② 《中国共产党第十八次全国代表大会文件汇编》，人民出版社，2012，第11页。

③ 习近平：《习近平谈治国理政》第1卷，外文出版社，2018，第48页。

精神引领。

（二）特区精神在弘扬中国精神过程中推动实现中国梦

无论在建设和发展经济特区以前，还是在新时代，中国精神都是每个中华儿女心中重要的思想来源。正是因为有着全民族共同凝练的中国精神，中华民族伟大复兴中国梦才有了源源不断的精神动力。习近平总书记在关于中国精神的阐述中说道："实现中国梦必须弘扬中国精神。这就是以爱国主义为核心的民族精神，以改革创新为核心的时代精神。这种精神是凝心聚力的兴国之魂、强国之魂。爱国主义始终是把中华民族坚强团结在一起的精神力量，改革创新始终是鞭策我们在改革开放中与时俱进的精神力量。全国各族人民一定要弘扬伟大的民族精神和时代精神，不断增强团结一心的精神纽带、自强不息的精神动力，永远朝气蓬勃迈向未来。"[1]与此同时，特区精神中蕴含的承继红色精神血脉、开拓进取、改革创新的思想精髓，也在时代发展中推动中国梦的实现。

1. 敢闯敢试精神与民族精神的融合

在民族精神的培育上，"既要继承和发扬中华民族历史上形成的优秀文化传统，又要继承和发扬我们党在长期革命、建设和改革实践中形成的优良传统；既要弘扬和培育中国古代的民族精神，又要大力弘扬和培育近代以来中国人民在争取民族独立和人民解放、实现国家富强和人民共同富裕的历史进程中形成的伟大民族精神"[2]。深圳、珠海、汕头、厦门和海南经济特区从"0"到"1"的特区建设，正是在敢闯敢试、敢为人先、埋头苦干的特区精神引领下完成的。这种特区精神，一方面展现出我国五大经济特区的城市潜力和发展目标，另一方面更展现出经济特区在我国改革开放事业中勇于拓展实践、敢于承担责任的爱国主义精神。"改革开放40年来，深圳、珠海、汕头、厦门、海南五个经济特区，勇当体制改革的'试验田'和对外开放的'窗口'，为中国特色社会主义现代化建设探索新路，蝶变为彰显中国特色社会主义独特优势和巨

---

[1]　习近平：《习近平谈治国理政》第1卷，外文出版社，2018，第40页。
[2]　王炳林：《同心共筑中国梦》，中国人民大学出版社，2016，第137页。

大魅力的精彩样本。"①换言之，经济特区的敢闯敢试精神丰富和拓展了民族精神的深厚内涵，新时代的民族精神不仅体现为爱国主义精神，而且体现为负责任的担当精神和勇敢拼搏精神。改革开放以来，我国经济特区始终发挥出色的劳模精神和为人民服务的精神，把"爱国"二字落到了实处，并且民族精神也在新时代中发挥出弥足珍贵的精神力量，它体现在"中华民族自强不息的民族精神，弥合了国内各民族、各阶层之间的隔阂，形成一种强烈的民族归属感、凝聚力、向心力"②。而且，"中华民族经过五千多年的发展，形成了自己特有的民族精神，这就是以爱国主义为核心的团结统一、爱好和平、勤劳勇敢、自强不息的中华民族精神"③。特区精神给予了中华民族精神以更加立体、更具现实性的实践模板。可以说，特区精神的敢闯敢试思想精髓与以爱国主义精神为核心的民族精神相融相通，都反映在新时代为实现中华民族伟大复兴中国梦而不断奋进。

2. 勇立潮头精神与时代精神的融合

特区精神给予了时代精神以新的丰富要义和实践启发，表现在深圳经济特区在建设之初以敢闯敢试的拼搏精神、以创新为先的勇立潮头精神在中国率先开创经济特区的先河，用行动证明了改革创新精神需要不断深入推进，在我国社会主义现代化建设中要运用创新经验和创新精神。时代精神是以改革创新为核心的精神内涵，是中国精神的重要组成部分。"一个民族、一个国家，如果没有自己的精神支柱就等于没有灵魂，就会失去凝聚力和生命力。一个民族、一个国家如果没有改革创新的时代精神，也就不会激发出伟大的创造力"。与此同时，"时代精神体现的是全国各族人民解放思想、实事求是、与时俱进、求真务实、锐意改革、勇于创新的共同意志，能够激励全社会充分发挥创新精神和创造活力"④。换言之，特区精神中改革创新的重要意蕴和实践成果让中国精神中的时代精神更具有实践价值，经济特区的出色表现也给予中国精神新

---

① 陈金龙、蒋积伟：《特区精神》，中共党史出版社，2019，第64页。
② 孙来斌：《中国梦之中国复兴》，武汉大学出版社，2015，第249页。
③ 王炳林：《同心共筑中国梦》，中国人民大学出版社，2016，第132页。
④ 同上书，第144页。

的动力。

（三）特区精神在凝聚中国力量过程中推动实现中国梦

实现中华民族伟大复兴中国梦，要走中国道路、弘扬中国精神，还需要凝聚全国人民上下一心的中国力量。正如习近平总书记指出："我们对新时代党和国家事业发展作出科学完整的战略部署，提出实现中华民族伟大复兴的中国梦，以中国式现代化推进中华民族伟大复兴"[1]。为此，要"坚持大团结大联合，动员全体中华儿女围绕实现中华民族伟大复兴中国梦一起来想、一起来干"[2]。中国力量的凝聚，需要每个人的奋斗和努力，也需要"撸起袖子加油干"的拼搏与冲劲。当我们每个人的力量都能凝聚在一起时，中国力量方可形成一团熊熊燃烧的火焰，在国际大舞台上展现属于中华儿女的别样风采。特区精神中也时时处处包含着以人民为中心的思想和团结一致、齐心协力的理念。同时，也正是由于特区海纳百川的包容性，无论来自哪个城市，无论年老年少，只要遵纪守法，用勤奋的双手共同建设美丽中国，那么就能一点一滴汇聚成中国力量，为实现中华民族伟大复兴中国梦不懈奋斗。因此，特区精神有效地推动了中国力量的融合，也提高了人民的向心力和凝聚力。

一是特区精神中所蕴含的以人民为中心的理念凝聚中国力量。无论是深圳、珠海、汕头还是厦门、海南经济特区，都把人民性体现在以求真务实、勤劳勇敢的态度完成好每项改革开放任务，实现特区人民生活水平提升，把特区建设同人民美好生活紧密联系在一起，以民生为本。毫无疑问，特区精神的主体是创造特区辉煌成就的特区人民群众。"没有特区人民群众改革开放的实践，就不可能会有特区精神的产生。面对改革开放的困局，正是特区人民群众充分发挥主观能动性，敢于破除阻碍改革开放的思想观念和条条框框，才有了改革开放伟大实践的生动演绎。从某种意义上讲，精神就是一种主观能动性，特区精神的作用首先体现在特区人民群众的主观能动性对特区实践的推动

---

① 本书编写组：《党的二十大报告辅导读本》，人民出版社，2022，第7页。

② 同上书，第35页。

上。"①正是因为有了以人民为中心的理念，深圳、珠海、汕头、厦门和海南经济特区才在发展中始终秉承为人民服务的情怀，特区人民积极投身实现中国梦的伟大实践中。中国力量的凝聚，需要全国人民的共同力量，也依靠人民的力量和行动。"中国梦是亿万人民的梦，没有全社会的共同参与、各阶层的同心同德，任何梦想都是不能实现的"②。实践一次次向我们证明了，贯彻落实以人民发展道路为主线的精神力量能推动实现中国梦。

二是特区精神中所蕴含的团结奋进精神凝聚中国力量。经济特区在建设之初没有完全相似的特区经验可供借鉴，也没有得天独厚的先天资源和条件，在建设和发展经济特区过程中，更多的是靠特区人民团结一心、众志成城的决心和团结力量共同打造新时代的特区图景，在这一点上就为中国力量的夯实提供了很好的实践示范。正如习近平总书记指出："当前，我们既面临着重要发展机遇，也面临着前所未有的困难和挑战。梦在前方，路在脚下。自胜者强，自强者胜。实现我们的发展目标，需要广大青年锲而不舍、驰而不息的奋斗。"③发展中国特色社会主义事业，共筑伟大复兴的中国梦，就要充分发挥特区精神中团结、积极向上的力量，"团结一切可以团结的力量，调动一切可以调动的积极因素，信心百倍战胜前进道路上的一切困难和风险，努力谱写中国特色社会主义伟大事业的壮美华章"④。特区精神对于爱国主义精神有着重要的作用，以汕头经济特区为例，汕头在建设和完善特区实践过程中充分凝聚和发挥汕头侨乡同胞和海外华裔华侨的力量，加强经济发展与合作，提高特区文化素养和水平，汕头经济特区所取得的许多成就都是有目共睹的。

三是特区精神中所蕴含的改革创新和海纳百川的特质凝聚中国力量。特区精神中有着改革创新的魄力，也体现了开放、包容性强的人文情怀，因此特区精神反映出的创新精神正是中国创新的力量。以深圳经济特区为例，"最初涌入深圳的移民既不是做着发财梦的淘金者，更不是做着黄粱美梦的机会主义者，而是期望寻找发展空间，借以施展在内地传统体制中被压抑着的个性和创

---

① 陈金龙、蒋积伟：《特区精神》，中共党史出版社，2019，第14页。

② 丁俊萍：《中国梦之中国力量》，武汉大学出版社，2015，第9页。

③ 习近平：《习近平谈治国理政》第1卷，外文出版社，2018，第52页。

④ 王伟光：《改革开放和中国经验》，社会科学文献出版社，2014，第163页。

造力的'吃螃蟹'的人和'叛逆者'。正是那些自当时不怕丢掉公职的'吃螃蟹'的人和'叛逆者'，构成了深圳这座城市几乎'与生俱来'的改革创新的土壤"①。可以说，特区精神不仅给予了经济特区源源不断的生机与活力，而且给予了我国其他城市以生动活泼的形象示范。与此同时，深圳海纳百川、开放包容的情怀也吸引了来自海内外更多的高精尖知识人才前来建设深圳、扎根深圳。回首过去，"20世纪80年代中后期，深圳已经邀请国内改革家和思想家对深圳的政治体制、行政体制改革进行系统的设计，其深度和广度在中国现行体制下是相当大胆的"②，这充分展现了深圳经济特区广纳贤才、开放包容的内涵特质。可以说，特区精神在实现中华民族伟大复兴中国梦过程中发挥了重要的精神动力作用，也引领了我国其他城市学习和弘扬特区精神，共筑伟大的中国梦。

三、为中国智慧和中国方案提供精神内核

改革开放以来，深圳、珠海、汕头、厦门和海南经济特区以真抓实干的实力、开拓创新的魄力、敢于担当的毅力和拼搏进取的潜力，赢得了海内外的频频关注。在新时代，特区精神具有更加丰富的内涵表现，也展现出中国特色社会主义大国的经济特区形象。特区精神力量和深刻内涵潜移默化地向全国人民展现中国智慧，表达了经济特区实事求是、改革创新、开放包容、与时俱进的精神内核和对中华文化软实力的自信自觉。贯彻新时代特区精神，也向世界提供了中国方案，开创中国式现代化道路，推动新型经济全球化，推动构建人类命运共同体，形成人与自然和谐发展的现代化建设新格局。我国经济特区在新时代召唤下将继续不负人民期望，在发掘特区精神时代价值、应对全球性挑战和问题过程中乘风破浪，发挥特区精神强有力的思想引领作用。

---

① 中共广东省委党校、广东行政学院：《广东：改革开放的"窗口"》，广东人民出版社，2018，第51页。

② 张思平：《深圳奇迹——深圳与中国改革开放四十年》，中信出版集团，2019，第10页。

（一）弘扬新时代特区精神，向人民展现中国智慧

习近平总书记在深圳经济特区建立40周年庆祝大会上的重要讲话中指出："继续发扬敢闯敢试、敢为人先、埋头苦干的特区精神，激励干部群众勇当新时代的'拓荒牛'。"[①]新时代特区精神在中国智慧的展现上提供了源源不断的精神动力，发挥了特区精神的思想内核引领作用，在中国特色社会主义建设事业发展过程中，无论是历史的检验还是人民的选择，实践一次次地证明，在我国大胆开创经济特区这条道路既是正确的，也是践行改革开放理论的重要实践成果。在新时代特区精神激励下，推动了我国经济特区的发展与繁荣，充分发挥了经济特区经济交流的"重要窗口"作用，也让深圳、珠海、汕头、厦门和海南经济特区牢牢坚持中华文化自信自觉，提升特区文化软实力。诚然，新时代特区精神向人民展现了中国智慧，充分体现了为中华民族伟大复兴中国梦贡献精神力量的重要作用。

一是特区精神展现了创办和发展经济特区这条路在社会主义制度下走得通、走得远的中国智慧。在经济特区建设伊始，也有不少人对中国创办经济特区方案提出质疑。他们担心，搞经济特区和对外开放是在搞小众的资本主义。邓小平同志对这些问题逐一清晰地进行解答，并明确了经济特区的重要战略地位及坚持改革开放、发扬特区精神的重要作用，从而消除了人们对经济特区创办的疑问。"1979年7月开始，党中央、国务院参照世界各国兴办自由贸易区和出口加工区的做法，结合我国国情，先后决定在深圳、珠海、汕头和厦门试办经济特区。充分利用这几个地方独特的地理位置和各种有利条件，实行特殊的政策，使它们成为我国对外开放的前沿阵地，开展对外经济交往的技术的窗口、管理的窗口、知识的窗口、对外政策的窗口，以便观察、了解世界经济动态，掌握国际经济和科技信息，引进更多的外资、先进技术设备和科学的管理

---

① 习近平：《在深圳经济特区建立40周年庆祝大会上的讲话》，《人民日报》2020年10月15日，第02版。

经验，培养人才，为我国的社会主义现代化建设服务"①。可以说，创办经济特区正是发扬了实事求是的精神，以经济建设发展为主线，在坚持社会主义制度指引下发展起来的。设立经济特区对于我国来说是一次改革开放的伟大实践，也是展现了中国智慧的重要成果。

特区精神充实和丰富了经济特区的思想意蕴，"经济特区的设立推动了中国改革开放的历史征程，也是推动现代化建设和探索中国特色社会主义建设的必由之路，从此中国进入了全新的发展阶段。"②无论是深圳、珠海、汕头，还是厦门、海南经济特区，都在先行先试的道路上以改革的魄力完成一项又一项任务和挑战，向人民交出了满意的经济特区建设答卷。中国经济特区的设立正是基于实事求是和改革创新的精神引领，促进了经济特区在改革开放进程中的逐步完善和不断成长。可以说，特区精神正源源不断地为中国智慧注入强大的精神动力。实践证明，创建和发展经济特区这条道路行得通、走得远，展现了中国智慧。

二是特区精神夯实了经济特区的发展实力和发展潜力，提供了具有改革开放发展实践的中国智慧。就广东经济特区③来说，"新时代广东经济特区不仅要继续发挥对外开放的传统优势，以'杀出一条血路'的勇气和精神推进各项改革，还应充分利用'一带一路'倡议、粤港澳大湾区、珠三角国家自主创新示范区以及广东省沿海经济带综合发展规划等区域发展战略交汇叠加的历史性机遇，发挥其协同开放优势，通过加强广东经济特区之间、广东自由贸易试验片区之间以及与港澳等区域开放合作，加快发展更高层次开放型经济，构建全面开放新格局。"④充分运用好优越的地理位置，弘扬海纳百川、开放包容精神，广东经济特区正在用行动拓展中国经济特区的具体实践。

与此同时，特区精神是经济特区发展过程中重要的精神文明组成部分。正因为具有不断更新的改革活力，才推动了经济特区向着不断发展变化的环境前

---

① 深圳市科学技术协会、科学普及出版社广州分社：《深圳经济特区发展成功之路》，科学普及出版社，1984，第2页。

② 陶一桃、鲁志国、周建波、钟若愚、刘伟丽、章奇：《中国经济特区简史》，学林出版社，2020，第53页。

③ 本页的"广东经济特区"，专指深圳、珠海、汕头经济特区。

④ 袁易明：《中国经济特区研究》，社会科学文献出版社，2019，第181页。

进。以广东经济特区为例，特区精神展现了经济特区的活力与魅力，中国智慧在特区实践中得以发展和延续，"党的十八大以来，广东推进更高层次的对外开放，坚持以新发展理念引领经济发展新常态，扎实推进供给侧结构性改革，积极培育以创新驱动、质量效益为核心的开放型经济新优势"①。诚然，改革开放以来，正是深圳、珠海、汕头、厦门和海南五大经济特区以其敢闯敢试、敢为人先、埋头苦干的特区精神创造了越来越丰富的中国智慧。从另一方面来说，经济特区的发展实践也是中国智慧的一部分，其思想引领对中国价值有着重要的导向作用。没有与时俱进的特区精神引领，就难有今天改革开放的伟大成就；没有开放包容的情怀，也难有今天中国智慧的体现。可以说，中国智慧不仅包含中国价值观，也包括经济特区在建设和发展过程中的与时俱进精神。与此同时，经济特区的改革创新精神也推动着中国智慧的完善，中国智慧将在未来体现更加生动的思想力量。

三是赓续红色精神血脉，中国智慧也包含着对中华优秀传统文化的新时代阐释。经济特区牢牢坚持中华文化自信自觉，在继承中华优秀传统文化基础上，充分培养和发展本土文化，发展文化事业和文化产业，展现了中国智慧和文化底蕴。我国经济特区正是在发展过程中不忘传承中华文明精髓，以中华优秀传统文化继承者的角色延续和拓展中华文化的丰富内涵。"中华民族创造了源远流长、博大精深的中华文化，中华文化是中华民族创造的精神财富，反映了中华民族强大的文化创造力。……中华民族创造了中华文化，中华文化为中华民族提供了丰厚滋养；中华文化既记载了中华民族的历史，又孕育了中华民族的品格；中华文化既代表着中华民族的精神特性，又培育了中华民族的价值追求。"②特区人民在建设经济特区过程中不忘传承和发展中华优秀传统文化，将特区精神贯穿于经济特区建设过程中。

---

① 国务院发展研究中心课题组：《波澜壮阔 40 年——我国改革开放 40 年回顾、总结与展望》，中国发展出版社，2019，第 473 页。

② 吴宏政：《中国智慧》，辽宁人民出版社，2019，第 76 页。

（二）传承新时代特区精神，向世界提供中国方案

特区精神不仅是经济特区的思想精髓和行动指南，也为我国社会主义建设事业的发展提供特区智慧，向世界人民展示积极进取、和平友好的中国面貌和全新的中国方案。可以说，新时代特区精神也表现为开创中国式现代化道路，加强世界文明交流互鉴和构建人类命运共同体。在传承新时代特区精神中，我国五大经济特区也正在向世界交出中国新方案。

1. 开创中国经济特区发展之路

1980年，我国第一个经济特区——深圳经济特区，正式成立。作为经济特区的领跑者，深圳以脚踏实地、务实高效的作风为中国开辟了一条全新的特区发展之路，从经济建设、政治文明、文化繁荣、民生发展和生态建设五大方面推动特区发展。事实证明，经济特区求真务实的精神内核让深圳更能够开发出一条适合深圳发展的道路，那就是以脚踏实地的态度建设好先行先试的深圳经济特区。实事求是、求真务实的精神在新时代中国特色社会主义特区建设中发挥强有力的作用。首先是深圳经济特区作为一座年轻热血的城市，没有辜负历史和人民给予深圳的期许，而是一步一个脚印，形成了自己独特的本土文化，有着"开放创新、敢闯敢试"的改革开放先锋者的城市称号，并在这种开放发展的城市环境中不断进取、不断进步。

1988年，我国第一个省级经济特区——海南经济特区，在我国改革开放的道路上开启了新的篇章。拥有丰富资源的海南经济特区，充分运用优越的地理位置发展经济和旅游业。与此同时，海南经济特区发挥着敢闯敢试的劲头，在拓展中国经济特区经验中发挥着重要作用。"海南岛是中国仅次于台湾的第二大岛，毗邻港澳地区。把这里的经济尽快发展起来，对于实现社会主义现代化，推动两岸统一，都有着深远的意义。海南还是中国连接东南亚国家的前沿地区，把海南的经济发展起来，对于加快开发南海海洋资源，加强中国同东南亚国家经济合作关系，也有着特别重要的意义。"[①]可以说，特区精神为海南经

---

① 迟福林：《我的海南梦：痴心热土三十载》，江苏人民出版社，2018，第40页。

济特区注入了源源不断的生机和活力，让海南经济特区快速成长和发展。

走中国特色的改革开放之路，建设好经济特区、发展好经济特区，是我国通过摸爬滚打总结的中国经验，也是展示中国方案的最好例子。"中国的成功实践表明，资本主义不是唯一的发展方案，中国特色社会主义道路也可以成为发展中国家实现富强的一条道路，而且'是所有道路中已被证明行之有效的一条'。中国从本国经验出发一再强调，中国模式不追求普适性，每个民族都可以有自己的成功之路。中国方案给世界启示，中国特色社会主义发展道路为发展社会主义社会的国家提供了一种新选择。"①可以说，实事求是、求真务实的精神鼓舞着我国经济特区不断进步和发展，也让世界看到了我国发展经济特区的优秀成果。特区精神给予这座城市的不仅仅是一股强大的精神动力，更重要的是特区精神让人们看到了我国发展好经济特区并发展好其他城市的精气神和决心，也让世界看到了中国走现代化之路的正确方案。

2. 加强世界文明交流互融

习近平总书记强调，"文明因交流而多彩，文明因交流而丰富。文明交流互鉴，是推动人类文明进步和世界和平发展的重要动力。"②中华文明只有在开放包容的环境中才能得到更好的传承和创新。海纳百川的包容情怀给予了世界文化交流合作，也让和而不同、美美与共的多种文明在文化交流中得以创新和发展。众所周知，封闭的文化发展只会阻碍文化的与时俱进和传承，也会让文明在世界发展进程中止步不前。因此，经济特区的开放胸怀不仅是经济特区在文化发展方向的重要精神指引，也给予我国社会主义文化发展方向以新的启示，那就是推陈出新，取其精华、去其糟粕，包容一切优秀的、先进的文化形式和内容，紧跟时代步伐，加快世界文明交流与合作，促进中华文化在丰富内涵中不断创新，也让世界看到中国方案的先进性和包容性。

特区精神既是我国经济特区发展的思想精髓，也是中国特色社会主义文化的重要组成部分。它继承了中华文明的精髓，又有着经济特区本土文化的精神

---

① 张新平：《中国方案》，辽宁人民出版社，2019，第209页。
② 杜尚泽、邢雪：《习近平在联合国教科文组织总部发表演讲》，《人民日报》2014年3月28日，第01版。

内涵。"中国特色社会主义文化是激励全党全国各族人民奋勇前进的精神力量，既继承了中华优秀传统文化的精粹，又吸收了西方先进文化的养分，还继承和发扬了中国共产党领导创造的革命文化和社会主义先进文化。"①经济特区开放包容、海纳百川、改革创新精神，把中华文明、特区文化和世界文明紧紧连接在一起，促进了不同文明的交流互鉴和共同发展。

文明只有最终走向交流与融合，才能实现可持续发展。经济特区的精神内核也传递给世界一个中国方案，那就是以开放的心胸和改革精神推动文明的发展。"改革开放的成功实践证明了邓小平关于改革开放的重要论断：'不坚持社会主义，不改革开放，不发展经济，不改善人民生活，只能是死路一条。'面对改革开放中出现的问题，只有进一步深化文明之间的交流互鉴，才可能找到解决社会发展问题的钥匙，不断拓宽解决发展问题的视野和思路。"②敢闯敢试、敢为人先、埋头苦干的特区精神，是中华民族精神所在，也是改革开放的中国特色社会主义思想的精神内涵。深圳、珠海、汕头、厦门和海南经济特区正是一如既往地践行特区精神，在继承与发扬本土文化精髓的基础上，融合世界各种优秀文化内涵，在交流中得到发展，也在交流中得以传承。可以说，经济特区的开放包容思想内核促进了文明交流，也让世界开始关注和重视我国经济特区的文化发展。这是中国方案在文明交流互融中的重要部分，展现了中国方案的智慧，也体现了特区的精神内涵。

3. 推动构建人类命运共同体

我国经济特区作为改革开放的排头兵和先行者，以实际行动开拓和创新中国特色社会主义事业发展新征程，时时处处体现了特区精神中负责任、有担当的特区面貌，也展现了中国方案中奋发向上、团结进取的精神力量。特区精神在推动构建人类命运共同体、促进大国外交和国际和平外交关系以及处理好经济建设与生态发展之间的和谐关系上发挥着举足轻重的思想引领作用。可以说，特区精神所内含的敢于担当精神让中国更加自信地站在世界舞台中央，彰显着一个负责任的大国形象，也充分展示了中国方案的可取性和先进性。

---

① 张新平：《中国方案》，辽宁人民出版社，2019，第188页。
② 同上书，第128页。

在和平外交方面，特区精神推动了我国在国际外交上有着优良的信誉，让世界看到有诚信、有担当的大国气魄。"中国方案坚持合作共赢，共享国际政治经济新秩序。国际政治经济新秩序关乎各国的发展与安全，中国方案强调世界各国都能够享受到新秩序所带来的实惠和好处。2014年11月，习近平总书记在中央外事工作会议上指出，'我们要坚持合作共赢，推动建立以合作共赢为核心的新型国际关系，坚持互利共赢的开放战略，把合作共赢理念体现到政治、经济、安全、文化等对外合作的方方面面。'"[1]可以说，中国特色社会主义大国外交展现了经济特区的精神内核。经济特区的成功实践让世界看到了我国在外交上所作出的努力和成就，也给予了世界上其他国家在和平外交上以新的经验和启示。

在生态文明建设方面，特区精神也在我国生态文明建设中得到传承，绿水青山就是金山银山，发挥好改善环境、处理好人与自然的和谐关系是新时代推进责任意识、担当意识的实践成果。"中国总结过去几十年的绿色发展经验教训"，"为全球生态治理贡献了中国方案——人类生态命运共同体。在未来，人

图5-4　五缘湾，厦门经济特区最大的湿地生态园区，被称为厦门的"城市绿肺"

---

① 张新平：《中国方案》，辽宁人民出版社，2019，第201-202页。

类生态命运共同体将继续为人类可持续发展贡献力量，人类社会迈向生态文明的脚步将更加坚定，一个清洁美丽的世界终会实现"①。可以说，"人类命运共同体"的中国方案的提出，正是经济特区敢于担当的重要体现，也是特区精神在生态文明建设上的重要贡献。因此，负责任的特区精神在我国生态文明建设中发挥着重要的思想引领作用，从而推动我国生态文明走上健康发展之路。

四、推进马克思主义中国化的理论创新

改革开放以来，马克思主义理论与中国改革开放具体实际紧密结合。无论是创办中国特色社会主义经济特区，还是积极发挥特区精神并把敢闯敢试、敢为人先的奋进精神内核传递给全国乃至全世界人民，实践证明，只有在实践中创新马克思主义中国化理论，才能使马克思主义理论更具先进性和指导性，也才能使之与我国社会主义现代化建设相融合。正如习近平总书记指出："深圳等经济特区的成功实践充分证明，党中央关于兴办经济特区的战略决策是完全正确的。经济特区不仅要继续办下去，而且要办得更好、办得水平更高。"②进入新时代，深圳、珠海、汕头、厦门和海南经济特区以实际行动探索马克思主义中国化理论新进程，特区精神也在变革和发展中发挥与时俱进的时代价值，并在坚持人民主体性、以实践出真知和在创新中践行特区精神三方面上不断推进马克思主义中国化理论创新，一步一个脚印，以高昂的热情和决心把特区精神融汇贯穿到马克思主义中国化进程之中。

（一）坚持人民主体性

我国人民是历史的创造者，也是历史发展的主体。勤劳务实的特区人用双

---

① 张新平：《中国方案》，辽宁人民出版社，2019，第178页。
② 习近平：《在深圳经济特区建立40周年庆祝大会上的讲话》，《人民日报》2020年10月15日，第02版。

手创造出一个又一个奇迹，特区精神也蕴含着人民主体性的思想内涵，并对马克思主义中国化的理论创新具有重要作用。正如习近平总书记在庆祝深圳经济特区建立40周年大会上的重要讲话中指出，"要尊重人民群众首创精神，不断从人民群众中汲取经济特区发展的创新创造活力"①。我国经济特区在发展中始终坚持人民主体性，发挥人民群众首创性，为人民服务、对人民负责。

1. 发挥人民群众的首创性

特区精神中以人民为中心的思想理念表现在许多方面，其中就包括发挥人民群众的首创性，充分调动特区人民的主动性，共同为经济特区建设贡献力量。习近平总书记指出："历史是人民书写的，一切成就归功于人民。只要我们深深扎根人民、紧紧依靠人民，就可以获得无穷的力量，风雨无阻，奋勇向前。"②可以说，特区精神中也深深蕴含着人民首创精神，例如发挥经济特区建设者精神和"执着专注、精益求精、一丝不苟、追求卓越"的工匠精神。正是因为有了特区人民对经济特区的建设规划，经济特区才能又好又快地完成每一

图5-5　新时代海南经济特区将以更加海纳百川的精神大胆拥抱未来

---

① 习近平：《在深圳经济特区建立40周年庆祝大会上的讲话》，《人民日报》2020年10月15日，第02版。

② 中共中央党史和文献研究院编《十九大以来重要文献选编》上，中央文献出版社，2019，第87页。

项建设任务，落实好民生保障工作。总的来说，坚持人民的主体性，培养特区人民的主人翁意识，这不仅是特区精神在新时代呈现出的文明价值，也是马克思主义理论与中国具体实际相结合的产物。马克思主义理论强调和肯定了人民的历史作用，新时代特区精神实践再一次推进了马克思主义关于人民性的理论创新，深圳、珠海、汕头、厦门和海南经济特区也把以人为本的特区精神融会贯通到特区实践探索之中。

敢闯敢试、敢为人先、埋头苦干的特区精神，给予特区人民在特区建设过程中源源不断的思想灵感和精神支持，并不断发展和延续着以发挥人民首创精神的特区文明。以海南经济特区为例，"海南特区核心价值体系由四个部分组成：一是建设生态省的指导思想；二是建设具有海南特色社会主义大特区的共同理想；三是开拓进取、务实创新、和谐发展的海南特区精神；四是生态、绿色、健康、文明的海南特区形象。这四个方面的基本内容，是海南特区人民在特区建设实践中形成的重要思想文化成果"[1]。海南特区人民在经济特区建设过程中，形成了对海南特区形象的认知和海南精神的构建。

在这个过程中，海南人的主人翁意识大大增强。他们已经意识到，要把这种属于他们身上流淌着的精神血脉融入海南经济特区的建设之中。因此，这也在发挥着人民群众的首创性，以实际行动拓展着特区精神的时代价值，展现海南经济特区独特的魅力。

2. 为人民服务，对人民负责

特区精神是深圳、珠海、汕头、厦门和海南经济特区在建设、发展和完善过程中留下的特区烙印和精神文明，代表着这个特区积极向上的精气神，也散发着每一位特区人温暖的人民情怀。可以说，特区精神中为人民服务、对人民负责的思想作风把马克思主义中国化理论实践带向创新，马克思主义理论中所强调的人民主体性观点在特区精神中表现得更为立体和全面。特区精神中以人民为主体的思想理念还表现为为人民服务的辛劳奉献和埋头苦干精神，以及对人民负责的务实高效、敢于担当精神，并且在特区人民的生活中，这两种合二为一的人民情怀在特区精神中时时处处都能充分体现出来。正是因为特区人民

---

① 张旭新等：《海南特区精神文明建设研究》，海南出版社、南方出版社，2008，第28页。

都具有"我为人人，人人为我"的天下大同和谐观念，所以新时代特区精神更为包容开放、海纳百川，源源不断地吸引着海内外的优秀人才来经济特区走走看看并扎根下来。

以深圳经济特区为例，为人民服务、对人民负责的理念融入深圳人的血脉中，"深圳创造的每一个奇迹，每一处辉煌，无一不紧连着特区建设者们那种艰苦创业、无私无畏的奉献精神，那种胸怀凌云志、敢为人先的斗争风格，那种不甘落人后、永远争第一的奋进锐气，那种身在特区、心向全国的博大胸怀。在特区建设进程中涌现出一大批先进典型，他们是深圳精神的塑造者。"① 深圳人把人民情怀的责任扛在肩上，把建设好深圳经济特区作为自己的奋斗目标，始终把为人民服务、对人民负责理念落细落实。

建设经济特区和全面扩大改革开放是马克思主义中国化理论向实践发展的创新之处。其中，特区精神深化和丰富了以人民为中心的理念，并在实践中与时俱进，充分发展和创新马克思主义中国化的人民主体论，让世界都能感受到特区精神的力量。

（二）敢闯敢试，以实践出真知

特区精神中蕴含的敢闯敢试、敢为人先、埋头苦干的实践精神推动着马克思主义中国化理论创新，以实践出真知，在实践中拓展特区经验，也用实践印证新时代我国改革开放的马克思主义中国化成果。习近平总书记殷切嘱托新时代经济特区，要继续"永葆'闯'的精神、'创'的劲头、'干'的作风，努力续写更多'春天的故事'"②。可以说，在改革开放实践中，我国经济特区正以高昂的特区精神和崭新的特区面貌向世界展示经济特区的精气神，并通过改革创新，进一步丰富和提升经济特区的精气神。

---

① 深圳市史志办公室：《中国经济特区的精神文明建设（深圳卷）》，中共党史出版社，2003，第367页。

② 习近平：《在深圳经济特区建立40周年庆祝大会上的讲话》，《人民日报》2020年10月15日，第02版。

1. 在实践中拓展特区经验

深圳、珠海、汕头、厦门和海南经济特区在建设过程中积累特区建设经验，以敢闯敢试、敢为人先的魄力开拓创新，走中国特色社会主义现代化道路。以实践探索真知，丰富马克思主义中国化实践，汕头经济特区便是一个很好的示范例子。"汕头经济特区建设刚起步时，条件差、资金缺，许多人对办好特区信心不足，为了使特区建设得以顺利进行，汕头特区通过组织参观学习，培养骨干等各种形式，在广大干部群众中，广泛开展艰苦奋斗、密切联系群众的革命传统教育"①。

与此同时，汕头经济特区"切实落实侨务政策，充分激发海外潮人爱国爱乡热情，发挥华侨在特区建设中的积极性，争取更多华侨回来兴办实业、兴办公益事业"②。从建设汕头经济特区到取得今天的丰硕成果，时任汕头市委书记陈良贤说："汕头正在迎来信心回归、潮商回归、形象回归、特区精神和特

图5-6　汕头海湾大桥：连接深圳、珠海、汕头、厦门经济特区的陆地交通枢纽带

---

① 中共汕头市委党史研究室：《中国经济特区的精神文明建设（汕头卷）》，中共党史出版社，2002，第3页。

② 同上书，第4页。

区效率回归，但奋进无穷期、创新永远在路上。"①诚然，汕头艰苦奋斗、以实践带发展的价值取向推动了汕头经济特区的点滴建设。更重要的是，汕头也把这种特区实干精神带到全国乃至全世界。每当提起汕头经济特区，就会让人联想起汕头敢闯敢拼的奋斗精神和实践干劲，从而大大推动了特区精神对大众的影响力。

因此，实践出真知，从具体规划到实践落实都需要敢为人先的魄力和奋斗精神支持。正是因为具有这样一股奋发向上的勇气和冲劲，我国经济特区才能在实践中不断拓展和积累特区经验，从而发挥出特区精神的优秀潜质。正如1984年邓小平同志在视察广东经济特区后所指出："特区是个窗口，是技术的窗口，管理的窗口，知识的窗口，也是对外政策的窗口。"②经济特区正在发挥着这个"窗口"优势，以实干精神探索适合特区发展的正确道路，在特区精神指引下把经济特区建设好、发展好。

2. 用实践印证马克思主义中国化成果

改革开放是马克思主义中国化的重要成果，也是我国五大经济特区建设以及发展特区精神的关键前提。习近平总书记强调，"改革开放是坚持和发展中国特色社会主义的必由之路，所以必须始终把改革创新精神贯彻到治国理政各个环节，不断推进我国社会主义制度自我完善和发展"③。改革开放后的经济特区也用具体实践印证和推动了马克思主义中国化的理论创新，发展了特区精神的伟大实践。珠海经济特区以开拓进取的斗志和脚踏实地的实干精神，在新时代的发展进程中与时俱进，"港珠澳大桥飞跨伶仃洋，横琴自贸试验片区制度创新不断。位于珠江西岸的珠海，在改革开放的滚滚春潮中弘扬敢闯敢试的特区精神，开拓进取、奋勇拼搏，正成为粤港澳大湾区的经济新引擎和魅力之城。"④适逢粤港澳大湾区建设和发展之时，珠海经济特区充分把握时机，以实践的步伐探索特区发展之道。

---

① 徐金鹏、詹奕嘉：《百载商埠蝶变 特区精神回归——广东汕头"创文强管"加快振兴发展步伐》，新华社2017年6月16日。
② 邓小平：《邓小平文选》第3卷，人民出版社，1993，第51-52页。
③ 习近平：《习近平谈治国理政》第1卷，外文出版社，2018，第13页。
④ 詹奕嘉、周强：《珠海：敢闯敢试奋勇前行 特区精神再放光芒》，新华社2018年12月4日。

特区精神作为新时代经济特区的思想精髓，它不仅是经济特区的精神支撑，也在推动着马克思主义中国化的理论创新。它把实践的要义同特区建设紧密联系在一起，也把实践精神同特区精神融合在一起，敢闯敢试、敢为人先、埋头苦干，以实践出真知。在新时代，深圳、珠海、汕头、厦门和海南经济特区将继续弘扬和传承特区精神，将实干精神贯彻到底，开创经济特区新局面。

（三）与时俱进，在创新中践行特区精神

特区精神中所蕴含的创新精神与马克思主义理论中所强调的改革创新有着莫大的关联。在特区精神的创新思想中，经济特区代表着敢闯敢试、争做改革开放的先锋者和探路者，也代表着与时俱进、意气风发的弄潮儿。因此，在具有创新动力的特区精神熏陶下，我国经济特区将以创新为内在驱动力，并在实践中丰富特区经验，发挥特区精神的时代价值。新时代的特区精神传达出一种奋发向上、永不止步的正能量，也表达了一种敢于超越、敢于尝试的否定精神，即面对当前取得的优秀建设成果不自满、不止步。特区精神留给人的深刻印象是谦虚而积极的精神内核，这是创新进取思想的特区传达，也是特区精神在丰富实践过程中所推动的马克思主义理论创新和实践创新。

1. 坚持创新之魂，提升特区实践水平

发挥新时代特区精神的创新之魂，是特区精神文明建设的组成部分。与此同时，特区发展也需要创新精神的推动。可以说，创新精神作为马克思主义理论的重要内容，是一个国家兴旺发达的不竭动力，也是经济特区的努力方向所在。正如习近平总书记指出："创新是一个民族进步的灵魂，是一个国家兴旺发达的不竭动力，也是中华民族最深沉的民族禀赋。"[1]坚持创新思维，充分落实和拓展特区实践。

以深圳经济特区为例，创新精神作为深圳发展与改革的不竭动力，源源不断地体现在深圳建设经济特区过程中，从当初敢闯敢试、敢为人先的改革开放"试验田"，到如今的中国特色社会主义先行示范区，深圳以改革创新精神让全

---

① 习近平：《习近平谈治国理政》第1卷，外文出版社，2018，第59页。

国乃至世界看到了深圳速度和深圳实力。"深圳有信心、有基础。如今的深圳，创新氛围与创新文化浓郁，创新型企业与创新型人才扎堆，全社会研发投入占GDP比重比肩世界发达国家，PCT国际专利申请量连续十三年居全国各大城市之首。在创新主引擎的强力驱动下，深圳经济社会发展实现了质量、速度有机统一，效益、结构同步优化。"[①]回顾我国建立经济特区前期，没有特区建设经验可循，也没有充分的人才和资源支持。正是靠着特区人敢闯敢拼的冲劲和创新创造的潜质，才开创出了经济特区的全新面貌。因此，坚持在实践中不断创新是马克思主义理论与中国特色社会主义经济特区建设的要求所在。与时俱进，在创新中拓展特区实践，也展现了特区精神的精气神。

2. 在"否定"经验中发展"否定"精神

经济特区在建设初期，面临着许多挑战和挫折，甚至有不少人讨论过走建设中国特色社会主义经济特区这条道路是否妥当。深圳、珠海、汕头、厦门和海南经济特区正是在毫无经济特区建设经验的情况下，以顽强的斗志和敢闯敢试的创新精神，为经济特区建立与发展开启了新篇章。可以说，经济特区正是在这样的"否定"经验中逐步成长起来的。"否定"经验是指在经济特区建设过程中充满坎坷，并非一帆风顺，建设道路上仍有许多发展经验需要改进。正是在"否定"经验中，经济特区升华出难能可贵的"否定"精神。"否定"精神包括开拓进取的特区气质，也包括虚怀若谷、不骄不躁的特区情怀。经济特区正是在一次次"否定"经验中发展"否定"精神，以敢闯敢试、敢为人先、埋头苦干的特区精神探索经济特区建设经验，继续创造特区新辉煌。

深圳经济特区在建设过程中曾面临许多"否定"经验，如外向型经济发展与计划经济下传统观念的碰撞，"深圳特区的广大建设者，不论是原深圳地区的干部、职工或者是从内地调入的干部、职工，都是在旧体制的环境里长期工作和生活的，他们原有的许多思想观念和工作方式，同特区发展外向型经济的要求很不适应，有的甚至严重阻碍外向型经济的发展。因此，认真改变旧观念和旧工作方式，逐步形成外向型经济需要的新观念和新工作方式，就成为特区

---

① 《打造具有全球影响力的"创新之都"——"勇当尖兵 再创新局"系列评论之三》，《深圳特区报》2017年5月30日，第A1转A3版。

主体建设的重要的和迫切的任务"①。在这种新的经济基础与旧的传统的上层建筑发生碰撞之时，深圳经济特区实事求是，及时解决好发展过程中的痛点，积极发扬"否定"精神，与时俱进，在实践中不断拓展深圳特区经验。

厦门经济特区在建设过程中也有过许多改革创新经验，"经济体制改革深入开展，老企业技术改造取得成效，投资环境明显改善，外商投资出现了高潮，特区经济建设速度明显加快，初步形成了以工业为主，兼营旅游、商业、房地产业的综合性、外向型经济特区的发展格局"②。厦门的"否定"精神在经验中也得到了充分体现，开拓进取的厦门人积极开展各项特区实践，脚踏实地完成好经济特区建设任务。

与此同时，海南经济特区也面对着各种不同的声音，"海南定位问题的讨论，实质上是人们在外部条件不利于海南开发建设的情况下，寻找海南发展出路的思想探索"③。因此，海南经济特区在"否定"经验中积极探索出海南"否定"精神，在经济特区建设过程中与时俱进，找到了适合海南发展的特区之路。

诚然，我国五大经济特区在发展过程的前期受到了许多先天条件的束缚，包括各类资源相对匮乏、人才紧缺，等等。可以说，正是这样许许多多"否定"经验最终构成了一条最适合特区发展的正确道路。这也让特区拥有取得阶段性发展成就不自负、探索各种特区经验不气馁的更具实践性的"否定"精神，特区精神也在实践中不断创新。

五、为思想政治教育提供丰富的资源

深圳、珠海、汕头、厦门和海南经济特区作为我国五大经济特区，其浓厚

---

① 高齐云：《深圳经济特区建设的辩证法》，中山大学出版社，1988，第20页。
② 中共厦门市委党史研究室：《中国经济特区的建立与发展（厦门卷）》，中共党史出版社，1996，第9页。
③ 李克等：《海南经济特区定位研究》，海南出版社，2000，第3页。

的人文情怀和精神氛围感染了特区人民。在马克思主义理论和习近平新时代中国特色社会主义思想指导下，在特区精神感召下，我国五大经济特区无论是在理论指导、教育实践上，还是在铸魂育人和正能量传播上，都能真正使思想政治教育落地落细落实，并不断创新发展，增添更多具有时代气息的特区精神内容。可以说，特区精神一方面作为特区思想政治教育的重要内涵之一，充实了我国的思想政治教育内容，另一方面也为思想政治教育提供了丰富的资源。例如，为推进思想政治教育现代化提供实践启迪，为培养担当民族复兴大任的时代新人提供精神养料，也为弘扬主旋律和社会主义核心价值观提供思想内涵。"青年强则国家强"，我国经济特区的思想政治教育始终把青年正能量的思想道德培养放在重要地位，提升特区思政教育水平。

（一）为推进思想政治教育现代化提供实践启迪

在新时代，敢闯敢试、敢为人先、埋头苦干的特区精神作为一种精神力量，不仅对社会风气营造有着极大的影响，还为推进思想政治教育现代化提供实践启迪和创新氛围，把经济特区独立自主的创新精神融入特区思政教育全过程，在提高受教育者精神文化素养、培养其创新精神中丰富思政教育教学内涵，增强思政教育课的思想性和理论性、亲和力和针对性，并为增强经济特区思政教育实效性开阔新的视野。

1. 敢于创新的思政课教学新模式

思想政治教育作为学校思想政治理论课的重要任务，对于特区的思想文化建设而言，其地位和重要意义更是不容小觑。要牢牢抓好思想政治教育，知行合一、言行一致地"讲思政""用思政"，贯彻并落地落实特区实践创新精神，把创新之魂带到思政教学新模式改革中，丰富特区精神对特区人的精神涵养和思想升华。以深圳经济特区的思想政治教育教学为例，"深圳市委教育工委书记、市教育局局长陈秋明表示，必须立足特区办好思想政治课，用好深圳这本改革开放实践的'活教材'，在深圳不仅有丰富的中国近代史、中国革命史教育资源，更有最为丰富生动的改革开放史和中国特色社会主义建设教育资源。深圳市特别重视组织学生走深圳、读深圳、讲深圳、服务深圳，用深圳的宝贵资源和独特优势，增强思想政治教育的说服力与感染力。"①特区思想文化建设与思政课、思政教学的关系紧密相连，敢于尝试创新的特区开拓精神对思政教学方式产生了深远影响。与此同时，思政教学新模式与内涵也依托特区精神深入人心的特点，环环相扣，丰富创新精神的具体实践。

特区精神在新时代也对思政课教学新模式具有启迪作用。思政课教学，顾名思义，就是对我国思想政治理论课的教授与学习，而思政课作为学校为培养学生树立正确的"三观"的重要一课，既要做到寓教于乐、情理相融、深入浅出，也要回到理论上来、关切社会现实，注重思想性和理论性的有机结合。敢于创新的特区精神，给予了思政课教学源源不断的精神动力和实践指南。在深圳经济特区，"多所高校积极探索独具特色的思想政治课程，在课程设计及教学模式上不断改革创新，努力打造高质量的思政课，激发学生的爱国情怀和使命感、责任感，努力培养担当民族复兴大任的时代新人"②。坚持以习近平新时代中国特色社会主义思想为指导，特区精神带动下的创新思政课教学新模式，意味着要真正把思想政治教育与时代相结合，与现实相关照；也意味着要与特区实践紧密联系，汲取特区精神的思想精髓，加入更多丰富的思政教学新形式。

2. 与时俱进，不断丰富思政课教育内容

推进思想政治教育现代化，不仅需要创新思政课教学形式，也要结合新时代特点，不断丰富思政课教学内容，充分发挥特区精神的思想熏陶作用，发展理论性与先进性相结合、生动形象、学生喜闻乐见的思政课堂。求真务实的特区品格带给思想政治教育以更现代化和更实践性的表达，使思想政治理论课在理论教学的基础上，有着更多样化的内容和形式。与此同时，敢于创新、与时俱进的精神推动了思政课教育创新。汕头经济特区在创新思政课堂教学形式上充分体现了汕头特区的改革创新精神，"近年来，澄海区各中小学不断创新思

---

① 姚卓文：《用好改革开放"活"教材　深圳扎实推进思政课建设》，《深圳特区报》2020年3月28日。
② 《探索特色课程落实立德树人根本任务　深圳高校积极创新　打造高质量思政课》，《深圳特区报》2019年4月18日，第A08版。

政课课堂教学形式，结合队日、团日及初中生人生规划教育活动，推动学生日常思想政治教育与思政课教学的深度融合，并充分利用'报、网、端、微、屏'上的各种丰富的教育教学资源，实现课堂教学与课外活动的统一、传统课堂与网络课堂的统一、网上交流与网下互动的统一，使思政课真正'实'起来、'活'起来、'动'起来"①。通过融入新媒体教学的新形式，打造"线上"与"线下"相结合的精品思政课，让思想政治理论课贯彻到生活的方方面面，落实思想政治理论课在学生日常生活的重要作用。

凭借着敢闯敢试、敢为人先、埋头苦干的特区精神，汕头经济特区一马当先，在思想政治理论课上作出许多卓越的创新之举，以特区精神内涵促进思政课创新，做到与时俱进，不断提高和丰富思政课的课程内容和教学水平。例如汕头经济特区林百欣中学为提高思想政治教育工作的吸引力，"采取主题班会、文娱晚会、专题发言、参观访问及有奖征答、法律知识竞赛等生动活泼的形式，寓教于理、情、乐之中，收到良好的效果"②。可以说，特区精神意蕴的新时代价值给予思政课改革创新的思想源泉，在各种丰富的思政课教学内容中传达特区精神的思想精髓，提高思想政治理论课的实效性和生动性，使思政课真正贴近生活、走入人心。

（二）为培育担当民族复兴大任的时代新人提供精神补给

青年强则国家强。习近平总书记在全国宣传思想工作会议上就如何"育新人"提出展望，强调要把培养担当民族复兴大任的时代新人作为重要职责，落实思想政治教育除了体现在思政理论课教学培养上，还旨在培育"有理想、有道德、有文化、有纪律"的青年，并为担当民族复兴大任而不懈努力奋斗。优秀的时代新人需要有崇高的爱国情怀和民族信念，也要德智体美劳全面发展，还要形成独立思考、实事求是的精神品格。可以说，特区精神在价值指引上也

---

① 《讲英雄故事　学英雄精神：澄海区中小学同上一堂特别思政课》，《汕头日报》2019年4月8日，第02版。

② 中共汕头市委党史研究室：《中国经济特区的精神文明建设(汕头卷)》，中共党史出版社，2002，第79页。

给予思想政治教育强有力的精神供给和行动指南。

1. 深化崇高的爱国情怀和民族信念

赓续红色精神血脉，夯实新时代爱国主义精神，这不仅是特区精神的爱国思想文化传递，也是特区精神的弘扬与传承。可以说，特区精神充满着形式丰富的爱国主义内涵，包括为探索我国改革开放进程敢闯敢试、敢做排头兵的勇敢无畏精神，时刻牢记祖国和人民的殷切嘱托、完成好经济特区每一项任务的实事求是精神，贡献特区力量、加强特区实践的锐意进取精神。因此，特区精神无论在情感表达、丰富内涵或是时代价值上都凝聚着爱国主义情怀和民族信念，也为我国的思想政治教育进程带来深远的影响。

海南经济特区作为全国唯一的省级经济特区，其思想政治教育主体广泛，爱国主义精神和民族信念深深烙印在每一个海南人心中，"要张扬爱国主义的时代内涵，始终心怀大局，做敢闯敢试、敢为人先、锐意进取的改革促进者，一步一个脚印，一天一个变化，以一生的真情投入、一辈子的顽强奋斗来体现爱国主义情怀"①。正是海南人不懈奋斗、脚踏实地做实事的爱国主义精神，进一步推动了整个海南经济特区的爱国热情，让更多的人树立起"贡献社会、服务国家"的爱国理念。与此同时，海南经济特区积极开展爱国主义活动，2020年8月26日至28日，"海南新闻工作者协会在五指山革命根据地纪念园举办第六期'青年记者·重走琼崖革命路'活动，驻琼及省内24家媒体的54名青年记者及编辑参加。此次活动以'守初心、担使命，加快推进海南自贸港建设'为主题，旨在加强爱国主义革命传统教育，弘扬琼崖革命精神"②，鼓励更多的海南人树立实践爱国意识、增强人民情怀。

2. 加强培育德智体美劳全面发展的社会主义建设者

新时代的思想政治教育融入经济特区的改革创新精神和实干精神，特区精

---

① 毛志华：《弘扬伟大抗战精神　为建设海南自贸港凝聚磅礴力量》，《海南日报》2020年8月14日。

② 习霁鸿等：《"青年记者·重走琼崖革命路"活动走进五指山》，《海南日报》2020年8月29日，第002版。

神中实事求是、积极进取的思想精髓也深深地与思想政治教育实践结合起来。可以说，新时代思想政治教育已经不再局限于科学文化知识传授，也涵盖许多丰富的内容，包括引导学生树立正确的世界观、人生观和价值观，树立崇高理想以及努力推动学生向德智体美劳各方面发展，等等。总体来说，青年的思想政治教育对于我国社会主义建设事业具有深远的意义。培育全面发展的社会主义建设者是思想政治教育的重要部分，也是特区人才建设的重要内容。

改革创新、勇立潮头的厦门经济特区，也在推动思想政治教育过程中融入与深化特区精神内涵，充分结合社会实践，以丰富多元的文化形式开展思想政治教育。"厦门大学把社会主义核心价值观、大学精神文化融入师生网络生活中，紧密贴近师生思想实际，推出一大批思想性、艺术性、科技性、应用性兼具的网络文化产品。2016年实现1915门本科课程上网，同时借助易班优课平台开展思政课网络教学和日常教育，累计使用人次超45万。"[①]可以说，厦门大学思想政治教育的改革与创新，时时处处体现着厦门经济特区开拓创新、与时俱进的精神风貌。同时，厦门大学也十分注重思政课质量和其育人成才的重要功能，通过从思想熏陶、理论学习、艺术鉴赏等各大角度切入，不断丰富思政课网络文化产品，让学生能够真正地从思想政治教育中收获思政理论知识，凝练思想、提升自我，并在思想政治教育过程中充分培育自身德智体美劳全面发展。

3. 推动形成独立思考、实事求是的精神品格

敢闯敢试、敢为人先、埋头苦干的特区精神作为我国经济特区的思想精髓，在培养担当民族复兴大任的新时代青年中具有重要影响。特区精神给经济特区带来具有鲜活生命力的思想引领，经济特区要做"排头兵"和"先锋队"，就要发挥模范作用，带动社会共同形成独立自律、积极思考的文化氛围，并强化实事求是、脚踏实地的思想态度，提高特区精神对思想政治工作的教育意义。

从无人问津的小渔村，到改革开放后社会主义文化繁荣兴盛的经济特区，

---

① 《用信仰之光照亮青年学子前行的路——全省高校思想政治工作综述》，《福建日报》2017年7月9日。

深圳再一次以其独特的自立自强精神提高了全市的思想政治教育质量和水平，推动形成独立思考的思想氛围。深圳在思政教育上"从小培养独立自主精神，要着重培养好一支敢想、敢说、敢做的有主人翁精神和独立自主能力的小干部队伍。他们是孩子们的'小领袖'，长大后，其中一些优秀人物会是党和国家的各级领导者和企业家。因此，我们要从小培养和教育他们尊重同志、热爱集体，热心为大家服务，既是当家的'小主人'，又是个勤恳的'小公仆'，要有民主精神和群众路线，更要从身边小事处处以身作则、严于律己"①。与此同时，在贯彻实事求是的思想态度上，珠海经济特区也发挥出实干的珠海精神，再次强调了"珠海人民不辱使命，坚持'解放思想、实事求是'的思想路线，敢闯敢试、敢为人先、埋头苦干，经受住各种严峻考验，紧紧把握建设有中国特色社会主义这个主题，自力更生、艰苦创业，抓住机遇，努力发展"②。可以说，特区精神给予思想政治教育更多具有生命力的思想价值。

（三）为弘扬主旋律和培育社会主义核心价值观提供思想内涵

特区精神中开拓进取、求真务实和敢闯敢试、敢为人先的思想内容被广为流传，这不仅是深圳、珠海、汕头、厦门和海南经济特区优秀的文明成果，也为我国在开展思想政治教育过程中弘扬主旋律、传播正能量、践行社会主义核心价值观，提供思想和精神上的指引。简言之，特区精神的新时代价值在思想政治教育中提供丰富的思想资源。

1. 营造特区正能量精神氛围

思想政治教育除了需要高校系统化的理论学习，还需要开放包容、风清气正的社会环境。而积极向上的特区精神，恰好为思想政治教育深入人心源源不断地提供了正能量的精神氛围，包括开拓进取精神、务实高效精神和勇立潮头精神。可以说，特区精神的思想精髓让思想政治教育更具生活化和实践性，也更加深入人心。

---

① 深圳市教育科学研究所：《深圳特区教育研究》，武汉大学出版社，1986，第169页。
② 梁广大、黄云龙：《跨世纪的珠海发展之路》，广东人民出版社，1998，第1页。

一是发扬开拓进取精神。深圳、珠海、汕头、厦门和海南经济特区从建设初期到新时代发展以来，正是不断超越、不断进步的进取精神和勇于开创、探索前进道路的实践精神，让特区的思想政治教育环境充满朝气，越来越多有抱负、有作为的社会主义新人积极投身于经济特区建设之中。正像珠海经济特区一样，"创办经济特区并非权宜之计，而是关系到建设有中国特色的社会主义成功与否的百年大计。实现这一百年大计的关键，就是优先发展教育，不断提高人的素质，培养更多的有理想、有道德、有文化、有纪律的新人。珠海创办经济特区以来，一贯十分重视发展教育，养成了'尊重知识，尊重人才'的良好风气，多次得到上级尤其是中央领导的好评"[①]。

二是发扬务实高效精神。特区精神中所蕴含的务实高效，意味着脚踏实地、又快又好地完成特区任务的决心和信心，意味着经济特区将继续以"人民公仆"形象，争做"先锋兵"，在思想政治教育过程中不断发挥特区精神的时代价值。因此，特区精神是思想政治教育环境重要的思想意蕴，"特区人民发扬敢闯精神，进行了开创性的探索，推进社区各项事业向前发展，担负起建设具有中国特色社会主义道路排头兵的光荣使命"[②]。特区精神也启发和影响了思想政治教育环境，营造了良好的社会风气。

三是发扬勇立潮头精神。经济特区继续发挥对外开放的"窗口"、"试验场"和"排头兵"作用，积极开拓进取，大胆探索、勇于创新，以崭新的精神面貌，续写经济特区的新辉煌。敢闯敢试、敢为人先、埋头苦干的特区精神是经济特区的精气神，也是经济特区文化发展的行动指南。在新时代，勇立潮头精神为思想政治教育提供了丰富的思想资源，并在不断创新思想政治教育形式和拓展思政教育内容上发挥出思想政治教育铸魂育人的作用。

2. 培育和践行社会主义核心价值观

特区精神赓续着爱国主义的红色血脉，联动着改革创新的时代变化，是经济特区的思想结晶，也是践行社会主义核心价值观的"地道表达"。特区精神

---

① 叶庆科、李润枝：《邓小平与珠海经济特区》，中共中央党校出版社，1993，第58-59页。

② 中共中央党校进修部：《来自特区的报告——学习邓小平关于经济特区的谈话》，中共中央党校出版社，1992，第8页。

让深圳、珠海、汕头、厦门和海南经济特区的人民因爱国而自豪，因奋斗而自信，因创新而自强。这些都为社会主义核心价值观入心入脑、深入实践奠定了坚实的思想基础。

社会主义核心价值观培育，也是思想政治教育的重要部分。社会主义时代新人需要在认同自我价值、追求社会价值和崇尚爱国价值中掌握思想政治教育精髓，提高思想觉悟。习近平总书记指出："要加强社会主义核心价值体系建设，倡导富强、民主、文明、和谐，倡导自由、平等、公正、法治，倡导爱国、敬业、诚信、友善，积极培育和践行社会主义核心价值观，使之成为全体人民的共同价值追求"①。社会主义核心价值观是凝聚共识、增强中国特色社会主义思想觉悟的行动纲领与核心要义，而特区精神是特区人民的思想内核。两者都为改革开放和社会主义现代化建设实践提供思想和理论上的指引，并且特区精神的时代价值也让社会主义核心价值观的阐发更有凝聚力和魄力，"我们必须毫不放松理想信念教育、思想道德建设、意识形态工作，大力培育和弘扬社会主义核心价值观，用富有时代气息的中国精神凝聚中国力量。"②因此，特区精神作为经济特区的精神力量和思想共识，紧密结合社会主义核心价值观的深远内涵，"坚定信念，继续发扬敢闯敢试的精神，使之获得不断进取的思想驱动力"③，不断鼓舞和带动特区人民共同崇尚和践行社会主义核心价值观。简言之，在大力弘扬特区精神的过程中，社会主义核心价值观得到了更进一步的培育和发展。

---

① 中共中央文献研究室：《习近平关于社会主义文化建设论述摘编》，中央文献出版社，2017，第105页。
② 同上书，第10页。
③ 陈文：《经济特区的政治发展足迹》，重庆出版社，2010，第28页。

第六章

06

传承特区精神，培育和践行社会主义核心价值观

改革开放以来经济特区在探索和奋斗中形成的特区精神，是中华民族生生不息、薪火相传的民族精神的重要内容，是推动社会主义现代化建设和实现中华民族伟大复兴中国梦的强大精神动力。社会主义核心价值观是凝聚人心、汇聚民力的强大力量。它把涉及国家、社会、公民三个层面的价值要求融为一体，体现了社会主义本质要求和时代精神，凝结着全体人民共同的价值追求，是中国特色社会主义道路、理论、制度和文化的价值表达，是实现中华民族伟大复兴中国梦的价值引领。特区精神与社会主义核心价值观丰富内涵相契合。要充分认识将特区精神融入社会主义核心价值观教育的必要性和紧迫性，深入探索把特区精神融入培育和践行社会主义核心价值观的路径。

我们深信，通过传承特区精神，积极培育和践行社会主义核心价值观，就一定能够凝心聚力、同心同德，以勇往直前、无坚不摧的强大力量，推进实现中华民族伟大复兴的历史进程。

一、社会主义核心价值观凝聚着全体人民共同的价值追求

党的十八大以来形成的社会主义核心价值观，是凝聚中华民族共识的最大公约数，是社会主义意识形态大厦的基石，体现着全体人民共同的价值追求，为实现中华民族伟大复兴提供持久的精神动力和智力支持。

（一）社会主义核心价值观的形成

新中国的建立和社会主义基本制度的确立，为以马克思主义为指导的社会主义核心价值体系建设奠定了坚实的基础。改革开放以来，我国对社会主义意识形态建设不断进行新的探索，提出了从建设社会主义核心价值体系到以"三个倡导"为内容、积极培育和践行社会主义核心价值观的战略任务。众所周知，党的十一届三中全会重新恢复并发展了实事求是的思想路线，坚持把马克思主义与改革开放和我国社会主义建设伟大实践相结合，在继承毛泽东思想的基础上，创立了邓小平理论、"三个代表"重要思想、科学发展观、习近平新时代中国特色社会主义思想，马克思主义在意识形态领域的指导地位不断巩固。2006年3月，胡锦涛同志在看望出席全国政协十届四次会议的委员时提出了"八荣八耻"的社会主义荣辱观。它既继承了中华民族传统美德，又发扬了我们党优秀的革命道德传统，同时赋予了新的时代内涵，深化了党对社会主义道德建设规律的认识。2006年10月，党的十六届六中全会第一次明确提出"建设社会主义核心价值体系"的科学命题和战略任务，指出："马克思主义指导思想，中国特色社会主义共同理想，以爱国主义为核心的民族精神和以改革创新为核心的时代精神，社会主义荣辱观，构成社会主义核心价值体系的基本内容"。2007年10月，党的十七大报告进一步指出，"社会主义核心价值体系是社会主义意识形态的本质体现"。2011年10月，党的十七届六中全会强调，社会主义核心价值体系是"兴国之魂"，建设社会主义核心价值体系是推动文

化大发展大繁荣的根本任务。建设社会主义核心价值体系，是党在思想文化建设上的一个重大理论创新和重大战略任务，对于在全社会形成统一的指导思想、共同的理想信念、强大的精神支柱和基本的道德规范，增强社会主义意识形态的吸引力和凝聚力，筑牢全党全国各族人民团结奋斗的思想基础，具有重要意义。

在深入推进社会主义核心价值体系建设的基础上，2012 年 11 月召开的党的十八大明确提出了"倡导富强、民主、文明、和谐，倡导自由、平等、公正、法治，倡导爱国、敬业、诚信、友善"的社会主义核心价值观。2013 年 12 月，中共中央办公厅印发《关于培育和践行社会主义核心价值观的意见》，明确提出，以"三个倡导"为基本内容的社会主义核心价值观，与中国特色社会主义发展要求相契合，与中华优秀传统文化和人类文明优秀成果相承接，是我们党凝聚全党全社会价值共识作出的重要论断。习近平总书记强调："把培育和弘扬社会主义核心价值观作为凝魂聚气、强基固本的基础工程，继承和发扬中华优秀传统文化和传统美德，广泛开展社会主义核心价值观宣传教育，积极引导人们讲道德、尊道德、守道德，追求高尚的道德理想，不断夯实中国特色社会主义的思想道德基础。"[①] 由此可见，中国特色社会主义的价值追求就是以社会主义核心价值观为导向，把社会主义核心价值观融入社会发展的方方面面，使社会主义核心价值观内化为人们的情感认同，外化为人们的行为习惯。

社会主义核心价值观的提出，使社会主义核心价值体系有了比较明确的核心价值，集中表达了我们党对社会主义核心价值体系的新认识。培育和践行社会主义核心价值观，是继续推进社会主义核心价值体系建设的必然要求，也是引领整合多样化社会思潮、凝聚社会共识的客观需要。面对全球范围内思想文化交流融合的新态势，面对改革开放和发展社会主义市场经济条件下价值观多元化的新特点，社会主义核心价值观的培育和践行对于巩固马克思主义在意识形态领域的指导地位，对于聚集全面建成小康社会、实现中华民族伟大复兴中国梦的强大正能量，具有重大意义。

培育和践行社会主义核心价值观，是顺应改革开放和现代化建设的必然趋势，是深化对社会主义及其本质认识的需要。改革开放 40 多年来，我国正处

---

① 习近平：《习近平谈治国理政》第 1 卷，外文出版社，2018，第 163 页。

于发展的重要战略机遇期，随着经济体制改革的不断深入，社会结构发生深刻变动，利益格局逐渐调整更新，不同利益主体的矛盾愈加凸显出来，人们的思想观念发生变化，特别是随着全球化的不断融合，多元意识形态的交流进一步推动我国价值观念的多元化发展。改革开放和现代化进程需要凝聚力量、统一思想，共同为实现中华民族伟大复兴而奋斗。在此现实背景下，社会主义核心价值观就应运而生。社会主义核心价值观的提出与培育，能推动社会形成统一的指导思想，形成强大的精神力量，增强人们对中国特色社会主义的道路自信、理论自信、制度自信和文化自信，在多元环境下凝聚思想共识。社会主义核心价值观根据中国现实国情，吸收和借鉴了传统文化的精髓，既是对我国优秀传统文化的传承和发展，又具有鲜明的时代特征，在弘扬传统价值理念的基础上融合马克思主义指导思想，并与中国当代社会主义伟大实践相结合，对我国公民个人价值观发挥引领和调控作用，在多样复杂的思想意识背景下转化非社会主义思想意识，有效整合社会意识，从而进一步深化人民对社会主义及其本质的认识。社会主义的本质是解放生产力，发展生产力，消灭剥削，消除两极分化，最终走向共同富裕。社会主义核心价值观从国家、社会和个人三个层面体现出社会主义优越性和社会主义本质特征。培育和弘扬社会主义核心价值观，"是社会系统得以正常运转、社会秩序得以有效维护的重要途径，也是国家治理体系和治理能力的重要方面……构建具有强大感召力的核心价值观，关系社会和谐稳定，关系国家长治久安。"[①]把社会主义核心价值观作为指引我国发展方向的主流价值观，既是中国特色社会主义事业的发展方向和奋斗目标，也是中华民族文化软实力的灵魂。

（二）社会主义核心价值观多维阐析

党的十八大以后提出的社会主义核心价值观，是社会主义意识形态大厦的基石，是凝聚中华儿女各种力量实现中华民族伟大复兴的强有力价值支撑。因此，要准确、全面、多维度地理解社会主义核心价值观。

富强、民主、文明、和谐，这是"我国社会主义现代化国家的建设目标，

---

① 习近平：《习近平谈治国理政》第1卷，外文出版社，2018，第163页。

也是从价值目标层面对社会主义核心价值观基本理念的凝练，在社会主义核心价值观中居于最高层次，对其他层次的价值理念具有统领作用"①。富强即国富民强。追求人民富裕、国家强盛，是我国社会主义现代化建设的永恒主题。每个人都要以富强为目标，建立追求富强的决心和信念，将自身积极性、主动性和创造性充分发挥出来，从而实现物质脱贫和精神脱贫，做到物质富裕和精神富足的有机统一。民主就是人民当家做主，是社会主义的民主。中国特色社会主义民主政治，必须坚持党的领导、人民当家做主和依法治国的有机统一。要大力加强民主建设，教育国民增强民主意识，普及相关政治知识，提升国民的政治素养和政治参与热情，为建设新型社会主义民主而不懈努力。文明是指精神文明，是我国社会主义文化建设追求的价值目标。马克思主义认为，社会主义社会是现代社会迄今为止最高程度的文明形态，新时期我国精神文明建设取得了重大成就。但也不可否认，在经济全球化和社会主义市场经济的冲击下，西方腐朽思想和封建迷信思想对思想道德建设产生了不良影响，致使一部分人道德滑坡，坑蒙拐骗、敲诈勒索等现象时有发生。因此，社会主义精神文明建设的任务仍然繁重。必须大力加强思想道德建设和教育科学文化建设，提高全民族的思想道德素质和科学文化素质，为社会主义现代化建设提供持久的精神动力和智力支持。追求和谐是中华民族的优良传统，社会主义和谐社会是中国特色社会主义的本质属性，建立和谐社会对于正确处理不同利益主体之间的矛盾，实现人与人、人与社会、人与自然和谐发展具有重大意义。在构建社会主义和谐社会的征程中，要提倡以和为贵，引导人民正确处理人际关系，协调人与自然的关系，促进经济、政治、文化、社会和生态的和谐发展。

自由、平等、公正、法治，是对美好社会的生动描述，是社会主义核心价值观社会层面的价值取向。马克思主义的自由观有别于西方资本主义自由观念，其目的是推动整个社会和全人类的自由全面发展，实现从必然王国到自由王国的飞跃。当前我们正处于社会自由全面发展的初级阶段，要实现共产主义社会，必须大力倡导自由观念，要通过教育引导、舆论宣传等使自由内化为人民的精神追求；但需要指出的是，自由是建立在法治框架内的，法律是实现自

---

① 房广顺：《社会主义核心价值观与中华传统文化》，人民出版社，2015，第28页。

由的制度保障，自由不能超出法律约束范围。因此，既要增强人民的自由意识，也要进行普法宣传，营造自由稳定的社会环境。平等，即人与人之间的平等。当前我国社会不平等问题还比较突出，例如区域发展不平衡、城乡差距大、人们收入差距悬殊、社会保障制度不够健全等，制约着我国经济社会的全面进步与发展。因此，必须倡导平等的价值观念，破除数千年来根深蒂固的等级观念，吸取过去重视结果平等、强调平均主义导致社会主义社会发展受阻的经验教训，从思想意识上全面推进社会平等。公正，即公平正义。我国自古就有"不患寡而患不均"的思想，公正是人民群众的普遍追求。当前中国处在全面深化改革的关键时期，必须切实维护社会公正，协调各方面社会关系，维护社会稳定，既要把"蛋糕"做大，又要把"蛋糕"分好，强化人民追求公正的理念，绝不纵容利益分配不均等问题，最大程度地调动人民建设中国特色社会主义的聪明才智。法治，是衡量一个国家政治发展水平的重要标志，强调法律在国家和社会治理中的至上地位。中国特色社会主义法律体系基本形成，国家的经济、政治、文化和社会生活的方方面面基本上做到了有法可依，但法治建设工作仍然任重而道远。必须加强法治宣传教育工作，增强法律意识，强调全体国民要学法、懂法、用法，依照法律规章制度办事。要树立法治信仰、培育法治文化、弘扬法治精神，用法治方式表达利益诉求，在法治框架下解决各种矛盾。

爱国、敬业、诚信、友善，是从个人行为层面对社会主义核心价值观基本理念的凝练，是对当前我国社会主义道德伦理诉求的高度概括。它涵盖社会道德生活的各个领域，是公民的基本道德准则和道德评价标准。爱国主义是中国精神的重要组成部分，是民族精神的核心，是推动我们实现中华民族伟大复兴的强大精神动力。当然，爱国主义是一个历史范畴，在不同历史阶段有着不同的内涵。当代的爱国主义以社会主义核心价值观为价值取向，在中国共产党领导下建设中国特色社会主义是新时代爱国主义的主题。新时代加强爱国主义教育，培育理性的爱国主义观念，就是要加强中国共产党的领导，抵制西方意识形态渗透，把人民的爱国主义情怀转化为建设社会主义现代化的强大动力。敬业精神是个人职业素养的集中体现，敬业"意味着要恪守职业道德，树立崇高的职业理想，努力追求事业上的卓越成就和良好声誉，竭尽所能地服务于社会和他人，努力提升自我价值"[1]。要大力开展职业素质教育，促进全体人民职业道德素养提升，保证其在经营和生产过程中敬业守职，做好本职工作。"人而无信，不知其可也。"[2]诚信是中华民族传统美德的重要组成部分；但是，随着我国社会转型的加速，出现了诚信缺失的道德失范问题，必须根据我国社会主义市场经济发展的客观需要培育适合中国国情的诚信文化，建立并逐步完善信用监督和管理体系，通过"诚信工程"等诚信教育工作和诚信主题活动，使诚信观念深入人心。树立友善价值观，对于人们正确处理人际关系、人与自然关系意义重大。人是社会关系的总和，具有社会属性。交往是人的存在方式，而友善交往是人际交往的和谐方式和理想状态，特别是改革开放进入新阶段，友善交往可以缓和社会张力，增进社会和谐；人又是自然存在物，具有自然力和生命力，在人与自然的交往中，友善即建构人与自然和谐共生的环境友好型社会，实现全面、协调、可持续发展，保持人类社会与自然生态的均衡。在经济特区建设和中国特色社会主义建设中重视友善价值观的内化，有利于形成共建社会主义现代化的合力；有利于发挥团结互助、互相关爱的集体主义精神，推动经济社会全面进步与发展；有利于保护生态环境，发展绿色经济，构建人与自然、人与社会和谐共处的局面。

社会主义核心价值观三个层面之间的划分是相对的，不可教条式地理解。事实上，任何一种价值观常常贯通于国家、社会、个体等三个层面；因为一种价值观的形成、传播和实践，是整个社会系统运行的结果，表现在社会生活的各个层面，恰如血液在生命系统中的循环。例如，法治是社会层面的基本价值观，当然也是国家层面要遵循的基本价值，建设法治国家是现代国家的基本选择和价值目标。国家要保护公民自由，这是现代法治国家的基本立场和目标。国家的运行（包括各种资源、权利的分配）需要公正。诚信是一切社会行为主体应该遵循的基本规范，政府、企业、社会组织都需要讲诚信，这样才能引导个体成为诚信之人。同样，社会生活追求和谐，"家和万事兴"，个人身心和谐才能幸福。这说明，社会主义核心价值观三个层面是为了便于理解而进行的人为划分，仅具有相对意义，不能进行绝对化的理解。

---

[1] 田鹏颖：《社会主义核心价值观七论》，社会科学文献出版社，2015，第97页。
[2] 任宪宝：《论语注·译·析》，中国言实出版社，2017，第34页。

（三）社会主义核心价值观凝结着全体人民共同的价值追求

价值观作为一种社会意识，集中反映着社会的经济、政治和文化，代表了人们对社会生活的总体认识、基本理念和理想追求。习近平总书记指出："价值观念在一定社会的文化中是起中轴作用的，文化的影响力首先是价值观念的影响力。世界上各种文化之争，本质上是价值观念之争，也是人心之争、意识形态之争，正所谓'一时之强弱在力，千古之胜负在理'。"①而核心价值观是一个民族赖以维系的精神纽带，是一个国家共同的思想道德基础②。习近平总书记强调，核心价值观是承载着一个民族、一个国家的精神追求，体现着一个社会评判是非曲直的价值标准，是最持久、最深层的力量。"能否构建具有强大感召力的核心价值观，关系社会和谐稳定，关系国家长治久安"③。

纵观历史，每个时代都有每个时代的精神，每个时代都有每个时代的价值观念。国有四维，礼义廉耻，"四维不张，国乃灭亡"。这是中国古代先贤对于当时核心价值观的认识。在当代中国应该坚守什么样的核心价值观，这既是一个理论问题，也是一个实践问题。习近平总书记强调，要加强社会主义核心价值体系建设，倡导富强、民主、文明、和谐，倡导自由、平等、公正、法治，倡导爱国、敬业、诚信、友善，积极培育和践行社会主义核心价值观，使之成为全体人民的共同价值追求。要全面提高公民道德素质，弘扬真善美、贬斥假恶丑，培育知荣辱、讲正气、作奉献、促和谐的良好风尚。

社会主义核心价值观在哪些方面凝聚中华民族共识，发挥其感召力、凝聚力和引导力呢？主要体现在以下几个方面：

第一，坚定共同理想。国家层面的社会主义核心价值观强调"富强、民主、文明、和谐"，这是从国家发展目标角度概括的核心价值观，它体现了我

---

① 中共中央文献研究室编《习近平关于社会主义文化建设论述摘编》，中央文献出版社，2017，第105页。

② 中共中央文献研究室编《十八大以来重要文献选编》中册，中央文献出版社，2016，第133页。

③ 中共中央文献研究室编《习近平关于全面建成小康社会论述摘编》，中央文献出版社，2016，第111页。

国发展中国特色社会主义的宏伟目标和价值追求。中国特色社会主义建设的总体布局包括经济建设、政治建设、文化建设、社会建设和生态文明建设。从价值目标追求的角度来说，五大建设的目标就是要达到经济上越来越富强，政治上越来越民主，文化上越来越文明，社会和生态上越来越和谐，即达到"富强、民主、文明、和谐"这一总的价值目标。这个目标代表了全体中国人民的共同理想，也代表了当代中华民族的共同价值追求。培育和践行社会主义核心价值观，有利于坚定中国特色社会主义共同理想，有利于建设富强、民主、文明、和谐的社会主义现代化国家。

第二，强化中国精神。近年来，随着中国国际地位的提高，西方国家因怀有意识形态偏见，在国际舞台上恶意炮制"中国威胁论""文化冲突论"，企图遏制中国的发展。同时，西方意识形态不断入侵，既造成我国社会思潮的多元多变，又污染了部分民众的精神。西方价值观中的拜金主义、享乐主义、极端利己主义的入侵，导致人民对政府信任度降低，群体性事件频发，社会公共安全遭受损害。因此，越是在社会变革的关键时期，我们越要始终掌握意识形态领域的领导权和主导权。社会主义核心价值观是社会主义的灵魂和精神支柱，只有坚持社会主义核心价值观，才能强化中国精神、凝聚中国力量，确保中国特色社会主义事业始终坚持正确的发展方向。中国精神贯穿于中华上下五千年的历史，它是以爱国主义为核心的民族精神和以改革创新为核心的时代精神。中国是拥有56个民族的多民族国家，中华民族长期形成的以爱国主义为核心的团结统一、爱好和平、勤劳勇敢、自强不息的伟大民族精神，指引我国历经五千年的历史沧桑。中华民族以改革创新为核心的时代精神，是激励我们奋发图强、振兴中华的强大精神动力。社会主义核心价值观的培育和践行过程，就是强化中国精神的过程。始终坚持社会主义核心价值观的引领，才能使中华民族长期屹立于世界民族之林。

第三，建设道德风尚。社会主义核心价值观是追求真善美的价值观，中华民族是自强不息、厚德载物的民族。每个人心底蕴藏的善良道德意愿、道德情感，是我们培育社会主义核心价值观最深厚的土壤。作为公民个人层面的社会主义核心价值观强调要"爱国、敬业、诚信、友善"，这实际上也体现了中华民族传统美德和社会主义道德的基本要求。为了培育和践行社会主义核心价值观，我们一定要加强对中华优秀传统美德的挖掘和阐发，在去粗取精、去伪存真的基础上，努力实现中华优秀传统美德的创造性转化、创新性发展，使中华优秀传统美德和社会主义道德成为我们营造良好文明新风、建设民族共有精神家园、鼓舞人民不断前进的重要精神力量。

第四，为推进中华民族伟大复兴中国梦的实现提供重要的理论支撑。习近平总书记指出："实现中华民族伟大复兴的中国梦，就是要实现国家富强、民族振兴、人民幸福。"①中国梦所体现的国家富强、民族振兴、人民幸福这三大价值追求是有机统一的。没有国家富强和民族振兴，就不可能有人民幸福；同样，没有人民的富裕幸福，也根本谈不上国家富强，更谈不上民族振兴。国家好、民族好，大家才会好；反过来也是同样的道理。中国梦的奋斗目标与中国特色社会主义的发展目标是有机统一的。习近平总书记在阐述中国梦的发展目标时指出："我坚信，到中国共产党成立100年时全面建成小康社会的目标一定能实现，到新中国成立100年时建成富强民主文明和谐的社会主义现代化国家的目标一定能实现，中华民族伟大复兴的梦想一定能实现。"②这三个"一定能实现"，全面揭示了中国梦的奋斗目标。习近平总书记还指出，实现中国梦，必须走中国道路，必须弘扬中国精神，必须凝聚中国力量。这里所强调的"中国道路""中国精神""中国力量"，其本质内核就是社会主义核心价值观。离开社会主义核心价值观的引领，中国道路就有可能迷失前进方向；离开社会主义核心价值观的引领，中国精神就有可能失去内在灵魂；离开社会主义核心价值观的引领，中国力量就有可能失去精神动力。由此看来，以"三个倡导"为基本内容的社会主义核心价值观，对于推进中华民族伟大复兴中国梦的实现提供了重要理论支撑和强大精神动力。

第五，对于巩固马克思主义在意识形态领域的指导地位、巩固全党全国人民团结奋斗的共同思想基础具有十分重要的作用。当前，我国已进入全面深化改革、加快推进社会主义现代化建设新时期。近年来，我国经济体制深刻变革，社会结构深刻变动，利益格局深刻调整，生活方式深刻变化。这给人们的价值观念和思想活动带来了巨大冲击，人们在思想认识上的多样性、多变性日益增强，各种价值观念和社会思潮多彩纷呈。面对世界范围思想文化交流交融

---

① 习近平：《习近平谈治国理政》第1卷，外文出版社，2018，第39页。
② 同上书，第36页。

交锋形势下价值观较量的新态势，面对改革开放和发展社会主义市场经济条件下思想意识多元多样多变的新特点，只有大力培育和践行社会主义核心价值观，以此凝聚全党和全国人民的共同价值追求，才能真正巩固马克思主义在意识形态领域的指导地位，巩固全党全国人民团结奋斗的共同思想基础，进而在全社会形成巨大的价值共识和思想共鸣，保证中国特色社会主义发展的正确方向。

二、特区精神与社会主义核心价值观内涵相契合

精神是文化的内核，狭义的文化即精神文化。价值观是文化的核心，是精神的根和魂。"核心价值观，承载着一个民族、一个国家的精神追求，体现着一个社会评判是非曲直的价值标准。"①因此，"核心价值观是文化软实力的灵魂、文化软实力建设的重点。这是决定文化性质和方向的最深层次要素。一个国家的文化软实力，从根本上说，取决于其核心价值观的生命力、凝聚力、感召力。"②可以说，特区精神与社会主义核心价值观一脉相承。作为中国特色社会主义先进文化的阶段性成果，特区精神为社会主义核心价值观构建提供了丰富的养料。特区精神所蕴含的共同富裕、敢闯敢试、敢为人先、埋头苦干、奋发有为、务实高效、开放包容、改革创新等内容，与社会主义核心价值观中国家维度的"富强、民主、文明、和谐"，社会维度的"自由、平等、公正、法治"，个人维度的"爱国、敬业、诚信、友善"高度契合。

（一）特区精神与社会主义核心价值观国家层面的价值目标契合

在内容上，从国家层面来说，特区精神蕴含的价值意蕴如"共同富裕""海纳百川""敢于担当""以人民为中心"等的价值目标与社会主义核心价值

---

① 习近平：《习近平谈治国理政》第1卷，外文出版社，2018，第168页。
② 同上书，第163页。

观倡导的"富强、民主、文明、和谐"的国家层面的价值目标具有高度的契合性。

特区精神作为国家精神的时代表达，显示了国家的精神特质和国家形象。富强、民主、文明、和谐是社会主义核心价值观在国家层面的价值取向，体现我国经济建设、政治建设、文化建设、社会建设和生态文明建设的基本特征和内在要求。我们知道，在古代中国社会，没有现代意义的国家观念，涉及的所谓"国家"，一般是指皇朝，是指一家一姓的天下。在实际生活中，共同体的认同主要是以同宗或同乡的形式进行的。梁启超说，在古代中国，"身（个人），是单位的基本；天下（世界）是团体的极量；家（家族）国（国家）不过是团体组织里头一种过程。所以我们中国人所崇尚的，一面是个人主义，一面是世界主义，中间却不认得有什么国家主义"①。所以，梁启超认为，古代中国人有村落思想而无国家思想。中华民族作为一个自觉的民族实体，中国作为一个现代民族国家，中国人具有真正的国家意识，是在近百年来中国与西方列强的对抗中出现的。近现代以来，国家精神的建构，始终是中国人持续关注和努力探索的一个主题。新中国成立后，以毛泽东同志为核心的党的第一代中央领导集体为我国规划了四个现代化的宏伟蓝图，致力于把我国建设成为一个伟大的社会主义现代化国家，并为此进行了可贵的探索，形成了铁人精神、"两弹一星"精神、雷锋精神等，激励着一代又一代人前赴后继，奋然前行。

改革开放以来，开启了中国特色社会主义现代化建设伟大征程，披荆斩棘，锐意改革创新，取得了举世瞩目的成就。其中，改革开放的重大举措就是在深圳、珠海、汕头、厦门、海南省设立经济特区。在社会主义国家设立经济特区，这在马克思主义本本中是没有的，这是对科学社会主义理论的重大发展，在中国特色社会主义建设中起到了先锋和排头兵的作用，得到了世界各国的普遍赞誉，彰显了社会主义的生机与活力，形成了以深圳等经济特区为缩影的中国道路，为推进马克思主义中国化理论创新，增强道路自信、理论自信、制度自信和文化自信作出了巨大贡献。在经济特区实践探索基础上形成的特区精神所蕴含的价值目标具有国家层面的担当意识，继续在深化改革、扩大开放和实现中华民族伟大复兴中国梦的进程中发挥巨大作用。在这种背景下，必须

---

① 梁启超：《梁启超全集》第5册，北京出版社，1999，第3031页。

把特区精神融入社会主义核心价值观之中，不断增强国家和民族的凝聚力，逐步实现把我国建设成为富强民主文明和谐美丽的社会主义现代化国家的目标。

（二）特区精神与社会主义核心价值观社会层面的价值取向契合

特区精神是一种社会精神，显示一个社会的精神特质和社会风貌。特区精神所蕴含的团结友爱、扶贫济困的互助精神，诚实守信、廉洁奉公的奉献精神，公正严明、规范有序的法治精神，面向世界的开放精神等内容与社会主义核心价值观社会层面的价值取向"自由、平等、公正、法治"相契合。

自由、平等、公正、法治作为社会主义核心价值观在社会层面的价值取向，体现中国特色社会主义社会的基本特征和内在要求。我们现在正在大力发展社会主义市场经济，努力构建社会主义法治社会。作为价值观念的自由、平等、公正、法治，是现代社会市场化、法制化的产物。当然，这些社会层面的价值观念又反过来成为进一步推进市场化、法制化的精神动力，二者之间是一个良性互动的过程。因此，对于正在完善社会主义市场经济和推行法治社会建设的中国来说，凸显了自由、平等、公正、法治的弥足珍贵性。同时，从社会结构的变化来看，我国目前正在经历从熟人社会向陌生人社会，从礼俗社会向法治社会的转型。在陌生人社会、法治社会，人的流动频繁，自主意识强烈，利益分化剧烈，人们注重权利和义务对等，强调自由、公正、平等、自立、自强、共生等价值观念。我们要从特区精神的形成过程及其内涵意蕴来深刻理解具有现代性的自由、平等、公正、法治等价值观念，按照中国自己的话语体系阐释、建构当代中国社会所需要的自由精神、平等精神、公正精神、法治精神。

（三）特区精神与社会主义核心价值观公民层面的价值准则契合

特区精神蕴含着爱国情感、诚实守信、团结互助、无私奉献等丰富的道德观念。特区精神体现了公民意识，显示一个人的精神特质和人格理想。特区精神所蕴含的爱国情感、爱岗敬业、诚实守信、团结互助、扶贫济困、无私奉献等丰富的道德观念与社会主义核心价值观公民层面的价值准则相契合。

　　爱国、敬业、诚信、友善作为社会主义核心价值观在个人层面的价值取向，体现了社会主义合格公民的基本特征和内在要求，"我们生而为中国人，最根本的是我们有中国人的独特精神世界"①。这种独特精神世界在传统中国社会显现为仁义礼智信、忠孝廉耻勇等核心价值观。近现代以来，西方文化鱼贯而入，极大地改变并丰富中国人的精神世界，逐渐具有现代特质。从梁启超提出公德、自由、自治等特质的"新民"，到陈独秀提出自主、进步、进取、世界、实利、科学等特质的"新青年"，再到晏阳初提出有知识、有生产力、有公共心的平民人格；从新中国建立初期提出的爱祖国、爱人民、爱劳动、爱科学、爱护公共财物的"五爱"公民，到改革开放初期开展群众性的"五讲四美三热爱"（五讲："讲文明、讲礼貌、讲卫生、讲秩序、讲道德"；四美："心灵美、语言美、行为美、环境美"；三热爱："热爱祖国、热爱社会主义、热爱中国共产党"）活动，再到后来提出的培养有理想、有道德、有文化、有纪律的"四有"新人；一直到21世纪初提出树立以"八荣八耻"为主要内容的社会主义荣辱观，建设社会主义核心价值体系，培育和践行社会主义核心价值观。这一发展演变历程诠释了现代中国人的精神特质和精神世界的不断完善。黑格尔说："关于精神的知识是最具体的，因而是最高和最难的。认识你自己这个绝对诚命的含义，无论从它本身来看，或就其在历史上被宣告出来时的情况来看，都不只是一种对于个人的特殊的能力、性格、倾向和弱点的自我知识，而是对于人的真实方面——自在自为的真实方面，即对于人作为精神的本质自身的知识。"②社会主义核心价值观夯实了公民提升精神境界和加强自我修养的理论基础，成为公民勇于担当、团结互助、奋发有为、无私奉献的强劲内在精神动力。我们要用新时代大力弘扬的特区精神来阐述、理解社会主义核心价值观在公民层面的价值准则，使其内化于心、外化于行，成为公民自觉的行动。

---

① 习近平：《习近平谈治国理政》第1卷，外文出版社，2018，第171页。
② 黑格尔著，杨祖陶译：《精神哲学》，人民出版社，2006，第1页。

三、特区精神融入社会主义核心价值观教育的必要性和紧迫性

特区精神以鲜明的时代特色逐渐被人们接受和认可，并以其鲜活的具体表现深深扎根于人们的心中。因此，将特区精神融入社会主义核心价值观教育，对于积极培育和践行社会主义核心价值观，反对各种社会思潮，具有极其必要性和重大意义。

（一）特区精神是中国精神的时代凝练表达

党的十九大报告指出："社会主义核心价值观是当代中国精神的集中体现，凝结着全体人民共同的价值追求。"精神是文化的内核，狭义的文化即精神文化。价值观是文化的核心，是精神的根和魂，"核心价值观，承载着一个民族、一个国家的精神追求，体现着一个社会评判是非曲直的价值标准。"

那么，何为中国精神呢？概括地讲，中国精神就是中华民族在自强不息、奋力抗争过程中共同创造、得到广泛认同、代代传承的文化精神、价值观念的总和。中国精神的内涵十分丰富，是一个动态的发展过程，随着时代的发展，其内容也在不断地被充实。众所周知，近代以来，中国遭受西方列强的侵略和凌辱，失去了民族独立、领土主权完整，沦落为积贫积弱的半殖民地半封建社会。中国人民奋起抗争，于是中国精神就成为先进的中国人在挽救民族危亡、探索救国救民真理的过程中倾心关注的热门话题。在救亡与启蒙双重变奏的近现代中国，仁人志士围绕民族独立国家富强之路提出了诸多设想和方案。其中，把构筑中国精神视为救亡图存的根本精神动力，并达成广泛共识。有关中国精神的探索涉及的内容非常丰富，如中国人的心理、思维方式、价值观念、行为习惯等，但其中的主要问题则是价值观念。人们更多地从价值观的角度反思和重构中国精神，把特定的价值元素作为现代中国精神的根本，如孙中山提出"民族、民权、民生"，新文化倡导者强调"自由和个性"，五四运动健将强

调"爱国、进步、民主、科学"，等等。

在当今世界面对百年未有之大变局和中国特色社会主义进入新时代的背景下，应当围绕中国奇迹、中国模式、中国道路等问题来探索"中国精神"。作为一个确定的概念和理念，"中国精神"是2013年3月习近平总书记在第十二届全国人大第一次会议上的重要讲话中首次明确提出的，它有特定的含义。习近平强调，实现中国梦，必须走中国道路，必须弘扬中国精神，必须凝聚中国力量。中国道路、中国精神、中国力量是实现中国梦的三大要素。习近平指出："实现中国梦必须弘扬中国精神。这就是以爱国主义为核心的民族精神，以改革创新为核心的时代精神。"①可见，我们今天所说的中国精神，是实现中国梦的中国精神。我们必须从实现中国梦的中国道路、中国精神、中国力量相统一的语境，理解中国精神及其思想特质。

中国精神，是与中华民族伟大复兴、与社会主义密切相关的中国精神。这种中国精神是以社会主义为根本思想特质的、有中国特色的现代中国精神，是民族性与时代性相统一的中国精神。

黑格尔认为，时代精神是扬弃了旧原则的、带来历史冲动的"一个新的原则，一个新的民族精神"。中国精神在其发展演变中之所以能够完成这个"扬弃"，是因为马克思主义的介入。毛泽东说："自从中国人学会了马克思列宁主义以后，中国人在精神上就由被动转入主动。"②马克思主义在中国的传播及其中国化过程，本质上是中国精神现代转型的过程，是中国精神获得新的思想特质的过程。马克思主义的基本原理，所秉持的立场、观点和方法，与中国传统优秀精神相结合，塑造了现代的中国精神及其不同具体形态，如井冈山精神、长征精神、延安精神、大庆精神、雷锋精神、焦裕禄精神、"两弹一星"精神、红旗渠精神、特区精神、抗洪救灾精神等。

作为中国精神之灵魂的社会主义核心价值观，它来源于马克思主义理论的指导，源自中华优秀传统文化的丰厚滋养，根植于中国特色社会主义伟大实践中。国人的"精气神"是当代中国价值观念的具体表现形式。所以，马克思主义、社会主义核心价值观、改革创新精神等，维系、支撑和推动着当代中国人

---

① 习近平：《习近平谈治国理政》第1卷，外文出版社，2018，第40页。
② 毛泽东：《毛泽东选集》第4卷，人民出版社，1991，第1516页。

民的生存、发展和进步，体现着社会主义的本质要求，集中体现了当代中国精神。

在一定程度上，社会主义核心价值观决定中国精神的性质。价值观是人们对价值的根本看法，是处理各种价值问题时所持的立场、观点和态度的总和，是关于价值原则、价值规范、价值理想和价值评价等的总体观念。因此，不同价值观之间必然存在对与错、好与坏、境界高与低等差别。作为社会主义核心价值观基本要素的富强、民主、文明、和谐，自由、平等、公正、法治，爱国、敬业、诚信、友善等，在不同时期被人类视为有价值的、值得追求的。这些价值要素也必然呈现为一种精神样态，如民主精神、自由精神、法治精神、爱国精神等；但不同的社会形态有不同性质、不同类型的价值观和精神类型，比如，有封建主义核心价值观和封建主义精神、资本主义核心价值观和资本主义精神、社会主义核心价值观和社会主义精神等。从这个意义上说，中国精神是社会主义核心价值观的精神存在样态，是中国特色社会主义精神。

社会主义核心价值观是弘扬和培育中国精神的"总开关"。我国幅员辽阔、历史悠久、民族众多，历史传统、民族、文化、社会发展等千差万别。党的十一届三中全会以来，随着改革开放向纵深发展，我国社会结构发生深刻变化，社会关系、就业方式、利益格局、阶层分化、价值观念等越来越呈现多样化和多元化的特点，社会矛盾和冲突也日益复杂甚至加剧。与之相伴，不同程度地存在着理想信念动摇或缺失、精神懈怠、精神空虚、精神颓废等问题，严重影响到社会主义现代化建设顺利进行。所以，如何化解社会矛盾和冲突，建设中华民族共有的精神家园，团结奋进，就成为一个亟待解决的突出问题。而凝聚形成社会价值共识，是化解社会矛盾与冲突、建构社会共有精神家园的重要途径。社会主义核心价值观是凝聚社会共识的最大公约数，为人们提供了一个共同的理想目标和价值规范。如今中国特色社会主义进入新时代，需要通过社会主义核心价值观这个"总开关"，打通人们因民族、地域、阶层、行业、职业、利益等方面的差异所造成的隔阂，化解各种矛盾和冲突，形成一种强大的民族凝聚力、向心力和感召力，为实现中华民族伟大复兴中国梦而不懈奋斗。

特区精神作为中国精神的时代凝练表达，其内涵丰富、博大精深，是一个多层次、多方面的比较完整的体系，其主要内涵是敢闯敢试、敢为人先、埋头苦干，此外，它还蕴含开放包容、海纳百川、开拓创新、务实高效等内容。它所蕴含的价值理念与社会主义核心价值观息息相关。弘扬特区精神，有助于人们培育和践行社会主义核心价值观。进入新时代，我们要进一步深入理解特区精神的基本内涵和时代价值，大力弘扬特区精神，积极培育和践行社会主义核心价值观，推动新时代改革开放再出发和中国经济社会再创新的辉煌。

（二）弘扬特区精神是应对当前各种错误思潮挑战的需要

"社会思潮是一定时期内、反映某一阶级或阶层群众利益和要求的、以某种理论学说为主导或依据的思想趋势或倾向"[1]。它以一定的社会存在为基础，以相应的意识形态为理论核心，并与某种社会心理发生相互影响、相互制约、相互渗透。就性质分析，社会思潮既有顺历史潮流的正确思潮，也有与历史前进方向相悖的错误思潮。当前，社会思潮非常活跃，种类繁多、复杂多变，对社会发展和人们的精神信念产生不同性质、不同程度的影响。特区精神是在经济特区东西方思想文化碰撞交汇过程中形成的具有马克思主义创新性、推动社会发展的强劲动力，集中体现了中国特色社会主义先进文化，能够有力地回击各种错误的社会思潮。

1. 当前社会思潮复杂多样的原因

马克思和恩格斯指出："意识一开始就是社会的产物，而且只要人们存在着，它就仍然是这种产物。"[2]同样，作为意识形态特殊表现形式的社会思潮也是在一定的社会背景下产生的。在一个大变革时代，一个重要的社会转型期，出现社会思潮多元化有其历史必然性。

（1）改革开放的催生

党的十一届三中全会以后，恢复了实事求是的思想路线，打开了思想解放的闸门，逐渐形成了马克思主义指导下的多元价值的思想格局。宽松的社会环境，促使人们更加自由地表达自己的思想观点，特别是在社会主义市场经济大

---

① 刁世存：《当代社会思潮与高校思想政治教育》，中央编译出版社，2015，第10页。
② 马克思、恩格斯：《马克思恩格斯选集》第1卷，人民出版社，1995，第81页。

潮的推动下，党内外思想观念都发生了空前深刻而广泛的变化，而不断形成的各种思潮则是人们思想观念变化的丰富表现。

党的十一届三中全会确定了改革开放的基本国策，从此改革开放的大幕徐徐拉开。改革开放既是一场经济改革，也是一场思想变革。随着改革开放的不断深入，经济体制深刻变革、利益格局深刻调整、思想观念深刻变化，这必然导致思想领域思潮泛起、多元多样。在改革开放以前，我国实行的是计划经济，与此相适应，人们缺乏主体意识，缺乏独立的主体价值取向，不善于表达自己的愿望和要求、情感和意志，更不会采取行动为自己争取利益。可以说，那时没有多样化社会思潮存在的思想根源。改革开放后，在建立和完善社会主义市场经济体制过程中，必然引起具体的利益格局变化和利益矛盾冲突，使人们原有的利益归属、价值判断和情感亲疏受到冲击与震荡，呈现出多样化趋势。人们的利益意识、主体意识空前强烈，为社会思潮产生提供了前提条件。有了这种主体意识，才更有利于发挥人的主观能动性，才会形成表达自身愿望和诉求的社会心理，并按照自己的意志来改造世界，因而也就形成了不同的思想流派，形成多元化的社会思潮格局。

（2）社会生活的多样性

马克思主义认为，社会存在决定社会意识，社会意识是社会存在的反映，并能动地反作用于社会存在。社会思潮作为一种社会意识形式，是当今社会生活多样性的反映。当今社会是一个丰富多彩、绚丽多姿的社会，各地域、各阶层、各种族的人们生活于其中，人们在个性、文化传统、知识背景、阶级立场、利益诉求等方面存在差异。这些差异是各种社会思潮形成的根源。可以说，社会思潮的多元化，是社会阶层多元化和不同阶层利益多元化在观念上的反映，体现了当前中国思想界对改革开放过程中出现的前所未有的各种新矛盾、新问题和新困境的反思。

一方面，当前社会思潮的多元化是社会结构变迁和社会经济关系变革的产物。改革开放以来，市场经济的快速发展，社会结构的深刻变动，利益格局的深刻调整，都决定着社会思潮必然会随之发生相应的变化。马克思曾指出："人们奋斗所争取的一切，都同他们的利益有关。"[①] "把人与社会连接起来的

---

① 马克思、恩格斯：《马克思恩格斯全集》第1卷，人民出版社，1956，第82页。

唯一纽带是天然必然性，是需要和私人利益"[1]。利益格局的深刻调整带给思想观念最深刻的影响就是价值观念的变化，致使人们出现价值观方面的差异甚至冲突；另一方面，当前社会思潮的多元化是思想界基于一定的立场、观点和方法对社会出现的新情况、新问题、新矛盾进行反思的结果。思想界精英，"基于对社会规律的深刻了解，凭着敏锐的洞察力和对人类命运的深切关怀，总能比普通人更早地觉察到时代的脉搏，更加细微地体察到社会的变化。"[2]他们从不同角度、不同侧面阐释社会的变迁，解答人们的困惑与迷茫，进而成为不同社会阶层和利益群体的代言人，形成绚丽多彩的社会思潮。

（3）全球化的推进

当前，不可逆转的经济全球化浪潮，为社会思潮传播提供了便利。"不同国家、不同民族和不同社会群体之间在资源利用、生存质量和社会影响等方面都存在矛盾，这就会使不同国家、不同民族乃至不同地区的不同社会群体之间产生不同的思想观念，并进而发展和演变为各种不同的社会思潮"[3]。在全球化浪潮的推动下，世界各种文化加速碰撞、融合，中西文化交流日益频繁，传统文化与现代文化交融日趋深化，使得社会思潮展现出多元性。在世界各国联系越来越密切的今天，完全阻止西方思潮流入是不可能的，多元化思潮共存的出现也是不可避免的。尤其是现代信息媒体技术突飞猛进，不断拓展信息传播的渠道，不断加快信息传播的速度，不断丰富信息传播的内容。特别是互联网的兴起，将各个国家或地区的人们紧紧地联系在一起，缩短了人们之间的"距离"，使舆论传播、思想交流更加方便，加速了各种思潮的传播。改革开放40多年来，在我国呈现的社会思潮种类繁多，不断融合、不断改变，最终相互结合、相互交织，良莠不齐，其中包含积极向上、催人奋进的思潮，当然也不乏错误的思潮。

---

① 马克思、恩格斯：《马克思恩格斯全集》第1卷，人民出版社，1956，第439页。

② 陈立思：《略论社会思潮》，《中国青年政治学院学报》1995年第3期，第75页。

③ 胡晓东：《浅议当代社会思潮的成因、特点及调控》，《社科纵横》2008年第11期，第121页。

2. 当前危害极大的主要社会思潮

当前的社会思潮纷繁复杂、纵横交错，深刻作用于社会生活的方方面面，对社会发展和人们精神生活产生不同程度的影响。其中，正确的、进步的、积极向上的社会思潮一般会推动社会的发展，错误的、落后的、保守反动的社会思潮一般会阻碍社会的发展。现在盛行的危害极大的主要社会思潮有：新自由主义、历史虚无主义、民主社会主义等。

（1）新自由主义思潮及其危害

新自由主义是资本主义经济、政治、社会矛盾发展的产物，是一种公开为资本主义制度辩护的思潮。它是相对于亚当·斯密为代表的古典自由主义而言的，是古典自由主义发展的一种极端的表现形式。20世纪70年代末和80年代初，撒切尔夫人出任英国首相，里根出任美国总统，大力推行新自由主义的经济政策和政治政策。从此，新自由主义便上升为西方占统治地位的意识形态和对内对外的政策，成为国际垄断资产阶级向社会主义国家和第三世界国家进行思想渗透的重要武器之一。

新自由主义的主要观点是：在经济方面继承了资产阶级古典自由主义经济理论的自由经营、自由贸易等思想，并走向极端，大力宣扬自由化、私有化、市场化。他们认为，离开了市场就谈不上经济，无法有效配置资源，反对任何形式的国家干预。在政治方面贬低集体主义和公有制，并进而否定国家干预，否定社会主义。在战略方面极力鼓吹以超级大国为主导的全球经济、政治一体化，鼓吹资本主义全球化或西方化。经济全球化是生产力发展和人类文明进步的必然趋势和一个自然的历史过程，经济全球化并不排除政治和文化的多元化；但新自由主义并不是一般地鼓吹经济全球化，而是着力强调要推行以超级大国为主导的全球经济、政治、文化一体化，即全球资本主义化。

新自由主义对世界已经造成了很大的危害，东欧社会主义国家和盲目推行新自由主义改革的拉美国家深受其害。同时，它也是近些年来对我国影响和危害极其严重的社会思潮之一。

随着我国改革开放不断深入和发展，西方的新自由主义思潮也随之渗透到我国，对我国社会主义现代化建设产生不良影响。它所带来的负面影响涉及我国改革的各个层面，包括经济、政治、文化和意识形态等方面。

1）经济方面。新自由主义思潮对我国经济领域的影响最为深刻的是它极力鼓吹私有化、市场化和自由化。首先，新自由主义思潮鼓吹私有化，主张全面实现国有企业私有化。私有化是新自由主义的一大理论本质和核心观点，几乎所有的新自由主义经济学家都一致认为私有化是推动经济发展的基础，只要生产资料归私人所有，生产者的生产行为不受干预，生产者的生产积极性就会提高，经济就会迅速发展，生产资料的私有制是实现个人自由的重要保障。按照新自由主义者鼓吹的私有化主张，势必影响公有制在我国国民经济中的主体地位，动摇社会主义的根基。其次，新自由主义思潮推崇全面市场化和自由化。新自由主义者认为，市场是完全自由竞争的市场，是脱离经济基础和上层建筑的自由竞争，提倡自由放任的市场经济，市场的自主调节是经济活动最基本的原则，宣扬"市场万能论"，反对国家干预。这在一定程度上使得贫富差距进一步拉大。

2）政治方面。新自由主义思潮攻击社会主义制度，攻击马克思主义，否定马克思主义的指导地位。新自由主义者主张实行资本主义政治制度，主张指导思想多元化。新自由主义者这种盲目崇拜西方的思想对我们增强道路自信、理论自信、制度自信、文化自信，实现中华民族的伟大复兴产生了不良影响。

3）文化及意识形态方面。新自由主义者极力鼓吹个人主义，反对集体主义。个人主义是新自由主义的理论基础，它把个人自由、个人价值和个人利益放在最高地位，广泛强调自我支配、自我控制、不受外界约束的个人和自我。这种个人至上的价值观对弘扬和践行社会主义核心价值观带来消极的影响，也使我们的社会主义文化建设遭到了强烈的冲击。

总之，我们要认清新自由主义的实质和危害，划清其与中国特色社会主义的区别，坚持马克思主义理论的指导地位，坚持公有制的主体地位，坚持走中国特色社会主义道路，坚持正确的改革方向，防止新自由主义思潮对我国改革开放和社会主义现代化建设事业造成巨大的损害。

（2）历史虚无主义思潮及其危害

"虚者，模糊歪曲也；无者，抹杀消除也。"[①]所谓历史虚无主义，"是用非

---

① 梁柱、龚书铎：《警惕历史虚无主义思潮》，人民出版社，2006，第12页。

历史主义的态度对待历史和阐释历史，对历史事件和历史人物作出主观而非客观、以个人好恶为标准、或带有某种政治目的的评价。历史虚无主义并不是真正为探寻历史真相和历史规律去研究历史，而是带有很强的功利性与目的性，他们对历史的虚无与否定具有很强的选择性"[①]。从这个角度来说，历史虚无主义是一种与马克思主义唯物史观根本对立、以唯心史观为哲学基础的典型的实用主义思潮，是国内外一定经济、政治关系的思想反映，旨在否定马克思主义的指导地位，否定党的领导和社会主义制度。历史虚无主义思潮在近代中国历史上曾有所显现，但真正产生广泛影响是在20世纪80年代。改革开放以来，我国思想界在与西方社会思潮的交融中，"全盘西化"论、"告别革命"论、"重评历史"论、马克思主义"失败"论等论调应时而起，形成了一股影响日甚的历史虚无主义思潮。这股思潮与改革开放的经济、文化交流交织在一起，具有很强的蛊惑性和欺骗性。在改革开放这一特定历史条件下，历史虚无主义思潮开始在中国重新泛起。随着改革开放向纵深发展，借助互联网、新媒体的传播，历史虚无主义已经逐渐从学术理论领域渗透到普通民众的思想领域，一时甚嚣尘上。

历史虚无主义思潮主要表现为：否定人民群众在推动人类历史进程中的伟大作用。历史唯物主义认为，人民群众是历史的创造者，是物质财富和精神财富的创造者，是实现社会变革的决定力量，"人们自己创造自己的历史"。而历史虚无主义思潮作为唯心史观的一种表现，否定人民群众的历史主人翁地位，诋毁和嘲弄伟大的中国人民，贬低和否定近代以来为争取民族独立和人民彻底解放而进行的反帝反封建的民族民主革命，贬损孙中山、毛泽东等人的历史功绩；借"重新评价"和"重写历史"之名，打着"学术研究"的幌子，披着"学术自由"的合法外衣，用一些所谓"历史细节"和敌对势力杜撰的所谓"解密材料"，做翻案文章，设置"理论陷阱"，断章取义，肆意歪曲历史，否定中国传统文化，否定中国共产党的历史、新中国的历史、人民军队的历史，否定马克思主义的指导地位，最终否定中国共产党的执政地位和中国走社会主义道路的历史必然性。

历史虚无主义作为一种错误思潮，其流传和泛滥会造成人们思想的混乱，

---

① 罗平汉：《关于历史虚无主义问题的几点浅见》，《晋阳学刊》2016年第1期第63页。

甚至导致严重后果，值得我们高度警惕和重视。

1）肆意攻击马克思主义。历史虚无主义思潮其本质是一种主观唯心的历史观，而马克思主义的基础所坚信的是历史唯物主义。从两者本性来看，两者是完全相反的历史观。历史虚无主义歪曲历史真相，对主流意识形态的一些原则问题进行了颠倒，产生的副作用危害极大，如果任其蔓延，必然会扰乱人们的思想，动摇马克思主义在当代中国的指导地位。历史虚无主义者声称马克思主义是僵化的教条主义，不适合中国国情，并否定马克思主义的真理性、科学性和创新性，否定马克思主义对中国革命、建设和改革所起到的巨大推动作用。

历史虚无主义试图用多种方式攻击马克思主义，其目的在于消解马克思主义主流意识形态的指导地位，企图使当代主流意识形态建设失去历史根基，迷失方向。对此我们必须保持高度警惕，旗帜鲜明地坚持马克思主义在主流意识形态建设中的指导地位。正如习近平总书记在哲学社会科学工作座谈会上的重要讲话中所强调的那样，"坚持以马克思主义为指导，是当代中国哲学社会科学区别于其他哲学社会科学的根本标志，必须旗帜鲜明加以坚持。"[1]

2）从根本上否定中国共产党的领导。历史虚无主义思潮竭力贬损和否定革命，诋毁中国共产党领导中国人民争取民族独立和人民解放而进行的反帝反封建斗争。以历史领域为切入点，否定并丑化历史，扭曲传统文化，消解文化认同，瓦解民族文化，从而削弱人们对民族的凝聚力和自信心，使人们对中国传统和民族文化做出错误的文化价值分析，达到质疑中国共产党执政的合法性、否定中国共产党领导的政治目的。习近平总书记在纪念毛泽东同志诞辰120周年座谈会上指出："历史就是历史，历史不能任意选择，一个民族的历史是一个民族安身立命的基础。"[2]历史虚无主义者肆意扭曲历史，按照自己的主观愿望有选择性地亵渎历史，企图动摇共产党的执政根基，否定中国共产党的领导。我们必须对其危害保持高度警惕。

---

[1] 习近平：《在哲学社会科学工作座谈会上的讲话》（2016年5月17日），新华社北京5月18日电。

[2] 中共中央文献研究室编《十八大以来重要的文献选编》上，中央文献出版社，2014，第694页。

3）消解社会主义核心价值观。"倡导富强、民主、文明、和谐，倡导自由、平等、公正、法治，倡导爱国、敬业、诚信、友善"[①]的社会主义核心价值观，体现了社会主义本质要求和时代精神，凝结着全体人民共同的价值追求。习近平总书记在党的十九大报告中强调："要以培养担当民族复兴大任的时代新人为着眼点，强化教育引导、实践养成、制度保障"，"把社会主义核心价值观融入社会发展各方面，转化为人们的情感认同和行为习惯。"[②]历史虚无主义思潮对社会主义核心价值观的培育和践行起到了消解和破坏作用。当前我国社会正处在改革的关键期、攻坚期，人民对美好生活的向往与发展不充分、不平衡的矛盾不时地表现出来，历史虚无主义者片面夸大目前出现的社会矛盾和问题，鼓吹资本主义国家的民主、自由、人权、法治等，盛赞资本主义制度，从根本上否定社会主义国家。历史虚无主义者消解社会主义核心价值观、蛊惑人心的言行，给凝结中华民族共识、共筑中华民族伟大复兴的中国梦带来严重的危害，必须旗帜鲜明地加以反对和扼制。

4）迎合西方"和平演变"的战略企图。自从第一个社会主义国家在地球上诞生以来，西方国家便对其采取仇视的政策，必欲除之而后快。在对社会主义国家采取武装干涉、军事包围和政治孤立遭到失败之后，西方国家开始采取"和平演变"战略，即以经济、政治、思想和文化渗透为主要形式，企图使社会主义国家政权从内部演变，从而达到颠覆社会主义制度的目的。可以说，社会主义国家苏联的解体与西方实施的"和平演变"战略息息相关。如今，中国特色社会主义建设取得巨大成就，显示出勃勃生机与活力，其世界影响力与日俱增，对资本主义制度构成严峻挑战，故中国不可避免地成为"和平演变"的重要目标。为此，西方国家运用各种手段，传播资本主义的政治模式、经济模式、价值观念和生活方式，唤起人们对西方的盲目崇拜；同时，无限夸大我国社会出现的某些不良现象和弊端，以妖魔化社会主义制度。

历史虚无主义是对西方"和平演变"战略的呼应，通过对中国共产党革命

---

① 中共中央文献研究室编《十八大以来重要的文献选编》上，中央文献出版社，2014，第25页。

② 中共中央党史和文献研究院编《十九大以来重要的文献选编》上，中央文献出版社，2019，第30页。

历史的否定，对中国共产党执政地位的否定，对社会主义的否定，达成"和平演变"战略的舆论需要。其根本目的就在于将中国逐步拉向资本主义的阵营，从而达到瓦解社会主义的目的。

（3）民主社会主义思潮及其危害

民主社会主义思潮是20世纪以来西方社会盛行的一种资本主义的改良主义思潮。它是社会民主党、社会党、工党和社会党国际思想体系的总称，由第二国际社会民主党右翼发展而来。在当代，民主社会主义不仅是作为一种理论形态，而且是作为一种实践形态而存在的。社会民主党在许多西方国家中长期执政或轮流执政，对当代世界的进程产生了深远的影响。

民主社会主义"把社会主义看成是一种道德需要、道德抗议，否认其历史必然性""以自由、公正、相助为基本价值，把争取社会主义的斗争局限在资产阶级民主的框架内""以对经济的民主监督取代消灭私有制""用共同参与的经济民主来补充议会民主""普遍主张实行社会保障和社会福利制度"。[①]具体来说，民主社会主义主要宣扬如下主张：指导思想多元化，不赞同以统一的世界观和方法论作为指导思想，声称要放弃追求一种真理，而应当学会跟若干真理共存。其实质上是否定马克思主义的指导地位；搞政治多元化，搞多党制。政治上要建立"民主、自由、人道、公正"的"社会主义社会"，认为只有如此，才能满足人的基本需要，获得人的个性解放。把抽象的民主原则看作社会主义的基础。其实质是反对无产阶级政党的领导地位；主张议会改良，放弃暴力革命道路。民主社会主义主张在议会制民主的框架内通过改良来实现社会主义，完全承认当代资本主义制度的政治游戏规则，反对用暴力方式打碎旧的国家机器；主张以私有制为主的混合经济的多元所有制。二战结束初期，大多数社会党仍旧坚持生产资料公有化的主张，一些执政的社会党还曾努力推行国有化。但冷战结束后，各国社会党逐步取消了关于公有制的主张，发展多种所有制并存、以私有制为主的混合经济，支持国家垄断资本主义对生产和市场实行宏观调控；主张通过社会福利制度解决社会两极分化。社会民主党人看到搞市场经济必然带来社会两极分化，所以，他们主张在搞市场经济的同时实行福利

---

① 《社会民主主义—民主社会主义：历史、理论和现状——访中国社会科学院马克思主义研究院特聘研究员徐崇温》，《马克思主义研究》2007年第4期，第11-12页。

制度，搞好社会保障；民主社会主义者宣称："自由、公正、团结互助是民主社会主义的基本价值。它们是我们判断政治现实的标准，是衡量一种新的和更好的社会制度的尺度，同时也是每个男女社会民主党人的行动指南。"[①]他们宣扬伦理社会主义，只是把社会主义变成对价值目标的追求，而不是马克思主义所说的把共产主义作为一种追求现实目标的现实运动。

民主社会主义是当代中国又一种有相当影响的社会思潮。改革开放后逐渐传播到中国社会，在我国产生广泛而深刻的影响。在中国特色社会主义进入新时代的今天，我们必须认清民主社会主义的本质和危害，对其错误甚至反动的主张进行有力的回击，切实维护我国的主流意识形态安全。

1）放弃马克思主义的指导地位。民主社会主义起初接受马克思主义，之后完全抛弃马克思主义。民主社会主义者认为，可以对马克思主义的诸多概念范畴和价值理念进行符合现实需要的任意解释，从而丢弃了马克思主义的基本价值和原则。在思想与意识形态方面他们主张多元化，尽管允许马克思主义的合法存在，但是其他思想与意识形态（包括反马克思主义的、伪科学的各种思想）也都可以存在。众所周知，马克思、恩格斯是科学社会主义创始人，背离了马克思主义，就从根本上脱离了科学社会主义的轨道。我们要旗帜鲜明地坚持马克思主义的指导地位，以马克思主义引领各种社会思潮，加快中国特色社会主义现代化建设进程。

2）反对社会主义历史必然性，不再把社会主义作为奋斗目标。它从理论上否定规律性、否定决定论、否定制度的选择，认为主张必然性和规律性就是一种宿命论。民主社会主义者鼓吹价值社会主义、伦理社会主义，只把社会主义看成是一种道德需要和价值目标的追求，否认社会主义代替资本主义的历史必然性，与马克思主义所言人类社会的最终归宿是社会主义、共产主义有着本质区别。从这一方面来说，民主社会主义不仅离社会主义，更是离共产主义越来越远。这种论调动摇了我们的理想信念。中国共产党从诞生之日起就把马克思主义写在自己的旗帜上，把实现共产主义确立为最高理想。如果离开马克思主义信仰、离开共产主义理想，我们党就不成其为共产党了。马克思主义、共产主义信仰，是共产党人的命脉和灵魂。我们要坚定共产主义远大理想和中国

---

① 张世鹏：《德国社会民主党纲领汇编》，北京大学出版社，2005，第96页。

特色社会主义共同理想，把全国各族人民团结和凝聚在中国特色社会主义伟大旗帜下，不断夺取中国特色社会主义新胜利。

3）否定消灭资本主义私有制这一科学社会主义根本原则。民主社会主义否认生产资料公有制或社会占有是社会主义的必要条件和基础，主张以私有制为基础的混合经济，保持市场经济的主导地位，对市场经济实行民主监督。这意味着民主社会主义取消了共产主义和消灭私有制的目标，资本主义已经是历史发展的终结了。在我国也不乏这种主张，在推动改革过程中极力鼓吹私有化。马克思主义认为，生产资料公有制是社会主义重要的基本特征，如果实行生产资料私有制，就从根本上动摇了社会主义的基础。因此，我们必须大力发展生产力，有步骤地以生产资料公有制代替资本主义私有制，在坚持公有制主体地位的条件下，可以利用市场经济机制，发展多种所有制的混合经济，推动社会主义现代化建设的顺利进行。

总之，民主社会主义实质上是一种资产阶级改良主义思潮，其要害是放弃马克思主义的指导地位，放弃共产党的领导，否定无产阶级社会主义革命，放弃社会主义的基本制度和方向；其主张有很大的煽动性、虚幻性和欺骗性。我们必须对其危害保持高度警惕并予以有力的回击。

3. 弘扬特区精神应对各种错误思潮挑战的对策

在全球化及网络化时代，各种错误的社会思潮无处不在、无孔不入，其危害很大。为此，我们要采取相应策略，以马克思主义为指导，大力弘扬特区精神，宣传正能量，积极培育和践行社会主义核心价值观，给各种错误社会思潮以有力的回击，使其假面具无处遁形。

（1）坚持马克思主义的指导地位

以马克思主义为指导思想，是培育和践行社会主义核心价值观的核心。社会意识形态分为主流意识和非主流意识，任何国家、任何社会，其主流意识都是一元的。马克思主义是我们立党立国之本，是社会主义核心价值观的灵魂，决定了社会主义核心价值观的性质和方向。在中国特色社会主义进入新时代的今天，人们的价值观念、生活方式日益多样化。但在意识形态领域、在积极培育和践行社会主义核心价值观教育以及弘扬特区精神过程中，必须坚守马克思主义一元化指导，引领各种社会思潮。

　　坚持马克思主义在思想和意识形态领域的指导地位，是由马克思主义的性质和地位决定的，是中国历史发展得出的必然结论，是实践的选择、历史的选择、人民的选择。实践表明，我国是一个拥有14多亿人口的泱泱大国，形势越是纷繁复杂，社会思潮越是多元化，越需要在根本问题上统一思想、凝聚共识。这是保证国家稳定、社会发展的思想基础。如果没有马克思主义的指导，缺乏共同的价值追求，国家就会变成一盘散沙，发展就会面临严重阻碍，社会和谐就会失去根基，甚至导致社会动荡。培育和践行社会主义核心价值观，一方面要把马克思主义指导思想贯穿于思想道德建设全过程。马克思主义是社会主义意识形态的旗帜，推进思想道德建设工程必须以马克思主义的强大引领力，引导和培育广大社会成员成为特区精神和社会主义核心价值观的积极传播者和模范践行者；另一方面，要坚持用马克思主义中国化理论成果武装广大干部群众。在新时代，针对人们思想和价值观念日益多样化的现实，既弘扬主流又包容差异，必须用当代中国马克思主义——习近平新时代中国特色社会主义思想——教育和武装干部群众，积极贯彻执行党的路线、方针和政策，引导干部群众将多元的价值追求与爱国、敬业、诚信、友善的价值准则有机地结合起来，以实现社会主义核心价值观作为总体价值目标。

　　（2）加强对中国特色社会主义优越性的宣传

　　在弘扬特区精神过程中，要大力宣传中国特色社会主义现代化的优越性，即向人民群众说明，中国式现代化新道路之新就在于，我国现代化是人口规模巨大的现代化，是全体人民共同富裕的现代化，是物质文明和精神文明相协调的现代化，是人与自然和谐共生的现代化，是走和平发展道路的现代化。中国特色社会主义推动物质文明、政治文明、精神文明、社会文明、生态文明协调发展，创造了人类文明新形态；相较于发达的资本主义国家，中国特色社会主义的制度优势体现在哪里，社会主义优越性的具体体现是什么。应该让人民群众清楚，评价生活质量的高低，物质享受并不是唯一的指标；我们的现代化目标虽然不高，但它的价值绝不低，我们比发达资本主义国家更好地利用了我们自己的资源，更好地为我们的人民服务，而且要用事实证明，我们的现代化目标即使与发达资本主义国家现在的目标相比，也有诸多优越之处。这就是说，我们应该有一种新的视角，即从社会主义的本质出发来阐释中国特色社会主义现代化道路，来阐述社会主义制度的优越性，这样才能有力地回击西方错误社会思潮的侵袭，真正建立具有中国特色的话语体系。

（3）要大力弘扬特区精神所蕴含的爱国主义、集体主义和社会主义的思想意识

爱国主义、集体主义和社会主义都属于社会主义意识形态的范畴，它们是对现阶段我国人民在思想道德素质方面的基本要求和主流导向。一方面，在总结以往开展爱国主义、集体主义和社会主义教育的经验教训中，结合当今时代的现状和问题，提出新要求、挖掘新要素，将如何实现中国梦的理论与实践，如何克服官僚主义、形式主义、享乐主义和奢靡之风的理论与实践等融入其中，为爱国主义、集体主义和社会主义教育拓展新的内容。另一方面，要以战略思维做好爱国主义、集体主义和社会主义教育规划，将其纳入德育教育计划，使之科学化、系统化、实效化，尤其要融入学校教育体系，使之深入学生的思想和心理。此外，要高度重视哲学社会科学研究机构、高等院校、大众传媒以及互联网的主渠道作用，加大爱国主义、集体主义和社会主义的研究、教育与宣传力度，将马克思主义的理论和思想观念通过主渠道、主阵地渗透到个体的观念中，从而正确引领社会思潮。

当前，社会思潮更加多元、多样、多变，各种观念相互交织、碰撞，深刻影响着人们的精神状态和道德情操。在全面深化改革、实现中华民族伟大复兴的征程上，以马克思主义为指导，大力弘扬特区精神，积极培育和践行社会主义核心价值观，大力反对和回击各种错误社会思潮，才能形成中华民族的共同价值追求，引导社会成员成为社会主义核心价值观的倡导者，培养积极健康的价值观念；才能形成富有涵养的社会主流价值，引导社会成员成为社会主义核心价值观的传播者，不断修正人生的前行方向；才能形成崇德向善的良好社会风尚，引导社会成员成为社会主义核心价值观的践行者，不断开创中国特色社会主义新局面。

四、特区精神融入培育和践行社会主义核心价值观的路径

特区精神为经济特区、粤港澳大湾区建设、中国特色社会主义先行示范区建设及实现中华民族伟大复兴中国梦提供了强大的精神动力和智力支持；社会主义核心价值观是"兴国之魂"。因此，要探求特区精神融入社会主义核心价值观的路径。

（一）回归理论学习：挖掘特区精神与社会主义核心价值观融合的深度

推动特区精神与社会主义核心价值观的融合，首先要回归到理论学习之中，不仅要创新学校思政内容，还要增强社会共同的价值认同，也要发挥好优良家风、营造良好学习氛围的重要作用。只有学校、社会及家庭的力量结合起来，共同深入学习特区精神与社会主义核心价值观理论，才能真正掌握并提高个人的思想文化境界和水平，使特区精神贯穿到核心价值观之中。

1. 创新学校思政内容，启迪特区精神与社会主义核心价值观融合教学

学校作为立德树人的重要主阵地，要对社会主义核心价值观的理论体系框架及内容解读有更深层次的教学。"学懂""学深"社会主义核心价值观，既要"把社会主义核心价值观的基本内容和要求渗透到学校教育教学之中，体现在学校日常管理之中，做到进教材、进课堂、进头脑"[①]，也要将特区精神与社会主义核心价值观融合，并结合经济特区实践。与此同时，学校应充分运用好

[①] 中共中央文献研究室：《习近平关于社会主义文化建设论述摘编》，中央文献出版社，2017，第109页。

思政课"中央厨房"的重要资源，传承特区精神在社会主义核心价值观中的理论表达，传递社会正能量，创新学校思政课教学方式，以螺旋上升、循序渐进的教学方法对社会主义核心价值观的理论学习进行教导，启迪学生在融合特区精神的过程中深入把握社会主义核心价值观的理论内涵和丰富意义，通过创新学校思政内容，加强社会主义核心价值观的理论教学。

2. 增强思想价值认同，提升特区精神与社会主义核心价值观融合水平

建设学习型经济特区，在经济特区中营造浓厚的特区正能量氛围与学习作风，让敢闯敢试、敢为人先、埋头苦干的特区精神与社会主义核心价值观紧密融合，发挥特区精神在社会主义文化建设上的作用。特区精神落到实质上来看，反映的是为我国改革开放后的社会主义现代化事业发展道路不断探索、敢于承担的爱国主义精神，这与以爱国家、爱社会主义事业为个人价值准则的社会主义核心价值观有着许多相似之处。提高全社会对特区精神的爱国情怀的认可，也是对社会主义核心价值观理论内涵的补充与延伸。加强特区精神融入社会主义核心价值观的理论学习与培育，提高人民在特区精神与社会主义核心价值观中的学习热情和学习兴趣，并通过理论学习形式加强对自身思想文化的重新梳理，提升自己的思想文化境界，把特区精神的内涵融入社会主义核心价值观的理论学习之中。

3. 凝聚家庭学习意识，优化特区精神与社会主义核心价值观融合氛围

树立良好的家风，发挥社会主义核心价值观和谐团结的价值观念，以特区精神的力量感召人、鼓舞人。正如习近平总书记强调，树立家庭学习意识和注重家风建设，"广大家庭都要重言传、重身教，教知识、育品德，身体力行、耳濡目染，帮助孩子扣好人生的第一粒扣子，迈好人生的第一个台阶。"①弘扬和培育社会主义核心价值观，家庭作为个人思想文化成长与发展的摇篮，要把特区精神融入社会主义核心价值观理论学习过程中，以家庭为单位，组织学

---

① 习近平：《习近平谈治国理政》第2卷，外文出版社，2017，第355页。

习、共同学习，营造良好的学习氛围，增强家庭对社会主义核心价值观的理解。与此同时，在家庭中传承好开放包容精神，并与社会主义核心价值观的自由民主内涵紧密联系，增强社会主义核心价值观的先锋性。

（二）注重整体宣传：拓展特区精神与社会主义核心价值观融合的广度

加强特区精神与社会主义核心价值观融合的整体宣传，是当前所需实现的重要路径。特区精神丰富了社会主义核心价值观的理论内涵，并在方法、渠道上给予核心价值观弘扬和培育以新的启迪和思路，在科学、全面、多元化的宣传中发挥出特区精神与社会主义核心价值观的感染力和向心力。

1. 弘扬开放包容的特区精神，丰富社会主义核心价值观宣传内容

经济特区优秀的思想文明成果启迪着社会主义核心价值观的宣传与培育，形成以宣传社会主义核心价值观为主线、以传承和创新特区精神为动力的精神文明建设氛围。丰富社会主义核心价值观宣传内容，主要是在注重宣传的过程中不断加强人民对理论内容的理解，夯实人民对美好生活愿景的期待，指导人民更好地贯彻特区精神与核心价值观的价值取向。第一，加强人民对社会主义核心价值观国家、社会及个人三个层次之间的价值内容理解，充分发挥特区精神的时代价值，让社会主义核心价值观的理论宣传深入实际生活中去，设身处地掌握核心价值观的理论内涵。第二，夯实人民对美好生活愿景的期待，在宣传社会主义核心价值观过程中增添特区精神的思想内涵，将宣传特区精神和人民对美好生活愿景的期待紧密结合起来。第三，指导人民更好地将特区精神和社会主义核心价值观融合，运用丰富的特区精神内涵形成对社会主义核心价值观准则的理解和阐释，提高社会主义核心价值观的理论宣传度和实践向度。

2. 弘扬务实高效的特区精神，把握社会主义核心价值观宣传方法

宣传过程中要注意形成严谨客观、科学实效的宣传方法，不搞形式主义宣

传，更不做虚无主义宣传，要把务实高效的特区精神同社会主义核心价值观结合起来，在弘扬社会主义核心价值观的基础上充分发扬敢闯敢试、敢为人先、埋头苦干的特区精神。坚持人民主体性，增强亲和力宣传，发挥特区精神的感召力和向心力，推广人民喜闻乐见的社会主义核心价值观内容和形式。习近平总书记指出，"抓精神文明建设要干实事、讲成效，紧紧围绕促进人民福祉来进行"。要让人民都能设身处地感受特区精神在社会主义核心价值观融合中的时代魅力和理论价值。弘扬特区精神，把社会主义核心价值观与特区精神的传承紧密结合，让社会主义核心价值观更加深入人心，提高社会主义核心价值观的宣传力度。

3. 弘扬与时俱进的特区精神，开拓社会主义核心价值观宣传渠道

培育社会主义核心价值观，使社会主流价值观念真正落地落细落实，仅仅依靠理论宣传还不够，还需紧密结合特区精神的时代内蕴，通过全方位、多样化的宣传渠道，加强对社会主义核心价值观的宣传。发挥舆论媒体宣传的正面导向作用，厦门经济特区"在厦门晚报设立'最美微笑'栏目"[①]，以电视剧、电影、新闻广播等主流媒介传递特区精神中的爱国主义情怀与担当、真善美的价值底色及社会正能量。提高特区精神与社会主义核心价值观融合在互联网线上宣传、大数据信息平台宣传的利用率，在净化网络空间的同时向大众推出改革开放浪潮下与时俱进的特区精神和文明和谐的核心价值观精品内容宣传。增加书籍报纸、公益广告、讲座活动的宣传，如珠海经济特区"用全市巴士站台、建筑围挡、楼宇和出租车、公交车刊播，加强公益广告宣传"[②]，深圳经济特区也通过举办"深圳亲子共读经典公益大讲堂"[③]积极传递经济特区在弘扬和培育社会主义核心价值观过程中所呈现出来的与时俱进、开拓创新的精气神。

---

① 吴晓菁：《思明区把社会主义核心价值观融入经济社会发展各个方面 传递真善美》，《厦门日报》2018年1月15日。
② 苑世敏：《战鼓声声催人急 不待扬鞭自奋蹄：珠海市精神文明建设焕发蓬勃生命力》，《珠海特区报》2020年8月26日。
③ 马璇：《深圳亲子共读经典公益大讲堂迎来成立七周年 把社会主义核心价值观融于日常行为》，《深圳特区报》2019年11月11日，第A4版。

（三）开展实践活动：提升特区精神与社会主义核心价值观融合的高度

积极主动开展丰富多元的实践活动，在教育引导式、自动自觉式和言传身教式的实践活动中把特区精神融入社会主义核心价值观的培育过程，真正通过与时俱进的实践方式让人民能够深层次掌握和领悟特区精神融入社会主义核心价值观的精髓。

1.“教育引导”式实践特区精神，明鉴社会主义核心价值观的时代性

特区精神在经济特区建设之初，需要教育引导的方式启迪越来越多的人实践特区精神，并在实践中领会社会主义核心价值观的时代性价值。加强改革创新特区精神在教育引导中的指向性作用，不仅是指经济特区要继续发扬特区精神，更多的是把这种精神意蕴带到理解与感悟社会主义核心价值观进程中去，通过教育引导的实践活动，把特区精神与核心价值观联系在一起，既传承了特区精神中敢闯敢试、敢为人先、埋头苦干的重要内涵，又把社会主义核心价值观的深远价值落实到位。以深圳经济特区为例，“在深圳大学，党委书记、校长带头为学生讲授‘思政第一课’，实施‘荔园树人’工程，以课堂教学、典型示范、社会实践、志愿服务、社会协同等为重要抓手，积极探索社会主义核心价值观的教育践行路径”①。另外，“教育引导”式实践特区精神还可以通过把握经济特区的思想文明成果，发展富强、民主、文明、和谐的社会主义核心价值观。正如习近平总书记在视察海南经济特区时指出，“海南是我国最大的经济特区，具有实施全面深化改革和试验最高水平开放政策的独特优势”②。特区精神的实践与社会主义核心价值观充分融合，从国家教育、社会

---

① 马璇：《深大学习习近平总书记在学校思想政治理论课教师座谈会上的重要讲话精神 深化“思政课程+课程思政”教育教学改革》，《深圳特区报》2019年3月21日，第A6版。

② 中共中央 国务院印发《海南自由贸易港建设总体方案》，[EB\OL]. http://www.gov.cn/gongbao/content/2020/content_5519942.htm。

教育及家庭教育三方面增强教育引导的重要作用，使社会主义核心价值观更加深入人心。

2."自动自觉"式实践特区精神，贯彻社会主义核心价值观的指导性

特区精神丰富了社会主义核心价值观的内涵，在实践过程中勇于承担为我国改革开放事业探路的艰巨任务。习近平总书记强调，经济特区要"发扬敢闯敢试、敢为人先、埋头苦干的特区精神"[①]。正是这样的特区精神，与社会主义核心价值观的爱国情怀紧密联系。经济特区建设四十多年的伟大实践，也正是社会主义核心价值观中民族与个人共同的价值愿景相连。发挥人民的首创精神，需要自动自觉地将特区精神融入社会主义核心价值观的实践之中。可以看到，"培育和践行社会主义核心价值观，是中国特色社会主义的'铸魂工程'"[②]。因此，自动自觉地发展社会主义核心价值观、实践特区精神，也让经济特区的思想精髓能够更进一步为人民所知晓，掌握特区精神实质与社会主义核心价值观内涵，发挥出核心价值观的社会价值正向引导作用。

3."言传身教"式实践特区精神，领悟社会主义核心价值观的思想性

推动经济特区将特区精神推广到全国各大城市的精神文明建设中去。习近平总书记说："我们既要敢为天下先、敢闯敢试，又要积极稳妥、蹄疾步稳，把改革发展稳定统一起来"[③]。以经济特区为代表，充分发挥特区精神的思想动力作用。特区精神与社会主义核心价值观的紧密联系，也让人民领悟到核心价值观的思想引领性，提高人民对核心价值观的价值信念信服。发挥好每一个特区人对特区精神的传承，让特区精神真正能够"走出去"，能够与核心价值观在思想理念中共同发挥着启迪人、塑造人的精神作用。"特区创造性地贯彻'解放思想、实事求是'的思想路线，丰富了马克思主义的实

---

① 习近平：《在庆祝海南建省办经济特区30周年大会上的讲话》，新华社2018年4月13日。
② 戴木才：《论坚定社会主义核心价值观自信》，《马克思主义研究》2018年第8期，第78页。
③ 习近平：《习近平谈治国理政》第3卷，外文出版社，2020，第189页。

践观"①。正因如此，"言传身教"式实践特区精神，是社会主义核心价值观在发展和传承过程中的必经之路，也是社会主义核心价值观更"接地气"、更具有实践说服力的价值表达。通过每个特区人和经济特区的共同实践活动，特区精神与社会主义核心价值观更加融合。

（四）建立长效机制：保障特区精神与社会主义核心价值观融合的力度

特区精神融入社会主义核心价值观需要长效机制的保障，其中包括完善制度体系建设、加强组织管理效能和夯实特区实践成果，发扬特区精神，彰显埋头苦干、务实高效的实践指向，为进一步培育社会主义核心价值观提供了新的机制引领。

1. 完善制度体系建设，抓好特区精神融入社会主义核心价值观的关键一步

特区精神融入社会主义核心价值观的过程，需要一个法制化、制度化、规范化的制度保障，建立社会主义核心价值观规范条文，依法处理与社会主义核心价值理念不相符合的社会不文明、不道德以及违法犯罪行为，树立社会主义核心价值观的威严，让特区精神以及诚信的主流价值观相互融合，提高人民对社会主义核心价值观的认同和理解，并把核心价值观作为自己的行为道德价值标准。创设科学合理的奖惩体系，适时奖励充分发挥特区精神、贯彻落实社会主义核心价值观，并在社会实践中作出突出贡献的人民，如海南经济特区"通过表彰先进劳动模范、先进工作者来宣传敢闯敢试、敢为人先、埋头苦干的特区精神"②。另外，还需要严肃处理不符合社会主义核心价值观主流、危害广大人民群众利益的行为，提高社会主义核心价值观在人民心中的重要地位，充

① 韦建桦：《经济特区建设与马克思主义理论创新》，《马克思主义与现实》2000年第6期，第7页。

② 彭青林、王玉洁：《海南省第七次劳动模范和先进工作者表彰大会号召 大力弘扬劳模精神特区精神椰树精神 积极投身自贸试验区和自贸港建设火热实践》，《海南特区报》2019年12月25日。

分发挥特区精神的强大向心力作用。

2. 加强组织管理效能，做好特区精神融入社会主义核心价值观的动态掌控

建设一支务实高效的组织管理工作队伍，积极发扬敢于担当的特区精神，充分发挥社会主义核心价值观在工作队伍中的作用，"培养造就熟悉和坚持社会主义法治理念和社会主义核心价值观的法治人才及后备力量"[①]。提高工作队伍的组织管理效能，加强管理过程中的实效性、可控度、准确度，将特区精神与社会主义核心价值观在组织管理中的作用和意义发挥出来。加强管理科学的实操，运用数字管理系统，动态掌握特区精神在融入社会主义核心价值观过程中的进程，及时调整不适应社会主流价值观的意识形态，提高我国精神文明建设内容和水平。

3. 夯实特区实践成果，构建特区精神融入社会主义核心价值观的美好格局

经济特区的文明成果不仅属于特区，也属于全体人民，更属于我国的精神文明建设成果。因此，要夯实经济特区的实践成果，把特区精神与社会主义核心价值观紧密结合起来，一方面要把特区精神的思想内蕴传承和弘扬到广大人民心中，让越来越多的人了解特区精神、认可特区精神并在实践中把特区精神和社会主义核心价值观融合起来；另一方面，要不断保持与时俱进、开拓创新的思维方式和精神内核，在实践中不断更新和添加符合新时代发展的特区精神和社会主义核心价值观内涵。习近平总书记指出："经济特区要积极培育崇尚实干的环境，务实求变、务实求新、务实求进，为实干者撑腰，为干事者鼓劲，以昂扬的精神状态推动改革不停顿、开放不止步。"只有在夯实特区实践成果的前提下，才能更好地让特区精神与社会主义核心价值观充分融合，发挥出理论价值和实践动能，使特区精神在社会主义核心价值观培育中真正落地生根、落地落实。

[①] 中共中央办公厅 国务院办公厅印发《关于进一步把社会主义核心价值观融入法治建设的指导意见》[EB/OL]. http://www.gov.cn/gongbao/content/2017/content_5160214.htm。

参考文献

[1] 马克思,思格斯. 马克思恩格斯选集:第1卷[M]. 北京:人民出版社,2012.

[2] 马克思,思格斯. 马克思恩格斯选集:第2卷[M]. 北京:人民出版社,2012.

[3] 马克思,思格斯. 马克思恩格斯选集:第3卷[M]. 北京:人民出版社,2012.

[4] 马克思,思格斯. 马克思恩格斯选集:第4卷[M]. 北京:人民出版社,2012.

[5] 列宁. 列宁全集:第55卷[M]. 北京:人民出版社,1990.

[6] 毛泽东. 毛泽东选集:第1卷[M]. 北京:人民出版社,1991.

[7] 毛泽东. 毛泽东选集:第2卷[M]. 北京:人民出版社,1991.

[8] 毛泽东. 毛泽东选集:第3卷[M]. 北京:人民出版社,1991.

[9] 毛泽东. 毛泽东选集:第4卷[M]. 北京:人民出版社,1991.

[10] 邓小平. 邓小平文选:第1卷[M]. 北京:人民出版社,1994.

[11] 邓小平. 邓小平文选:第2卷[M]. 北京:人民出版社,1994.

[12] 邓小平. 邓小平文选:第3卷[M]. 北京:人民出版社,1993.

[13] 江泽民. 江泽民文选:第1卷[M]. 北京:人民出版社,2006.

[14] 江泽民. 江泽民文选:第2卷[M]. 北京:人民出版社,2006.

[15] 江泽民. 江泽民文选:第3卷[M]. 北京:人民出版社,2006.

[16] 胡锦涛. 胡锦涛文选:第1卷[M]. 北京:人民出版社,2016.

[17] 胡锦涛. 胡锦涛文选:第2卷[M]. 北京:人民出版社,2016.

[18] 胡锦涛. 胡锦涛文选:第3卷[M]. 北京:人民出版社,2016.

[19] 习近平. 习近平谈治国理政:第1卷[M]. 北京:外文出版社,2018.

[20] 习近平. 习近平谈治国理政:第2卷[M]. 北京:外文出版社,2017.

[21] 习近平. 习近平谈治国理政:第3卷[M]. 北京:外文出版社,2020.

[22] 习近平.习近平谈治国理政:第4卷[M]. 北京:外文出版社,2022.

[23] 习近平. 论坚持全面深化改革[M]. 北京:中央文献出版社,2018.

[24] 习近平. 论坚持推动构建人类命运共同体[M]. 北京:中央文献出版社,2018.

[25] 中国共产党第二十次全国代表大会文件汇编[M]. 北京:人民出版社,2022.

[26] 本书编写组.党的二十大报告辅导读本[M]. 北京:人民出版社,2022.

[27] 中共中央文献研究室. 十二大以来重要文献选编:上[M]. 北京:人民出版社,1986.

[28] 中共中央文献研究室. 十二大以来重要文献选编:下[M]. 北京:人民出版社,1988.

[29] 中共中央文献研究室. 十三大以来重要文献选编:上[M]. 北京:中央文献出版社,2011.

[30] 中共中央文献研究室. 十四大以来重要文献选编:上[M]. 北京:中央文献出版社,2011.

[31] 中共中央文献研究室. 十五大以来重要文献选编:上[M]. 北京:人民出版社,2000.

[32] 中共中央文献研究室. 十六大以来重要文献选编:上[M]. 北京:中央文献出版社,2005.

[33] 中共中央文献研究室. 十七大以来重要文献选编:上[M]. 北京:中央文献出版社,2009.

[34] 中共中央文献研究室. 十八大以来重要文献选编:上[M]. 北京:中央文献出版社,2014.

[35] 中共中央党史和文献研究院. 十八大以来重要文献选编:下[M]. 北京:中央文献出版社,2018.

[36] 中共中央党史和文献研究院. 十九大以来重要文献选编:上[M]. 北京:中央文献出版社,2019.

[37] 中共中央 国务院关于支持深圳建设中国特色社会主义先行示范区的意见[M]. 北京:人民出版社,2019.

[38] 中共广东省委党史研究室. 习仲勋主政广东忆述录[M]. 北京:中共党史出版社,2013.

[39] 广东省政协文史资料研究委员会. 经济特区的由来[M]. 广州:广东人民出版社,2002.

[40] 中共广东省委党校,广东行政学院. 广东:改革开放的"窗口"[M]. 广州:广东人民出版社,2018.

[41] 厉有为,邵汉青. 深圳经济特区的探索之路[M]. 广州:广东人民出版社, 1995.

[42] 吴健民. 创办珠海特区五年的回忆[M]. 广州:广东人民出版社,1998.

[43] 梁广大,黄龙云. 跨世纪的珠海发展之路[M]. 广州:广东人民出版社,1998.

[44] 深圳市史志办公室. 李灏经济特区访谈录[M]. 深圳:海天出版社,2010.

[45] 白天. 走向现代化:深圳的探索[M]. 深圳:海天出版社,2004.

[46] 戴北方. 深圳口述史:下卷[M]. 深圳:海天出版社,2017.

[47] 王京生. 深圳十大观念[M]. 深圳:深圳报业集团出版社,2011.

[48] 王京生. 观念的力量[M]. 北京:人民出版社,2012.

[49] 王京生,陶一桃. "双创"何以深圳强?[M]. 深圳:海天出版社,2017.

[50] 李小甘. 深圳十大文化名片:向中国改革开放四十周年献礼[M]. 北京:人民日报出版社,2018.

[51] 中共深圳市委宣传部. 深圳实践与中国特色社会主义[M]. 广州:广东人民出版社,2002.

[52] 中共深圳市委办公厅. 深圳特区发展的道路[M]. 北京:光明日报出版社, 1984.

[53] 深圳市史志办公室. 中国经济特区的建立与发展:深圳卷[M]. 北京:中共党史出版社,1997.

[54] 深圳经济特区研究会,深圳市史志办公室. 深圳经济特区三十年:1980—2010[M]. 深圳:海天出版社,2011.

[55] 傅高义. 先行一步:改革中的广东[M]. 凌可丰,丁安华,译. 广州:广东人民出版社,2013.

[56] 樊纲,等. 中国经济特区研究:昨天和明天的理论与实践[M]. 北京:中国经济出版社,2009.

[57] 迟福林. 痴心热土:20年的梦想与追求[M]. 北京:人民出版社,2008.

[58] 王一鸣,等. 珠海发展战略研究[M]. 北京:中国建筑工业出版社,2009.

[59] 苏东斌,钟若愚. 中国经济特区导论[M]. 北京:商务印书馆,2010.

[60] 陶一桃,鲁志国. 中国经济特区史要[M]. 北京:商务印书馆,2010.

[61] 陶一桃. 深圳经济特区年谱:1978—2018:上册[C]. 北京:社会科学文献出版社,2018.

[62] 陶一桃. 深圳经济特区年谱:1978—2018:下册[C]. 北京:社会科学文献出版社,2018.

[63] 陶一桃,鲁志国,等. 经济特区与中国道路[M]. 北京:社会科学文献出版社,2017.

[64] 钟坚. 大试验:中国经济特区创办始末[M]. 北京:商务印书馆,2010.

[65] 钟坚,郭茂佳,钟若愚. 中国经济特区文献资料:第1辑[C]. 北京:社会科学文献出版社,2010.

[66] 钟坚,郭茂佳,钟若愚. 中国经济特区文献资料:第2辑[C]. 北京:社会科学文献出版社,2010.

[67] 钟坚,郭茂佳,钟若愚. 中国经济特区文献资料:第3辑[C]. 北京:社会科学文献出版社,2010.

[68] 刘中国. 纪事:深圳经济特区25年[M]. 深圳:海天出版社,2006.

[69] 斯柏森. 我们深圳四十年[M]. 南京:江苏人民出版社,2018.

[70] 董滨,高小林. 突破:中国特区启示录[M]. 武汉:武汉出版社,2000.

[71] 涂俏. 袁庚传:改革现场[M]. 深圳:海天出版社,2016.

[72] 刘金田. 邓小平在1984[M]. 南京:江苏人民出版社,2018.

[73] 何华景. 关怀:党和国家领导人视察珠海经济特区[M]. 香港:香港文汇出版社有限公司,2008.

[74] 杨宏海. 深圳文化研究[M]. 广州:花城出版社,2001.

[75] 苏伟光. 中国经济特区文化研究[M]. 银川:宁夏人民出版社,1999.

[76] 杨耀林. 深圳改革开放史[M]. 北京:文物出版社,2010.

[77] 黄崇岳,莫小培. 深圳经济特区创业史[M]. 北京:人民出版社,1995.

[78] 段亚兵. 深圳精神文明之路[M]. 深圳:海天出版社,2000.

[79] 殷学诚,姚征涛. 建筑神兵:来自深圳、珠海经济特区的报告[M]. 南京:南京大学出版社,1988.

[80] 陈克勤. 海南建省[M]. 北京:人民出版社,2008.

[81] 古克武. 迈向新世纪的海南经济特区[M]. 武汉:湖北人民出版社,1996.

[82] 陈伯坚. 珠海[M]. 北京:海洋出版社,1987.

[83] 邱震源,等. 汕头经济特区问题探索[M]. 广州:广东人民出版社,1989.

[84] 郭哲民. 厦门经济特区建设与发展研究[M]. 厦门:厦门大学出版社,1995.

[85] 彭立勋. 邓小平经济特区建设理论与实践[M]. 武汉:湖北人民出版社,

1999.

[86]　周文彰. 特区导论[M]. 海口:海南出版社,1997.

[87]　李醉吾. 纵论特区[M]. 长春:吉林大学出版社,2011.

[88]　陈金龙,蒋积伟. 特区精神[M]. 北京:中共党史出版社,2019.

[89]　翁世盛,等. 中国经济特区社会主义意识形态建设[M]. 福州:福建人民出版社,2000.

[90]　汪文庆. 中国共产党与经济特区[M]. 北京:中共党史出版社,2014.

[91]　梁川. 广东经济特区的创立和发展[M]. 北京:中共党史出版社,2007.

[92]　王关义. 中国五大经济特区可持续发展战略研究[M]. 北京:经济管理出版社,2004.

[93]　何佳声,王颖捷. 迈向新世纪的广东经济特区[M]. 广州:广东高等教育出版社,1999.

[94]　孙孺,许隆. 中国经济特区的理论与实践[M]. 北京:经济科学出版社,1988.

[95]　巍开杨. 中国五大经济特区[M]. 广州:中山大学出版社,1996.

[96]　陆迅. 中国经济特区[M]. 北京:中国人民大学出版社,1989.

[97]　王燕军. 浪潮再起:邓小平南巡后的深圳[M]. 北京:中国财政经济出版社,1997.

[98]　国世平. 粤港澳大湾区规划和全球定位[M]. 广州:广东人民出版社,2018.

[99]　林先扬,谈华丽. 粤港澳大湾区知识读本[M]. 广州:广东人民出版社,2019.

[100]　沈壮海. 兴国之魂:社会主义核心价值体系释讲[M]. 武汉:湖北教育出版社,2014.

[101]　黄进. 论核心价值观[M]. 南京:南京师范大学出版社,2014.

[102]　孙杰. 当代中国社会主义核心价值观研究[M]. 北京:人民出版社,2016.

[103]　高小枚. 社会主义核心价值观教育的渗透性研究[M]. 北京:中国社会科学出版社,2016.